Bianka Bleier

40 werden immer nur die anderen

Bianka Bleier

40 werden immer nur die anderen

Neues aus dem Tagebuch der frommen Hausfrau

R BROCKHAUS

RB*taschenbuch Bd.* 623

2. Auflage 2003

Umschlaggestaltung: Dietmar Reichert, Dormagen
Gesamtherstellung: Breklumer Druckerei Manfred Siegel KG
ISBN 3-417-20623-5
Bestell-Nr. 220 623

VORBEMERKUNG

Von außen betrachtet scheint unser Leben relativ konstant. Wir haben immer noch drei Kinder um uns herum: Anna, Lena und Jan. Werner arbeitet immer noch in der Werkstatt für Behinderte, ich arbeite immer noch in dem christlichen Buchladen. Wir leben weiterhin mit Charly, unserem Schäferhundmischling, mit Cindy und Pünktchen, den Katzen, mit Hühnern und Hasen in diesem kleinen wilden Haus in Deutschland. Immer noch gehe ich jeden Morgen als Erstes mit dem Hund spazieren und rede mit Gott. Wir verreisen immer noch mit dem Wohnwagen. Und wir gehen auch immer noch sonntags in dieselbe Gemeinde.

Also alles beim Alten? Könnte man meinen. Aber es gibt feine Veränderungen, leise Prozesse, vorsichtig Neues. Nach einer relativ stabilen Familienphase stürzen sich die Kids in die Pubertät und ziehen uns mit in den Strudel. Der WG-Charakter der Hausgemeinschaft nimmt zu. Und das Unfassbare geschieht: Bianka wird 40.

Mit 40 beginnen manche Frauen noch einmal etwas völlig Neues – bei mir ist es das Reiten, die Erfüllung eines lang gehegten Traums.

Anna ist heute 16 und entpuppt immer deutlicher ihre Persönlichkeit als heranwachsende Frau. Es ist eines der faszinierendsten Abenteuer in meinem Leben, diese Entwicklung mit zu verfolgen.

Lena, 14, folgt ihr dicht auf den Fersen, vom Wesen her völlig unterschiedlich, mit identischem Hormonspiegel.

Jan ist 11 und Werners Lobby, Gegengewicht zur weiblichen Überzahl. Jan macht erfreuliche Fortschritte innerhalb der Grenzen seiner Behinderung. Unter anderem hat er eine ausgeprägte Hör- und Sprachbehinderung, die ihn in seiner Entwicklung ziemlich bremst. Für Fremde ist er oft erst einmal eher unverständlich. Er kann gut seine elementaren Bedürfnisse mitteilen, Abstraktes allerdings nur schwer.

Aber Jan hat andere Möglichkeiten, die gesunden Menschen oft fehlen. Er ist ganz maskenlos, er kann keine Schutzmauern um sich errichten, wie viele von uns es im Laufe ihres Lebens tun. Jan ist arglos, lügt nie und glaubt alles. Jan liebt bedingungslos und ist voll Vertrauen. Das macht ihn sehr liebenswert.

Was mich betrifft: Ich glaube, das Beständigste an diesem Tagebuch ist die Unbeständigkeit meiner Gefühle, ein zuverlässiges Auf und Ab. Aus Rücksicht auf unsere heranwachsenden Kinder und den sensibler werdenden Ehemann bleibt einiges nur angedeutet und vieles ungesagt.

Dienstag, 4. 1. 00

Neulich waren wir mit Irene und Hans essen. Bei Mamma aus Sizilien, köstlich, reichlich. Anschließend kam mein postnatales Bäuchlein wieder richtig zur Geltung. Es ist ja häufig genug Grund für eilige Fehldiagnosen. Jetzt fehlte mir nur noch eine Tiramisu und ich hätte das Gefühl, in Ruhe sterben zu können, ohne noch etwas Wesentliches vom Leben versäumt zu haben. Als ich die italienische Kellnerin zum zweiten Mal vergeblich um eine solche anflehe (»Scusi, wirr abben nix merr Tiramisu«), ruht ihr Blick plötzlich auf meinem Bauch und sie ruft verstehend: »Signora! Sie sind schwangerrr!?« Froh über ihren Geistesblitz erklärt sie mir: »Eine Frau, die Kind kriegt, muss immerrr abben was sie wunschen! Sonst nix gut fürrr die Baby! Ich gehen zu Cousine und frrragen!« Sie kommt mit der köstlichsten Tiramisu zurück, die ich je gegessen habe. Soll ich lachen oder weinen? Die anderen wissen jedenfalls, was sie tun sollen ...

Meine unvollkommene Figur ist eine wunde Stelle. Darauf will ich nicht gestoßen werden. Ich bin groß und habe schlanke Finger, Beine und Nase. Textilverkäuferinnen dichten mir immer Größe 36 an, dabei brauche ich 42, aber das halten die Leute dann für meinen schwangeren Anteil. Immer wenn ich auf meinen »Zustand« angesprochen werde (und das ist immer genau dann, wenn ich ihn gerade vergessen habe), gerate ich eine Zeit lang aus dem Gleichgewicht. Dann denke ich, ich bin ein Bäuchling, ein Mensch, der sich vor allem durch seinen Bauch definiert ...

Ich will attraktiv sein und beobachte, dass der Teil meiner Figur, an den ich noch geglaubt habe, mit zunehmendem Alter auch noch schwindet. Warum stehe ich nicht souverän zu meinen Formen einer dreifachen Mutter? Warum denke ich: »Mein Bauch ist mein Schwachpunkt«, weil er nach den drei Schwangerschaften nicht mehr straff geworden ist? Warum denke ich nicht: »Mein Bauch ist mein Schwerpunkt«? Wessen Urteil akzeptiere ich da eigentlich, wenn ich meiner Figur den Stempel

»ungenügend« aufdrücke? Sieht das der Erfinder ebenso? Und was ist der Maßstab, an dem ich mich messe? Wie würde die Frau im Rollstuhl meinen Körper beurteilen? Ich glaube, dass ich als Christin frei bin und doch setze ich mich dem Diktat der Mode aus. Ich habe mich schon mehr als einmal seufzend nach der Zeit zurückgesehnt, als Frauen drei bodenlange Röcke übereinander trugen, in ungeschminkter Natürlichkeit lebten und webten und Speckfalten, gesenkte Brüste und Schwangerschaftsstreifen kein Thema waren. Ich will schön sein, aber nicht schön sein müssen. Als Christin bin ich frei, aber als Frau dann doch wieder nicht?

Ich fahre mit Anna und Lena einkaufen. Es fehlt an Kleidern. Die Schränke sind aufgrund der Wachstumsschübe der Damen so leer, dass sie jeden Morgen heulen und verzweifelt im Wäschekorb wühlen. Neben der aufblühenden Schönheit meiner Töchter und ihrer unbändigen Freude am eigenen Körper fühle ich mich in gefährdeten Zeiten wie ein Mauerblümchen. Ich altere so vor mich hin. Als ich Anna ehrlich um ihre Meinung bitte, ob mein Bauch arg dick ist, meint sie: »Er sieht aus, als ob du dreimal schwanger warst. Von vorne sieht man es nicht.« Hört sich legitim an, fühlt sich aber nicht so an.

Und wie kommt mein Mann, der Ästhet, damit zurecht? Abends jammere ich ihm in die Ohren: »Um den Bauch habe ich einfach ein paar Kilo zu viel.« Nicht im Traum denkt er daran, sich mir zuliebe zu verbiegen: »Stimmt. Aber schön griffig!« Ihm ist eine Frau mit »Problemzonen«, die sich und ihn liebt und Freude an sich als Frau hat, lieber als eine Bohnenstange, die sich ziert vor dem Leben.

Neulich war ich mit dem Rad unterwegs und fühlte mich eigentlich ganz wohl in meiner Haut, die in einem langen aprikotfarbenen Strickkleid steckte. Bis ich an der Sparkasse vorbeifuhr, aus den Augenwinkeln prüfend in die verspiegelte Fläche schielend. Und was sah ich da? Eine lange orange Erscheinung, in der Mitte eine gut sichtbare Wölbung nach außen. Mein Wohlgefühl fiel in sich zusammen. Soweit noch ganz normal. Aber plötzlich tauchte ein neuer Satz in mir auf: »Dieser Bauch ist dein Stabilisator!« Ich musste lachen. Es war als ob mein Bauch zu mir sagen wollte: »He! Ich bin deine Mitte, die deinen Körper zusammenhält! Ohne mich geht gar nichts. Ich habe drei Kinder geboren. Warum sollte ich nicht aussehen dürfen wie ein Bauch, der drei Kinder beherbergte?«, und zum ersten Mal machte sich nach dem Frust Heiterkeit in mir breit. Ich will meinem Körper gegenüber nicht undankbar sein. Ich kenne eine Frau, die völlig gelassen zu diesem Thema sagt: »Kinderkriegen ist so eine schöpferische Arbeit und Lebensweise, dass ich nicht erwarten kann, dass sie spurlos an mir vorübergeht.« Punkt.

Ich möchte mich endlich aussöhnen mit meiner Figur! Ich finde, ich bin alt genug dazu. Weder bin ich dazu bereit, durch immer wiederkehrende harte Knochenarbeit diese Wölbung wegzutrainieren, noch will ich auf die Sinnenfreuden des Essens verzichten. Und unter diesen Bedingungen brauche ich auch nicht zu jammern.

Ich möchte beten können: »Herr, ich danke dir dafür, dass du mich so wunderbar und einzigartig gemacht hast!« (Psalm 139,13)

Das ist mein Ziel. Aber so locker geht das nicht. Ich habe gerade einen Waldspaziergang mit Charly hinter mir, die Sonne scheint und ich fühle mich frisch und wunderbar, als die Metzgereifachverkäuferin beim Kassieren laut fragt: »Kriegen Sie ein Baby?«

Mittwoch, 5. 1. 00

Anna hat das Reiten begonnen. Und weil das Reiten ein alter Kindheitstraum von Werner und mir ist, unterstützen wir sie dabei. Wir verstehen sie gut und freuen uns neidisch mit. Sie musste nur einmal sagen, dass sie gern reiten lernen würde, da fuhr Werner sofort mit ihr zur Reitschule. Am Ende war er es vielleicht sogar, der sie auf die Idee brachte. Jedenfalls haben wir ihr eine Zehnerkarte zu Weihnachten geschenkt. Sie ist überglücklich. Habe sie schon lange nicht mehr so viel Leidenschaft für etwas entwickeln sehen.

Drei halbe Tage in der Woche arbeite ich in der christlichen Buchhandlung im Nachbarort. Heute Mittag bin ich dran. Ich habe im Herbst lange mit mir und Gott gerungen, ob das wirklich mein Platz ist, gerade jetzt, wo ich endlich wieder mehr Zeit gehabt hätte, weil Jan in die Schule gekommen ist. So, wie es ist, muss ich wirklich haushalten mit meiner Zeit.

Durch den Umzug in eine zentralere Lage hat sich die Situation im Laden enorm geändert. Die Schwellenangst der Kunden ist gesunken. Nun kommen Christen aus allen Konfessionen, viele Suchende, Skeptiker und verzweifelte Seelen. Die Arbeit ist anstrengend und erfüllend. Wenn ich zwischen den Büchern wühle und mit Menschen ins Gespräch komme, bin ich in meinem Element. Gott segnet den Laden spürbar und es ist ein großes Abenteuer. Ich bin gespannt, wie es weitergeht.

Samstag, 8. 1. 00

Ferienstimmung. Zwei Nachbarjungs sind bei uns über Nacht. Jan hat zu Weihnachten ein Juniorschlagzeug bekommen. Ich dachte, das sei der Weihnachtsknüller, weil er so gern in Hansberts Übungskeller pirscht und auf dessen Schlagzeug abgeht. Aber wenn er allein ist, spielt er nie damit. Doch jetzt, zu dritt, ziehen sie eine Riesenshow ab. »Achtung, jetzt kommt ein cooler Mann!«, schreit einer, derweil ein anderer trommelt, was das Zeug hält, und der Dritte im Schlafanzug rappt. Werner hat heute alle drei auf den Traktor gepackt und ist zum Bauern gefahren, zu den Kühen und Pferden.

Anna und Lena ziehen es vor, bei ihren zwei Freundinnen zu übernachten. Zu viert liegen sie im französischen Bett. Bille und ich lieben es, wenn wir unsere Kinder glücklich erleben. Sie sagte hinterher: »Wenn euch etwas zustieße, würde ich die beiden sofort adoptieren!« Darüber habe ich noch nie nachgedacht. Und Jan? Zwei glückliche, sozial starke, nette Mädchen wären ja vielleicht noch vermittelbar. Aber dieser Junge mit den besonderen Bedürfnissen ... Am besten, es passiert erst gar nichts.

Samstag, 15. 1. 00

Jan feiert mit seinen Klassenkameraden seinen Geburtstag auf dem Waldspielplatz. Stephanie ist fast gehörlos. Ich verstehe sie oft nicht. Sie schmollt und zieht sich in einen Autoreifen zurück. Ich muntere sie auf, sie lacht wieder. Mir wird wieder bewusst, wie viel Kraft eine körperliche Behinderung abzieht. Aber trotz ihrer Einschränkung ist sie eine selbstbewusste Persönlichkeit. Sie verteidigt einen Hochstand aus Holz gegen fremde Kinder, möchte ihn für sich allein haben. Als sie nicht mehr zurechtkommt, schreit sie: »MAURICE!!« Maurice ist der Bodyguard der Klasse, ein großer, dunkelhäutiger Junge. Er kommt aus dem Wald angerast. Fasziniert beobachte ich, wie er die Kinder einschüchtert: »Was macht ihr der Stephanie Probleme? Sie ist gehörlos!« Die Kids streiten jegliche Schuld ab. »Und warum hat sie mich gerufen und ich bin aus dem Wald da hinten hergerannt?« Wie schön, dass in Jans Klasse so eine Gemeinschaft heranwächst. Stephanies Vater holt sie abends ab. Er ist völlig gehörlos. Selbstsicher wie seine Tochter sitzt er im Wohnzimmer und redet mit Händen und Stimmlauten, frei von vielen Komplexen, die manche Gesunde haben, und die er sich einfach nicht leistet. Ich freue mich an ihm und bin stolz auf seine Tochter.

Dienstag, 18. 1. 00

Waltraud ist zum Frühstück hier. Auszeit. Solche Vormittage sind schön. Wir essen unseren Lieblingsfleischsalat vom Metzger und tauschen uns aus. Über typisch weibliche Ängste, über das Älterwerden, über das Bedürfnis, unsere Wohnung zu verschönern. Ich: »Ich betreibe das nicht so exzessiv. Manche meiner Freundinnen verwenden viel mehr Zeit und Talent darauf, ihre Wohnung zu gestalten.« Waltraud gibt zu: »Ja, du hast keine Designerwohnung.« Ich: »Bei anderen höre ich die Leute immer ehrfürchtig sagen: ›Oh, hast du es schön!‹ Es sieht bei ihnen wirklich aus wie in *Schöner Wohnen*. Bis hin zum Toilettenpapier alles in vollkommener Harmonie! Bei mir schreien sie: ›Habt ihr es gemüüüütlich!‹« Waltraud: »Ich weiß genau, warum die Leute das sagen. Ihr habt es wirklich saugemütlich! Bei euch habe ich immer sofort das Gefühl, ich bin in einer Skihütte« ...

Freitag, 21. 1. 00

Manche Ehen aus unserem Umfeld zerbrechen. Ich bin jedes Mal fassungslos. Welch ein Schmerz, wenn das, was all die Zeit genügt hat und Geborgenheit und Lebensglück gab, zwischen den Händen zerrinnt. Wenn das, was einmal Halt gegeben hat, nicht durchträgt. Wenn die gemeinsame Zukunft plötzlich zusammenbricht. Wenn Menschen einen so enttäuschen. Das ist das Grausame an dieser Sache: Liebe ist nicht verfügbar. Liebe ist freiwillig. Wenn einer entscheidet, dass er den Bund lösen will, kann der andere kaum etwas dagegen tun. Ich glaube, dass in mir eine Urangst schlummert, dass auch mir einmal so etwas Furchtbares geschieht. Trennung, ohne dass ich sie herbeigewünscht hätte. Ich weiß nicht, woher diese Angst kommt, ich bin noch nie verlassen worden. Aber nachts werde ich immer wieder von Alpträumen heimgesucht, in denen mich Werner eiskalt verlässt. Es gibt in meinem Leben nur eine reale Erfahrung, die ich dieser Angst entgegenhalten kann: Ich weiß, dass Gott bleibt und hält, auch wenn alles zerbricht. Und das tut er mit einer Intensität, die mit der Nähe des Leids zunimmt.

Mein Bruder verliert seine Frau. Den Alltag mit den Kindern. Den Hund. Er gibt sein Haus auf, Sinnbild für Zuhause, Fröhlichkeit, Geborgenheit, Insel, Rettung. Vorbei. Ich bin erschüttert. Wahnsinn, wie viele Menschen so ein Trauma erleben. Man weiß es, aber beim eigenen Bruder wird die Bedrohung greifbar.

Samstag, 22. 1. 00

Manchmal begreife ich, dass das Leben voller Glück ist. Mein ganz normaler Alltag. Inmitten meiner Menschen.

Anna kommt von der Schule, macht den Ofen sauber und Feuer an. Wärme kommt ins Wohnzimmer. Gestern Abend hat sie die Nähmaschine aufgebaut. Der Tisch ist noch beladen mit Stoffresten. Ich bügle, Anna setzt sich zu mir. Die Katze liegt zu meinen Füßen unter dem Bügelbrett. Anna fragt sich, ob sie noch Flöte spielen kann, versucht es und versinkt in alten Kinderliedern. Wir reden über ihren Berufswunsch Erzieherin. Sie hat kaum noch eine Erinnerung an ihre Kindergartenzeit und bedauert das. Ich helfe nach und es kommen einzelne Fragmente. Anna hört gern zu beim Erzählen. Sie drängt mich, das Essen fertig zu machen, weil sie zum Reiten will und der Bus bald fährt. Wärmt ihre Reithose und die Stiefel vor dem Feuer.

Lena kommt, hat eine 2,1 in Englisch und rote Backen vor Aufregung. Sie plumpst vor den Ofen: »Oh, ich liebe es, wenn ich heimkomme und das Feuer ist an!«, erzählt fünf Storys aus der Schule, macht ihren Küchendienst, bringt den Müll raus, schlingt das Essen runter und fährt zu einer Freundin. Anna sitzt immer noch bei mir. »Oooh, Flammkuchen, Bianka, ich liebe dich!« Sie beginnt, einen Nusskuchen zu backen und fährt mittendrin zum Reiten. Jan fühlt sich heute mal nicht einsam und ich brauche nicht zu versuchen, eine Verabredung für ihn auszumachen. Er hat mit den großen Bausteinen eine Polizeistation aufgebaut, »eine englische«. Ein schöner Tag!

Montag, 31. 1. 00

Haare wachsen lassen oder kürzer schneiden? Zum wievielten Mal in meinem Leben stelle ich mir diese Frage? Die Familie ist einstimmig für schneiden. Lena: »Das ist so fedrig.« Anna: »Dann siehst du so süß aus.« Werner: »Ganz klar, ab, das ist viel fetziger!« Was zählt da noch meine kleine Stimme? Gioacchino ist über Nacht ergraut. Das trägt man jetzt so. Nicht zu fassen. Kann mich ab jetzt also eine Saison lang über jedes neue graue Haar freuen. Ich beobachte seine Hände beim Schneiden. Virtuos. Omas Mann war auch Frisör. Sie sagte immer: »Er hatte ganz zarte Hände, aber zum Arbeiten auf dem Feld taugten sie nicht«, und es war nicht schwer zu erraten, was mehr gezählt hätte.

Ob der Meister weiß, wie gut er ist? Ich frage ihn: »Kriegst du oft Komplimente?« Er hört einen Moment auf zu schneiden und sieht fragend in den Spiegel. Ich ergänze schnell: »Nein, ich meine jetzt nicht dein Äußeres, sondern dein Handwerk!« Er überlegt und meint dann: »Na ja, manche sagen, dass die Frisur schön geworden ist.« »Gioacchino«, sage ich, »mit uns Frauen ist es so: Wenn wir nicht zufrieden sind, sehen wir uns um nach guten Frisuren, fragen die dazugehörenden Frauen, zu welchem Frisör sie gehen, und wechseln bei Nacht und Nebel. Von daher ist es bereits ein Kompliment, dass ich immer wieder komme. Aber neuerdings fragen mich andere Frauen öfter nach meinem Frisör!«

Neu beschwingt schneidet er weiter, pfeift ein kleines Liedlein, hat ein seliges Lächeln in den Mundwinkeln, das sich nicht mehr verzieht. Später schenkt er mir ein »Ist das deine Naturfarbe? Die ist sehr schön!« Argwöhnisch wie immer bei einem Kompliment, das nicht von Werner stammt, mache ich es klein: »Braun halt.« Aber er korrigiert: »Aber nicht irgendein Braun, sondern dunkelbraun und sehr satt glänzend!« Ich atme durch, beschließe, das anzunehmen und freue mich.

Donnerstag, 3. 2. 00

Nichts ist aufregender als die Tatsache, zwölf zu werden. Lena redet jedenfalls von nichts anderem. Sie ist viel ausgeglichener als vor einem Jahr. Sie streitet nur noch selten mit mir. Sie hat nur Einser und Zweier im Zeugnis. Das tut ihrer ehrgeizigen Seele gut. Ich bin so froh, dass sie vom Gymnasium gegangen ist. Auch wenn ihr Deutschlehrer meint, sie hätte das Zeug fürs Gymnasium, finde ich die mittlere Schulform genau richtig für Lena. Ich finde, ein Gymnasiast sollte in der Lage sein, allein in seiner Schule zurechtzukommen und auch Freude daran haben. Es kann nicht die Aufgabe einer Mutter sein, neun Jahre lang hauptamtlich in mehreren Fächern Nachhilfeunterricht zu geben.

Allerdings hat unsere Tochter Unvergängliches von dem einen Jahr Latein mitgenommen: Neulich wurde sie in eine achte Klasse gerufen, die gerade von Lenas Klassenlehrer unterrichtet wurde. Er ließ sie vor der ganzen Klasse »Fliege« deklinieren. Lena: »Also habe ich die Fliege dekliniert: Die Fliege. Der Fliege. Der Fliege. Die Fliege.« Der Lehrer: »Okay, jetzt kannst du die Fliege machen.«

Fast täglich besucht Lena ihre Nachbarin und Wahloma Frau Wagner. Es ist eine ganz besondere Freundschaft zwischen den beiden. Lena liebt es, bei ihr zu vespern und sich von früher erzählen zu lassen.

Im Schuhgeschäft hat sie sich Kartons geholt und mit viel Fantasie eingerichtet für ihre Playmobilmenschen. Eine Schule, ein Teppichgeschäft, eine Lagerstätte für Hirten usw. Es geht ihr richtig gut und sie genießt ihre Kindheit endlich wieder. Heute feiert sie mit ihrem Fanclub ihren Geburtstag im Hallenbad. Anna hat auch ihr Zeugnis bekommen. Dreier, Vierer und Fünfer. Langsam wird's ernst. Die Jungs in ihrer Klasse kommen in den Stimmbruch. Draußen im Flur steht ein ehemaliger Kindergartenkollege mit Bartansatz auf der Oberlippe und einer überraschend männlichen Stimme, die Charly zum Anschlagen veranlasst. Er fragt nach Hausaufgaben. Sie bittet ihn nicht mehr rein. In einem Jahr muss Anna sich bewerben und das Leben der Jungs scheint auch nicht einfacher zu werden ...

Mein kleines großes Mädchen muss jetzt schnell erwachsen werden und ernten, was es sät. Schlechte Noten – Traumberuf ade. Sie will ja nur ihre Ruhe. Schmusen, träumen, lesen, fernsehen, plaudern, essen, reiten. Nur nicht lernen.

Aber in Ethik zeigt sie, dass sie schon viel gelernt hat. Zum Thema »Wichtig? Wozu?« schreibt sie: »Ich bin wichtig, um meinem Bruder zu helfen, sein Zimmer aufzuräumen. Ich bin wichtig, um Leuten, die kein Selbstvertrauen mehr haben, zu sagen, dass sie etwas Wichtiges sind. Ich bin wichtig, um Gottes Nachricht zu verbreiten. Ich bin wichtig, um mit anderen Spaß zu machen. Ich bin wichtig, um meinen Eltern ihre Arbeit zu erleichtern. Ich bin wichtig, um mit meiner Schwester zu spielen.«

Irgendwie kann ich mich des Eindrucks nicht erwehren, dass dieser Mensch seinen Weg gehen wird. Die Lehrerin schreibt darunter: »Prima durchdacht!« Das ist doch schon mal was! Aber vor allem freue ich mich, weil ich sehe, dass Anna an sich selbst glaubt. Daran, dass sie wichtig ist und gebraucht wird. Das erscheint mir ein solider Grundbaustein für ein gesundes Selbstwertgefühl.

Heute Abend ist Jans Elternabend. Direkt nach dem Dienst im Buchladen fahre ich in die dreißig Kilometer entfernte Schule. Als ich heute Morgen Jan fragte, ob in der Schule alles okay sei, meinte er empört: »Frau Grasert hat gesagt, ich bin ein Würstchen.« Auf meine amüsierte Frage nach dem Grund meint sie lachend: »Ich habe zu ihm gesagt, Jan, du bist ein Schlawiner!« Klassischer Schwerhörigen-Lacher: Er hat nur Wiener verstanden und an seine geliebten Wiener Würstchen gedacht ...

Jan hört nicht auf zu lernen. Warum sollte er auch, ich höre ja auch nicht auf damit. Die Schere zu gleichaltrigen gesunden Kindern öffnet sich zwar immer weiter, aber auch dieses Kind mit seinen engeren Grenzen lernt unausgesetzt!

Ein Jahr nach seiner OP am Gaumen hat er neue Buchstaben gelernt, die er nur bei den logopädischen Übungen einsetzt, aber ich bin zuversichtlich, dass er sie irgendwann auch in der Spontansprache bringt. Wenn ich mit ihm zu Aldi fahre, falle ich auf, weil er alle Warenschilder laut buchstabiert. Ich freue mich wie ein König, dass er einen neuen Buchstaben aussprechen kann: Das K! Welch ein Gewinn! Jan kann Coca-Cola sagen! Man muss sich das mal vorstellen! Oder Kakerlakenkacke. Seine ganze Artikulation verändert sich dadurch, zumal er vorher noch das »Ch 2« gelernt hat, das z. B. in »machen« steckt. In der Logopädie kann er es, außerhalb wendet er es noch nicht automatisch an, bringt es aber auf Anfrage. »Mama, rie i oaola?« – »Was möchtest du? Oaola? Kenn ich nicht!« – »Oh, Mama, krieg ich Coca-Cola?!« Das erhöht seine Chancen auf Verständigung enorm. Berta meinte gestern: »Wahnsinn. Vor ein paar Jahren habe ich von Jan höchstens einzelne Worte verstanden.

Heute verstehe ich fast alles, was er sagt!« Das hören wir jetzt öfter. Jede positive Rückmeldung ermutigt ihn zu reden.

Freitag, 11. 2. 00

Mein Verhältnis zu Anna und Lena wandelt sich. Sie dürfen immer mehr mitreden und mitgestalten. Ich lasse mich von ihnen korrigieren, wenn ihre Argumente gut sind. Und das sind sie oft! Es ist klasse, wir drei Frauen! Die beiden mögen sich sehr, lachen viel miteinander, leihen sich oft gegenseitig Kassetten aus, schmusen und baden zusammen in der Wanne. Das ist für mich ein echtes Geschenk. Ich glaube, ich hätte auch gern eine Schwester gehabt, die mir so nah ist.

Samstag, 12. 2. 00

Samstagmorgen. Heute ist einer dieser privilegierten Tage, an denen alle gut untergebracht sind. Anna weilt auf einem Volleyballturnier, Lena bei Leas Geburtstag. Jan war heute Morgen schon um 7 Uhr wach. Ich rase zu ihm rüber, bevor er alle aufweckt: »Jan, du bist doch gestern Abend spät ins Bett. Was willst du denn jetzt schon? Alle schlafen noch!« Jan hält seine beste Hose in der Hand, die er gerade aus dem Schrank gezogen hat. »Weckst du mich, wenn Werner in den Wald geht?« Schlüpft noch eine Viertelstunde in sein Bett. Dann in meins. »Mama! Heute ist mein Glückstag! Heute Morgen darf ich mit dem Traktor in den Wald! Heute Mittag gehen wir Fußball spielen. Und du kaufst mir drei kleine Hunde!« Jan hat gespart. Und weil er Hunde über alles liebt, soll ich ihm den Korb mit den drei Kuschelwelpen besorgen, den er sich so wünscht. Er kuschelt zu Werner rüber.

Der ist gut vorbereitet auf den heutigen Tag: Hat diese Woche seinen Traktor frisch gestrichen. Zweimal! Hat sich nach dem ersten Versuch die grüne Farbe erneut mischen lassen, die erste war ihm zu hell. Jetzt kann es losgehen. Er rumort noch ein wenig rum: »Meine Brille fehlt mir. Mist. Gestern Abend hab ich sie noch gehabt. Heute ist sie weg.« Findet sie, packt sein Vesper in die blaue Holzkiste, setzt sich glücklich auf seinen froschgrünen Traktor, tuckert in die Morgensonne und ruft: »Ich fahre erst mal tanken!« Er strahlt über das ganze Gesicht. Jetzt kann er endlich Holz machen, wie er es sich immer vorgestellt hat. Liv Ullmann wurde mal von ihrem Mann gefragt, wann sie glücklich sei. Sie wusste es nicht. Er dagegen wusste es von sich ganz genau: wenn er mit bloßem Oberkörper im Schweiße seines Angesichts Holz hacken dürfe. Abends, als sie ihn Holz hacken sah, mit bloßem Oberkörper, da wusste sie plötzlich, wann sie glücklich war. Mir geht es wie Liv. Ich bin glücklich, wenn die Menschen um mich herum glücklich sind. Das ist ein großer Motor in meinem Leben.

Ich richte Vesper für alle und werde später mit dem Hund nachkommen. Charly hasst Traktorfahren. Es ist herrlich, einen guten Grund zu haben, an der frischen Luft zu sein! Als ich allein bin, mache ich sauber. Jetzt strahlt alles und ich sitze vor dem Ofen und lese und schreibe. Es geht mir gut! Als es in mir zu kribbeln anfängt und ich nicht mehr sitzen kann, nehme ich Charly ins Auto und fahre in den Wald. Die Meute ist guter Laune. Anna durfte den ganzen Waldweg Traktor fahren. Bin froh, dass ich nicht dabei war. Bewundere sie. Tollkühnes Mädchen. Ich wollte noch nie Traktor fahren. Fünf Männer toben durch den Wald, bewaffnet mit Axt, Beil, Säge und Ohrenschützern. Charly tobt mit einem Beagle-Verschnitt durch das Unterholz. Anna und Lena bauen mit anderen Waldkindern große Laubhütten in Bäume, die vom letzten Sturm umgefallen sind. Überqueren den schmuddeligen Bach und erobern den Jägerausblick über der Wiese. Als sie zurückkommen, sind sie braun bis zur Hüfte.

Werner fragt Jenny, ob sie wisse, wo die Quelle dieses »Bächleins« entspringe. Nö, weiß sie nicht. Gerne erklärt er es den triefenden Damen: Im Klärwerk! Entsetzt lässt Jenny sich auf den Boden fallen und streckt die Stiefel in die Höhe, aus denen noch einige Liter Schlamm fließen: »Iiiihhhh!«

Mittwoch, 16. 2. 00

Mein Leben ist zu voll. Seit einigen Jahren stecke ich mir Etappenziele. Dieses Jahr möchte ich endlich lernen, NEIN zu sagen, unabhängig davon, ob ich mich danach schlecht fühle. Ich habe Angst, nein zu sagen. Es tut mir weh. Es könnte dem anderen weh tun. Ich fühle mich mies und schuldig. Ich möchte niemanden enttäuschen. Schon gar nicht Menschen, die mir nahe stehen. Das ist eine große Zeit- und Kraftfalle in meinem Leben. Es wird mir nie gelingen, alle Menschen um mich herum glücklich zu machen. Ich will lernen, meine Ziele zu erkennen, zu benennen und zu den vielen Angeboten des Lebens, die oft gut, aber oft auch einfach nicht dran sind, nein zu sagen. Die Unsicherheit, wann ein Nein erlaubt und richtig platziert ist, bleibt vorerst. Meine ersten Versuche sind ein Fiasko. Ich vergreife mich im Ton, ich fühle mich immer noch mies. Ich übe weiter. –

Ein unbegreifliches Hochgefühl ist es für mich, wenn ich im Haushalt auf dem Laufenden bin und keine Berge zu bewältigen sind, sondern lediglich kleine Hügel. Im letzten Jahr habe ich meinen ganzen Haushalt überarbeitet und zu planen begonnen. Das macht sich allmählich bezahlt. Montags mache ich einen Speise- und Einkaufsplan und gehe einkaufen, dienstags wasche ich, werfe das meiste in den Trockner und lege es sofort zusammen, so dass ich mir Körbe von Bügelwäsche spare, mittwochs bügeln die Mädchen den Rest und putzen das Bad, donnerstags wischen wir die Böden, putzen das eine oder andere Fenster und kümmern uns um die Pflanzen, freitags – ist frei!

Ich möchte nicht mehr alles allein machen. Das Delegieren wird zu meiner befriedigendsten Tätigkeit. Seit die Kids mit anpacken, habe ich das Gefühl, dass Haushalt eine Arbeit ist, die auf vielen Schultern ruht.

Die Kinder können sich bei uns Geld verdienen, wenn ihnen ihr relativ spärliches Taschengeld nicht genügt. Wir haben eine Liste von Tätigkeiten, die keine Pflicht sind, aber belohnt werden: bügeln, Bad putzen, Hühnerstall ausmisten und den Hühnerhof umgraben, Kartoffeln oder Äpfel ernten, Auto putzen,

Wohnzimmer abstauben und wischen. Die Sache bewährt sich. Ich schlage damit mehrere Fliegen mit einer Klappe: Sie kriegen ein realistisches Verhältnis zu Geld und ihren Wünschen und gehen mit den Dingen, die sie sich selbst ersparen, auch anders um. Ich habe zwei Zugehfrauen. Das erleichtert die Sache ungemein. Anna bügelt lieber, insgesamt ist sie fauler. Ist das faul? Sie braucht halt weniger Geld. Genießt derweil lieber das Leben. Gratis. Während Lenchen umgräbt, wienert, mistet und kassiert. Lenas Leben scheint teurer ...

Manche Tätigkeiten sind dagegen auch undiskutierbare Pflicht, und wenn sie darüber meckern, sollen sie von mir aus meckern, aber das ändert nichts an der Tatsache, dass sie ihren Teil erledigen müssen. Wichtig ist, sich nicht durch Liebesentzug treffen zu lassen. Hängende Backen beim Arbeiten sind bestimmt entspannend für die Gesichtshaut, und wenn sie verfrüht vertikale Zornesfalten kriegen, ist das ihr Problem. Hauptsache, sie arbeiten weiter. Notfalls werden sie dabei halt sehr einsam sein, weil ich mich ihnen entziehe. Was wir unter der Woche nicht schaffen, machen wir in Samstags-Arbeitseinsätzen. Wir packen zusammen zwei Stunden an, das ist gut für die gegenseitige Motivation, danach hat jeder wieder frei.

Nachts träume ich, dass ich meinen Haushalt umorganisiere, damit ich morgens ausreiten kann. Ich wandere allein durch lichtdurchflutete Wälder, trete durch eine Tür und stehe vor weiten Fluren. Ich bin glücklich.

Freitag, 18. 2. 00

Jan und Lena schlafen. Werner und ich sitzen auf dem Sofa, die vergnügte Anna zwischen uns – Vorentscheidung zur Eurovision. Anna ist im Alter der Schadenfreude und des Hormontaumels. Zum Zeichen dafür, dass sie fast erwachsen ist, hat sie sich die Haare auberginerot gefärbt und sieht fasziniert dem Geschehen zu. Zusammen mit Werner lacht sie sich kaputt, weil Stefan Raab sich qualifiziert. Charly liegt vor dem Ofen, Pünktchen vor Charly, Cindy auf einem Stuhl. Charlys Schäferhundgene sind zufrieden, die Herde um sich versammelt zu haben. Er beobachtet genau unsere Stimmung; wenn wir lachen, entspannt er sich völlig. So viele Tiere um mich herum und meine liebsten Menschen unter einem Dach – so habe ich mir als Kind mein Leben vorgestellt.

Montag, 28. 2. 00

Jan beweist uns jeden Tag, dass er ein ganz normales Kind ist. »Ich bin ein bisschen krank, gell, das hörst du? An meiner Stimme, weil die ein bisschen anders ist.« Wahnsinnssätze für meinen Neunjährigen! Gestern sind Werner und ich mit ihm bei frühlingsreifem Wetter geradelt. Vor uns tauchten zwei Leute auf. Jan, der immer pausenlos alles kommentiert: »Oh! Weeerneeer! Achtung! Eltern da vorne! Vielleicht ist ein Hund dabei, Achtung wegen Charly! Nur zwei Menschen. Keine Familie. Eltern!« So geht das ununterbrochen.

Wir sehen eine sterbende Taube. »Das ist aber schlimm! Aber dann kommt doch seine Mama und hilft ihm, oder?« – »Nein, die Taube ist erwachsen. Der hilft keine Mama.« – »Bei den Tieren ist das schlimmer als bei den Menschen. Die wissen ja nicht, dass Jesus sich auf sie freut und im Himmel wartet. Weil die nicht in der Kinderstunde sind. Der Charly weiß das auch nicht, Mama!«

»Mama, weißt du, wer jetzt mein Freund ist? Mama, die Jennifer! Aber sie hat mich nicht zum Geburtstag eingeladen!« – »Jan, du hast sie doch auch nicht eingeladen!« – »Ja, da hab ich das doch nicht gewusst, dass sie mein Freund wird!«

Letzte Woche war ich mit ihm drei Stunden beim Ohrenarzt. Danach Kieferorthopädie. Er hat eine Spange bekommen, sein Kiefer ist zu eng durch seine Gaumenspalte. Grüne Hörgeräte, blaue Spange, gelbe Box. Er ist stolz darauf, so ein armer Bub zu sein, der eine Spange braucht. Er fragt nicht, warum. Nimmt es hin. Seine drei Hundewelpen aus Plüsch liegen nachts bei ihm im Bett und tagsüber in seinem Schulranzen. Ich glaube, sie geben ihm viel Sicherheit.

Mittwoch, 1. 3. 00

Liebe geht wirklich durch den Magen. Ich kann das aus empirischer Beobachtung nach Jahren familiärer Bewirtung bestätigen. Heute Mittag gab es Annas Lieblingsessen: Kartoffelbrei, Sauerkraut, Rippchen. Entsprechend gut gelaunt ist sie. Lena lässt sich anstecken. Sie zupft an meinem Ohrläppchen, kitzelt mich an den Rippen, amüsiert sich über meine hysterische Reaktion, meint: »Ganz ruhig bleiben, Baby!«, kichert mit Anna zusammen und singt laut mit ihrer spangenbewehrten Schwester »Down the way« aus dem Chorrepertoire. Wir schunkeln, Lena stellt sich vor mich und sagt: »Stell dir vor, du bist eine Gipspuppe und musst jetzt einfach hinhalten.« Dann formt sie einen Kussmund aus meinen Lippen, schwebt wie der sterbende Schwan auf einem Bein auf mich zu, das andere weit von sich gestreckt, und küsst mich zärtlich schmatzend. Vermutlich sind die Weiber auch deshalb so gut gelaunt, weil Morgen die Faschingsferien beginnen und eine Welle von Klausuren hinter ihnen liegt.

Freitag, 3. 3. 00

Ich blättere im Wartezimmer der Frauenärztin in Frauenzeitschriften und bleibe fasziniert an einem Vorher-Nachher-Bericht hängen. Ich versuche zu beurteilen, ob die Frauen hinterher wirklich besser aussehen oder ob sie nur besser fotografiert sind. Der Mann einer Freundin sagte: »Wehe, du lässt dir auch nur ein einziges deiner mit mir in Ehren ergrauten Haare färben!« Ich vermute, das sollte ein Kompliment sein. Ich glaube, ich würde es dennoch tun. Ich erschrecke noch zu sehr über die Zeichen des Alterns, habe zu lange gelebt in einer Jugend verherrlichenden Gesellschaft, bin zu sehr geprägt von den Hochglanzseiten dieser Zeitschriften. Ich erwische mich dabei, dass ich heimlich in Gesichtern von Frauen forsche, die wenig älter sind als ich, ob ich auch schon so wirke, schlaff und farblos ...

Ich will nicht so denken und kriege es doch nicht los. Ich leide nicht wirklich, aber vielleicht kommt es noch. Ich dachte immer, ich sei resistent gegen Skepsis dem Älterwerden gegenüber. Es ärgert mich, aber ich will keine runzlige Haut, keine grauen Haare. Der Prozess des Annehmens scheint langwieriger zu sein, als ich ahnte. Warum ist es für eine Frau so einschneidend, wenn ihr Körper altert? Weil ein Teil ihrer Wirkung verblasst, an die sie seit der Pubertät gewöhnt ist, die sie oft unbewusst einsetzt? Weil wir rausfallen aus einem Spiel, das wir lange mitgespielt haben?

Aber vielleicht ist der Platz außerhalb des Spielfeldes gar nicht mal schlechter als mittendrin. Wer weiß. Wie lange muss eine Frau eigentlich »ziemlich gut für ihr Alter« aussehen? Muss sie wirklich? Warum will sie so gern jünger scheinen, warum tun ihr Komplimente so gut? Männern geschieht das in der Form nicht. Junge Frauen sind umwerfend, junge Männer höchstens gut aussehend. Ältere Männer werden immer interessanter, während ältere Frauen verblassen.

Es bleibt ein Verlust, man kann ihn nicht schönreden. Es geht darum loszulassen. Aber jetzt schon? Die Edelcremes sind mir zu aufwändig, zu teuer und zu unglaubwürdig, ich will ewige Jugend oder keine, nicht so eine um drei Monate aufgehaltene. Aber graue Haare noch eine kleine Weile zu übertünchen, erscheint mir legitim. Nur: Wann und wie hört man damit wieder auf? Braune Haare mit siebzig – da stimmt dann auch etwas nicht.

Das erinnert mich an den Prozess, mein behindertes Kind bis in den letzten Zipfel meines Herzens anzunehmen. Wenn ich ehrlich bin, hat es Jahre gedauert. Das hat mich auch so enttäuscht, dass ich darin so schwerfällig war, denn ich empfand immer eine große Loyalität Eltern behinderter Kinder gegenüber, eine große Toleranz behinderten Menschen gegenüber. Bis ich selbst so ein Elternteil wurde. Da war dann auf einmal so viel Schmerz, Mitleid, Angst, Sorgen ...

Ha, wo darf Frau sich das Leben leicht machen? »Machen Sie sich das Leben nicht unnötig schwer«, hat der Psychologe aus der Kur geraten. Das hat mir nachhaltig zu denken gegeben.

Mache ich so einen Eindruck? Jetzt erlaube ich mir immer mal wieder, es mir leicht zu machen. Meine »Berufstätigkeit« hilft mir heute dabei: Ich mache einen Job, der mir Spaß macht, und obwohl ich Planung verabscheue, plane ich montags meine Woche: Wann putze ich das Gröbste, welches Kind übernimmt eventuell gegen Lohn welche Arbeiten, wann koche ich was Schnelles, wann was Gesundes und wann was Leckeres. Dann halte ich mich stur an die Vorgaben. Das macht mein Leben leichter und ist mir die ganze Planerei wert. Ich will LEBEN! Mit oder ohne graues Haar.

Dienstag, 7. 3. 00

Ich komme vom Buchladen und sehe nur noch Bücher vor meinem inneren Auge. Ich frage mich, wie viel Zeit und Muße ich übrig hätte, wenn es diesen Laden oder mich da drin nicht gäbe. Wahrscheinlich auch nicht mehr, ich würde meine Zeit anders zubaggern. Vielleicht kann ich gar nicht anders? Aber gestern aus der Sonne in den Laden zu gehen war echt schlimm. Da befürchtete ich, das Leben zu versäumen. Sonne im März ...

Die Mädchen haben in dieser Zeit mit Lea und Klara gespielt, Farmer auf dem Traktor und im Stroh, verkleidet und stundenlang. Monopoly und Uno, alles draußen, und ihre Zahnspangen reflektierten das Licht der Morgensonne. Haben selbst zubereitete Spätzle mit Apfelbrei gegessen. Ich habe sie ungern allein gelassen, aber sie haben mich nicht vermisst.

Der Buchladen ist ein Teil meines Lebens geworden. Die Verantwortung ist groß, die Freude auch. Trotzdem frage ich mich immer wieder, ob es okay ist, so viel Zeit da reinzugeben. Es ist für mich schwer herauszufinden, was ich selbst eigentlich will, was Gott will, und davon zu unterscheiden, was alle Welt von mir will.

Die letzte Predigt hatte das Thema »Visionen finden«. Klar, wer sein Ziel nicht kennt, kommt nicht an. »Eine Vision ist ein Glaubensbekenntnis, das in die Zukunft blickt und ein konkretes Bild sieht.« Steiler Satz. Was sehe ich dort? »Tust du Dinge aus

Pflichtgefühl oder Prestigedenken? Deine Gaben einbringen ist gemeinschaftsstärkend.« Meint der Prediger mich? Schon wieder mich? Manchmal genügt ein letzter Anstoß, um Klarheit zu finden, muss man Dinge zugesagt bekommen, die man längst weiß. Bei mir ist es der Satz eines befreundeten Buchhändlers, der uns väterlich unter die Arme greift und mit dem ich heute telefoniere: »Wenn du dich entschieden hast und einen Auftrag von Gott für einen neuen Laden hattest, dann musst du zumindest eine Zeit lang die Konsequenzen tragen.« Als ich ihm die Ohren voll jammere, dass ich gern neben Haushalt und Buchladen mehr schreiben möchte, meint er lakonisch: »Wozu hast du grundsätzlich Lust? Was macht dir Spaß, was willst du? Entwickle deine Vision! Und vergiss dabei deine Familie nicht. Zu Beginn ist es immer wieder: Gott fragen, warten, fragen, warten, hören, warten, fragen ...«

Wozu ich Lust habe? Ich habe zu allem Lust. In den Buchladen will ich und immer wieder in den Buchladen. Schreiben will ich und nicht mehr weg vom PC. Der Haushalt soll okay sein. Das Essen soll schmecken. Habe ich dazu Lust?? Heißt das, dass es legitim ist, Zeit im Haushalt einzusparen, um Zeit zu gewinnen für die Bereiche meines Lebens, auf die ich Lust habe?

Mittwoch, 8. 3. 00

Lena hat heute Mittag auf Oliver aufgepasst. Sie mag es, wenn er kommt. Oliver ist schwer behindert. Christiana, meine Cousine, vertraut ihn Lena ab und zu an. Dann geht sie joggen. Lena hat den Boden gesaugt, ihre Playmobillandschaft zur Seite geräumt, ihren blauen Teppich ausgerollt und mit Oliver gekuschelt. Sie hat ihm mit der Schnabeltasse zu trinken gegeben, ihn aufstoßen lassen, ihm vorgelesen und Lieder gesungen. Am Ende ist sie mit ihm zusammen im Arm eingeschlafen.

»Der Oliver hat aber kein erfülltes Leben«, sagte sie heute Abend voller Mitgefühl zu mir. Wir haben zusammen darüber nachgedacht, ob ihre Einschätzung stimmt. Vielleicht ist es dieselbe Falle, in die ich wegen Jan ständig tappe – von mir auf ihn zu schließen. Genau das darf ich nicht: meine Maßstäbe für ein erfülltes Leben oder für Freundschaft auf ihn übertragen. Ich muss lernen, ihm zuzugestehen, dass er eigene entwickelt, die von den meinen abweichen. Olivers Leben kann ein gutes Leben sein.

Mittwoch, 15. 3. 00

Seit Wochen mache ich mich mental stark für die Fastenzeit. Letztes Jahr hatte ich mir vorgenommen, vierzig Tage keinen Alkohol zu trinken und weder Süßigkeiten noch Kuchen zu essen. Der Versuch scheiterte nach fünf Tagen.

Für dieses Jahr habe ich mir vorgenommen, mir zumindest Kuchen zu erlauben und als Motivation das an Wein und Schokolade gesparte Geld zu spenden. Gleichzeitig möchte ich etwas für meine Seele tun, ich möchte »Gesprengte Mauern« von Adrian Plass lesen, ein Andachtsbuch für die Zeit von Gründonnerstag bis Ostersonntag. Lena hat sich mir angeschlossen. Sie will keine Süßigkeiten essen und schließt einen Friedensvertrag mit Jan: Sie will bis Ostern nicht mehr mit ihm streiten. Jan: »Bis Weihnachten!« Ermutigt durch diesen Vorstoß habe ich mir überlegt, ob ich nicht auch in einem Punkt an mir arbeiten könnte. Ich nehme mir vor, vierzig Tage lang nicht über andere zu urteilen, mich nicht über sie zu stellen, nicht über Dritte zu reden.

Tage später merke ich, dass es mir gelingt, auf Wein und Süßes zu verzichten, aber dass der einzige Erfolg bei meinem letzten Vorsatz darin besteht, dass ich erst jetzt merke, wie ich auf diesem Gebiet versage. Ständig habe ich den Impuls, bei einer Begegnung Menschen zu messen, zu beurteilen. Vielleicht kann ich das gar nicht selbst überwinden, sondern muss Jesus bitten, mich zu ändern.

Montag, 20. 3. 00

Der Lastwagen der Müllabfuhr biegt rasant um die Ecke. Zur selben Sekunde wie Werner, der noch im Tiefschlaf wie ein geölter Blitz im grau getigerten Schlafanzug barfuß aus dem Haus rennt. Just in dem Moment, als das Monster seinen Greifarm ausfährt, wirft ihm der schlafende Hausmeister die Mülltonne entgegen. Starke Nummer! Erschöpft sinkt er auf die Toilette, um noch einmal ganz in Ruhe von vorne zu beginnen, als sein Wecker Alarm schlägt und er, mittlerweile wach, einen Sprint nach oben ins Schlafzimmer startet, um die Kids nicht zu wecken – die sich alle an der Treppe versammelt haben zu Standing Ovations ... Welch ein Verantwortungsgefühl! Jetzt sitzt er schniefend in der Küche. »Ich bin schon wieder erkältet, kannst du dir das vorstellen?« Stimmt, ich erinnere mich dumpf, dass er letzte Woche schon einmal niesen musste. »Gestern Abend hätte ich noch stundenlang mit Hermann van Veen tanzen können. Ich bin fitter ins Bett als aufgewacht!« Es braucht die richtige Mischung aus vollem Mitgefühl und Rückenstärkung, damit er wieder an sich glaubt und arbeiten gehen kann.

Ich radle mit Charles in einen Wald, der aussieht, als sei er kurz vor dem Aufbrechen. Hier und da ein Hauch Grün. Erster Bärlauch auf dem Boden. Ich pflücke ein Sträußchen dieser knoblauchduftenden Blätter für den Salat. Hmm! Ein großer bunter Vogel (Specht?) lässt sich fünf Meter vor mir von einem überhängenden Ast in eine Pfütze fallen und nimmt ein Kneippsches Ganzkörperbad. Zuerst mit dem Kopf reintauchen und dann der ganze Kerl hinterher. Als ich näher rücke, schwingt er sich hoch auf den Ast. Schüttelt sich erquickt, wartet, bis ich mich wieder fünf Meter entfernt habe und schwebt zurück ins kühle Nass, den Winterstaub entfernen. Frühlingsahnen. Ich schneide Kartoffeln in hauchdünne Scheiben für Kartoffelgratin und frische mit der Lern-CD mein Italienisch auf.

Dienstag, 21. 3. 00

Morgens, wenn ich die Kinder wecke, ist es hell! Ich wusste gar nicht mehr, dass es das gibt.

Als ich in den lichten Wald radle, tauche ich ein in sanften Knoblauchduft. Der Bärlauch hat sich über Nacht vervielfältigt.

Plötzlich sind da überall kleine Waldblumen: Taubnesseln, Kuckucksblumen, Märzveilchen und andere, namenlose. Charly stöbert ein ahnungsloses Eichhörnchen auf, das sich mit drei eleganten Sprüngen auf den nächsten Baum rettet, während der Hund fast dagegenprallt. Verdutzt läuft er weiter, guckt wild hinter jeden Busch, wo es geblieben ist. Ich bleibe stehen, still wie ein Baum in der Julisonne, und beobachte das schöne Tier, das ich so selten zu Gesicht bekomme. Wie habe ich Eichhörnchen als Kind geliebt! Mühelos ringelt es sich um den Stamm, immer höher, bis zu den dünnsten Ästen vor, um dann wie Tarzan von Wipfel zu Wipfel zu springen, nur lautloser. Das habe ich in all meinen 37 Jahren noch nicht gesehen! Es kratzt sich hinter den buschigen Ohren und behält immer Charly im Blick, der aufgibt und davontrottet. Mich hat es vergessen. Als es die Gefahr vorüberglaubt, gleitet das Eichhörnchen an einem Stamm herunter bis kurz vor meine Füße, sieht mich, erschrickt, keucht auf, jagt mit peitschendem Schweif wieder hoch in den obersten Wipfel.

Wir haben junge Stallhasen. Die Kinder sind oft draußen bei ihnen, um sie handzahm zu machen. Das mit den Tieren hat Gott super gemacht. Ich genieße es, sie um mich herumzuhaben, ihre Ruhe und Ansprechbarkeit, ihr Fell und ihr Vertrauen tun mir gut. Mit Charly jeden Morgen fortzugehen ist keine Entscheidung mehr.

Mittwoch, 22. 3. 00

Diese Woche ist *Pro Christ*, eine christliche Großveranstaltung, die via Satellit an viele Veranstaltungsorte übertragen wird. Dort findet jeweils ein kleines Vorprogramm statt, das dic Gäste bis zum Start der Übertragung bei Laune halten soll. So auch bei uns in der Gegend. Rege Leute haben sich seit Monaten darauf vorbereitet.

Mich haben sie auch gefragt, ob ich mich einbringen werde. Vier Minuten lang soll ich reden. Thema des Abends: Grenzenlose Kommunikation. Ich würde über Jans Kommunikationsgrenzen und meinen Umgang damit erzählen. Habe den Ruf Gottes bei der Anfrage vor Monaten klar vernommen und freudig zugesagt. Jetzt habe ich Angst vor der Angst. Ich mache mir Sorgen. Wenn ich gefragt werde: »Bianka, was sagt dir das Wort Kommunikation?« – ob mir dann einfällt, wer Bianka ist? Und ob ich noch wissen werde, wie mein Sohn heißt?

Als ich Werner heute Morgen sagte, dass ich eigentlich keinen Bock habe, mir wegen der vier Minuten heute Abend den ganzen Tag dieses Kribbeln im Bauch anzutun, riet er mir: »Tu was dagegen! Putze! Fege! Wische! Wasche! Bügle!« Ich erwiderte: »Ich glaube, ich lege mich lieber drei Stunden in die Sonne ...« Er packte seine Arbeitstasche und ging in den Frühlingsmorgen hinaus mit dem Ruf auf den Lippen: »Ich glaub, ich krieg die Krise! Tu mir das nicht an!«

Freitag, 24. 3. 00

Ich habe meinen »Auftritt« hinter mir. Das ist nicht mein Element! Ich sollte darüber erzählen, wie sich das Leben zusammen mit einem behinderten Kind und mit Gott anfühlt. Es kostete mich eine halbe Woche Vorbereitung und Angst. Es kostete mich und den Rest der Familie meinen ganzen Tag. Es war das schrecklichste aller schrecklichen Gefühle, wirklich aufzustehen und auf die Bühne zu gehen, als ich aufgerufen wurde, im gleißenden Licht zu stehen und zu hoffen, dass meine Zunge bei der ersten Frage nicht am Gaumen festkleben würde. Obwohl ich den ganzen Tag gebetet habe und das gesamte Team vorher ebenfalls noch eine Viertelstunde in den Katakomben der Sporthalle, ist meine Aufregung keine Sekunde gewichen. Ich habe nur überlebt, weil ich die Fragen bereits kannte und mich gründlich darauf vorbereitet hatte. Ich habe die Antworten auswendig gelernt und konnte dort oben keinen Gehirnzellengang lang denken. Habe alles abgespult und mich entsprechend elend gefühlt. Ich war mir selbst peinlich. Hansbert, mein Gesprächspartner, war so routiniert und charmant.

Aber viele Frauen haben mich hinterher sehr liebenswert

angesprochen. Abends, als ich nach Hause kam, las ich auf einem Kalenderblatt den Satz von Richard Foster: »An diesem Abend war ich die schwere Last losgeworden, dauernd etwas Wichtiges sagen zu müssen.«

Heute Morgen rief mich Hansbert an, um mir zu sagen, dass ich meine Sache gut gemacht hätte, es sei sehr persönlich gewesen, er sei sich fast blass vorgekommen daneben ... Es darf wohl so sein, dass man seinen eigenen Beitrag als wertlos empfindet. Wichtig scheint nur, was Jesus damit macht. Ich empfinde das als schiere Zumutung. Habe ich einen zu hohen Anspruch an mich? Welchem Bild möchte ich genügen? Glaube ich Gott nicht, dass ich genüge, dass ich einfach ich selbst sein darf, an jedem Ort, auch vor dem Mikrofon?

Genügt Angst als Grund, nein zu sagen zu solchen Anfragen? Zeit habe ich ja eh keine übrig. Will Gott das von mir? Wo stehe ich ihm mehr im Weg, am Mikro oder mit einem Nein? Ich weiß, wenn es mir auf dem Herzen brennen würde und ich ihn bäte, würde er mich auf solchen Auftritten benutzen können. Aber ich möchte ihn noch nicht einmal darum bitten ... Ich will nur schreiben. Ist das nicht legitim? Ab und zu kommen Anfragen, ob ich irgendwo spreche, bei einem Frühstückstreffen oder sonst einem Alptraum. Gestern las ich: »Gott tut viel mehr, als wir je erbitten oder erwarten könnten. Viel mehr. Aber nichts, das Wert hat, geschieht ohne Kampf. Gott bittet uns in diesen Tagen, Außergewöhnliches zu tun. Aber der einzige Weg, etwas Außergewöhnliches zu tun, ist, Außergewöhnliches zu tun.«

Meine Angst und Bequemlichkeit sagen NEIN zu Publikumskontakt, Mikro, Halle, Lampenfieber. Werner sagt nein, weil er findet, dass das nicht auch noch in unser Familienleben passt. Was sagt Gott? Was werde ich sagen? Ich träume sehr symbolbeladene Träume. Ein großes Tier, das bedrohlich wirkt, das aber still und sanft hinhält, als ich nicht fliehe, sondern mich todesmutig an es lehne. Ich spüre ein großes Glücksgefühl. Ist das das Publikum? Ich suche in einem Einrichtungshaus nach einem neuen Teppich. Bunter, weicher, besser soll er sein. Ist die Zeit reif für Veränderung?

Samstag, 25. 3. 00

Manchmal gibt es ein Chorprojekt in der Gemeinde. Jetzt zum Beispiel. Ich drehe dem Buchladenstress und meinen motzenden Familienmitgliedern den Rücken zu und singe die Tonleiter rauf und runter. Hosiannaluja! Das Beste ist der Chorleiter! Holger versteht die Kunst, Kritik so wohlklingend tönen zu lassen, dass sie einem wie ein warmer Schauer den Rücken runterläuft. Bei »Schmecket und sehehehet, wie freuheundlich der Heeerr ist« gehen süße Stückchen (Spende von Bridget, die in der Bäckerei arbeitet) rum, blubbert der Tee aus dem Abendmahlkrug. Holger übt unbeirrt weiter: »Versucht mal, als Einheit zu singen in dem Sinne, dass ihr alle das singt, was da steht ...« Wir versuchen es. »Leute, diese Stelle verdient es, dass wir sie noch einmal angehen! Ihr müsst sehen, dass ihr die Töne deutlicher definiert!« Erik, dessen Stimme tapfer zitternd kiekst, ist heute allein im Bass, halbe Besetzung im Vergleich zu sonst. Ihm gilt Holgers volle Zuwendung: »Erik, denk, es wär nicht so hoch, dann ist es nicht ganz so hoch!« Wir stimmen wieder dröhnend ein. Holger ist jetzt in Fahrt: »Bei ›Preiset‹ muss es noch wichtiger kommen, das muss man richtig schmecken! Das probieren wir!« Wir vom Alt haben ein Problem an der immer gleichen Stelle. Judith: »Gibt's eine Eselsbrücke für den Alt?« Holger kooperativ: »Das hier ist euer Zielton. Wem's hilft – ich weiß nicht ... Ansonsten – einfach merken!« Klar. Wir versuchen es wieder. Holger tapfer: »Mit dem Einsatz hakt es noch. Wie kann ich euch das rüberbringen? Das Wort ›aggressiv‹ ist falsch. Aber: Einfach präsent sein!« Wir sind präsent wie noch nie. Holger ist fassungslos: »Das war schon 90-95 % von dem, was wir machen können, das war gut! Bass – jawohl, mutig!« Sein Wort in Gottes Ohr! Fehlt nur noch der letzte Schliff: »Das ›you‹ obwohl's so'n kurzer Ton ist – macht es prägnant, schießt es nicht irgendwo weg.« Wir verstehen genau was er meint. Und als Abrundung: »Es ist wichtig, dass wir leicht singen, aber trotzdem markant in diese Stellen rein.« Die Engel im Himmel freuen sich über uns!

Sonntag, 26. 3. 00

Klasse, wie Jan mitdenkt! Das kommt immer öfter zum Ausdruck und überschreitet meine kühnsten Hoffnungen. Allerdings kann ich ihn kaum besser verstehen als vor einigen Jahren, immer noch muss ich oft nachfragen, weil er seine eingeschliffene Sprache spricht, ohne die in der Logopädie dazugelernten Buchstaben zu benutzen. Er kann sie zwar, aber nur mit bewusster Kraftanstrengung. Was da wohl noch kommen wird? Ich übe wahrscheinlich viel zu selten mit ihm, aber ich habe keine Lust, seine wenige freie Zeit derart zu gestalten und ständig seine Therapeutin zu sein. So kommt es, dass ich Donnerstag für Donnerstag mit schlechtem Gewissen Jan zur Logopädin fahre.

Vorgestern sagte er beim Abendessen, als er mit Werner und mir allein war: »Heuhe war ich rauri!« Wir fragten nach, warum er traurig war, es ist bedeutsam, wenn Jan mal über ein Gefühl spricht. Er erzählte, dass seine beiden großen Freunde im Landschulheim sind und er in der Pause einsam ist, weil er niemanden zum Spielen hat. Wir redeten lange ernsthaft mit ihm, was sich nicht oft ergibt, und rieten ihm, zu seinem Klassenkameraden Pascal zu gehen und zu sagen: »Spielst du mit mir?«

Dankbar greift er solche Tipps auf und setzt sie um. Von selbst kommt er nicht drauf. Am nächsten Abend kam er freudestrahlend heim: »Mama, ich hab's gemacht! Es hat geklappt!« Heute hat er wieder mit Pascal allein gespielt. Mit Unterstützung verlässt er sein Schneckenhaus.

Dienstag, 28. 3. 00

Lady Bird Johns hat mir unbekannterweise eine schöne Erlaubnis erteilt: »Man sollte an Dingen arbeiten, die das Herz zum Klingen bringen.« Also habe ich Blumen gepflanzt, Büsche gedüngt, Kartoffeln gekeimt, Rasen vertikutiert, Topfpflanzen umgetopft und bin tief zufrieden. Im Laden ist es ruhig und die Arbeit macht Spaß, ohne zu überfordern.

Ich bin heute auf eine erstaunliche Stelle in der Bibel gestoßen: Zefanja 3, Vers 17. Ehrlich gesagt hab ich noch nicht einmal gewusst, dass es ein Buch der Bibel gibt, das Zefanja heißt ... »Der Herr, euer Gott, ist in eurer Mitte, er ist stark und hilft euch! Von ganzem Herzen freut er sich über euch. Weil er euch liebt, redet er nicht länger über eure Schuld. Ja, er jubelt, wenn er an euch denkt.« Jubelt Gott, wenn er an mich denkt??? Das erinnert mich an das Lied »And the father will dance«, in dem heißt es: »Der Vater wird deinetwegen vor Freude tanzen! Er wird sich derer erfreuen, die er liebt. Seine Treue zu dir ist so sicher wie das Dämmern eines neuen Tages.« Wird der Vater meinetwegen vor Freude tanzen? Das muss man sich mal geben!

Ich kann das nur nachvollziehen, wenn ich an meinen Jubel über meine eigenen Kinder denke! Den kenne ich allerdings.

Mittwoch, 29. 3. 00

Ich glaube, ich habe meine wahre Leidenschaft entdeckt: Pflanzen. Nicht weil ich besonders kompetent bin, sondern weil ich besonders leidenschaftlich alles, was mit Pflanzen zu tun hat, liebe und seit sagen wir mal fünfzehn Jahren darum kämpfe, hier weiterzukommen. Habe die letzten Tage etliche Pflanzenbücher aus der Bibliothek gewälzt. Weiß nun genau, was ich falsch mache, was welche Pflanze braucht und wie der vollkommene Kübelpflanzengarten aussehen kann. Man muss nur Pflanzenkunde studiert haben und siebzehn Stunden täglich in die Pflege investieren und beim Planen einen Landschaftsgärtner zu Rate ziehen und schon hat man das harmonischste Gartenambiente. Unvorstellbar, dass Frau das alleine schafft, wenn ich die Fotos betrachte in den Magazinen – schon wieder diese Magazine ... Parallel zu den Modeseiten der Frauenzeitschriften haben die Fotos darin kaum je Pendants in deutschen Vorgärten, so wie ich in meiner Gemeinde nur drei Frauen kenne, die so aussehen, als liefen sie für *Brigitte* auf dem Steg. Oh, es gibt so viel Hoffnung im Frühling. Ich sehe alles schon vor mir, wie es blüht und grünt.

Jetzt kommen Jan und Werner nach Hause, das heißt, es ist bald siebzehn Uhr und vor lauter Pflanzen habe ich noch die abgezogenen Betten aus dem Fenster hängen. Ich werde jetzt gleich einen sehr beschäftigten Eindruck machen.

Samstag, 1. 4. 00

»Mama bleier alles Buge bun beiner Geburstag Jan« steht auf dem fleckigen Blatt und ein Strichmännchen, das es in sich hat – ein Osterhase! Die schönste Geburtstagsgratulation der Welt. Ich bin ein neurotischer Geburtstagsflieher. Mir fällt jedes Jahr etwas Neues ein, damit ich mich nicht feiern lassen muss. Dieses Jahr fällt der Tag auf einen Samstag und wir gehen mit einer befreundeten Familie im Elsass wandern. Es ist wunderschön. Mir ist vorhin erst eingefallen, dass die Konsequenz von heute ist, dass ich ab jetzt 38 bin ... Zum ersten Mal kam mir in den Sinn, dass ich irgendwann 40 werden könnte. 40!!! Warum ist mir mein Geburtstag so peinlich? Ein kleines Gefühl, keine tiefe Verzweiflung, aber doch eine seltsame Hilflosigkeit, die einem Psychologen oder vielleicht auch mir einiges verraten sollte ...

Sonntag, 2. 4. 00

Habe »ein Vlies gelegt«, bevor ich in den Buchladen gefahren bin: »Herr, wenn Du wirklich willst, dass ich dreimal in der Woche Bücher verkaufe, dann zeig mir das heute Mittag bitte so deutlich, dass ich es verstehen kann.« Ich dachte: Die Sache ist klar, das tut er nicht. Heute Abend, als ich den Laden schloss und erkannte, was Gott alles getan hatte, bekam ich weiche Knie. Er hat mir den ganzen Tag Leute geschickt, die mir gesagt haben, wie wichtig der Laden für sie ist und wie dankbar sie sind, dass wir diese Arbeit tun. Ich dachte jedes Mal: »Bist Du das, Gott?« Zum Schluss schickte er Jürgen, den gerade seine Frau verlassen hat. Zeit zum Weinen und Reden.

Dienstag, 4. 4. 00

Habe den ganzen Morgen E-Mails geschrieben. Müsste jetzt eigentlich kochen und dann in den Buchladen und dann Zwiebeln stecken und Möhren säen und dann für morgen vorkochen und dann meine Ehe pflegen und meine Kinder lieben, oje. Gott wird mehr als oft lächelnd auf meinen Eifer sehen ... Ich will immer keinen Stress und mach mir ständig welchen.

Stunden später. Bin vom Buchladen zurück. Die Zwiebeln hat Werner gesteckt. Er ist mit dem Traktor rausgefahren und war hinterher so glücklich, dass ihm fast die Tränen kamen (Zitat). Er liebt den weiten Horizont dort draußen und die Ruhe. Die Kinder schlafen, Werner und ich hören Neil Young und Sting und reden darüber, was Frauen von Männern erwarten und warum Ehen so oft schief gehen. Es geschieht so viel in unserem Umfeld, es gibt immer so viel zu reden. Wir sehen zusammen *Bodyguard*, nach unserer Unterhaltung eine interessante soziologische Ergänzung. Warum fahre ich auf diesen Typ ab, der in diesem Film skizziert wird? Insgeheim stellt er für mich den »wahren Mann« dar. Stark, ernst, selten lacht er mal, aber dann umso umwerfender und herzerweichender; sehr selbstsicher, unsicher nur durch die Gefühle einer Frau gegenüber, ritterlich, beschützend, notfalls mit seinem eigenen Leben, ein Mann, neben dem man sich sicher und begehrt fühlt.

Morgen fahre ich zum Mitarbeitertreff mit Übernachtung. Am Ende eines langen Waschtages fordere ich die Kids auf, ihre Stapel in ihre Schränke zu räumen. Jan ist das viel zu viel, so eine Zumutung, dabei muss er seinen lediglich hoch tragen, nachdem ich mich doch schon den halben Tag damit beschäftigt habe.

Anna sagt: »Ja ja«, und vertagt es auf irgendwann. Sie ist gerade damit beschäftigt, das Leben zu genießen.

Nur Lena stürzt sich darauf und jubelt: »Ooh, ich liebe solche frischen Haufen! Ooh, ich hasse es, wenn du weggehst, ich vermisse dich jetzt schon!«

Mittwoch, 5. 4. 00

Der Mitarbeitertreff einer christlichen Zeitschrift ist mein jährliches Abenteuer: Einmal im Jahr fahre ich dreieinhalb Stunden Zug und bin dann weg. Mal zwei Tage weg zu sein ist klasse. Werner sagt ein »wachsweiches Ja« dazu, das ist doch schon einmal etwas. Nicht dass er sich freut für mich, aber er unterstützt mich, was ich sehr schätze. Für ihn heißt das, Jan noch vor der Arbeit fertig zu machen. Werner ist häuslicher als ich und mag es, wenn er alle seine Schäfchen um sich herum hat, aber mir tut es gut, mal weg zu sein. Ich sehe, dass meine Berufstätigkeit sich anders entwickelt als erwartet. Und ich finde, dass wohlwollend geduldete kurzfristige Trennungen uns gut tun.

Werner bringt mich zum Bahnhof. Es regnet. Vor der Bahnhofshalle lässt er den Motor laufen und bietet mir seinen Mund zum Kuss. Ich bin empört: »Trägst du mir nicht meinen Rucksack zum Gleis rüber?« Doch, auf diese Idee ist er bloß nicht gekommen, aber jetzt, da ich es sage ... Er sucht einen Parkplatz und schleppt meinen Rucksack durch die Unterführung. Mein Versuch, etwas Romantik zu inszenieren, scheitert. Als der Zug einfährt, will er sich schnell verabschieden. »Ich will einen Kuss in der offenen Zugtür. Ich will, dass du verzweifelt neben dem abfahrenden Zug herrennst, ein Taschentuch schwenkst und ich lehne mich aus dem Fenster und meine Tränen vermischen sich mit dem Regen.« Er verneint nun vehement und zieht Leine, nachdem ich ihm noch einmal erklärt habe, dass ich morgen um 21 Uhr hier auf ihn warte. Ich glaube, *Bodyguard* hat mir nicht gut getan ...

Dreieinhalb Stunden Zeit zum Nachdenken. Je weiter ich mich von zu Hause entferne, umso mehr drängt sich mir die Frage auf, wer ich eigentlich bin. Ein Großteil meiner Kraft geht in meine Familie. Im Buchladen trage ich mehr Verantwortung, als ich je wollte. Ich mache ständig einen Spagat zwischen Kindern, Mann, Haushalt, Schreiben, Buchladen, Gemeinde und der ewigen Frage: »Was ist jetzt dran?« Kämpfe den Kampf zwischen Maria und Martha. Wie geht das, frage ich mich oft – in Gott ruhen und im Stress stehen. Wohin soll meine Kraft? Das Leben fließt so schnell. Oft habe ich Angst, es nicht zu leben. Als ich dreieinhalb Stunden später mein (Einzel!-)Zimmer einrichte, fällt ein Brief aus meiner Tasche. An Bianka Bleier, Autorin. »Liebste Bianka! War deine Zugfahrt arg lang? Bist du gut angekommen? Ich hoffe, dir gefällt dein Zimmer. Ich liebe dich ganz ganz arg. Diskutiere schön mit den anderen. Deine Lena Bleier.« Wer bin ich?

Freitag, 7. 4. 00

Dreieinhalb Stunden zurück, Zeit genug, mich wieder auf mein anderes Leben zu besinnen. Ich zehre noch von der Teamsitzung. Wir sollten uns zum Warmwerden reihum vorstellen und erzählen, was uns derzeit ausmacht oder geistlich gerade bewegt. Wie immer schaffe ich es, zuletzt dranzukommen. Ich habe neunzehn interessante Biografien gehört, während ich Zeit hatte, meine eigene in Stichworten zusammenzudenken. Wer bin ich? So viele gestandene, reife Christen, denen das Herz für eine klare Mission brennt, die schon einen weiten Weg hinter sich haben, meist irgendwo in leitender Position, reinstes Schriftdeutsch sprechend. Ich repräsentiere, glaube ich, hier die Dialekt sprechende, stinknormale Hausfrau.

Voller Vorfreude lege ich mir bei der Einfahrt in den heimatlichen Provinzbahnhof etwas Lippenstift auf und besprühe mich mit einem Hauch meines Lieblingsparfums, lade den Rucksack auf den Rücken und steige aus. Der Zug hat am Ende des Bahnhofs gehalten und da steht kein Mann, dessen sehnsuchtsvolle Augen aufstrahlen bei meinem Anblick. Etwas enttäuscht marschiere ich zur Unterführung, steige die Treppen hoch – Werner ist nicht da. Die Bahnhofshalle ist geschlossen, ich muss im Dunkeln außen herumlaufen und fühle mich unwohl. Doch auch vor dem Bahnhof keine Spur von meinem Mann. Etwas in mir bricht zusammen. Damit habe ich nicht gerechnet. Das Handy kriege ich nicht zum Laufen, ich habe es noch nie zum Anrufen benutzt. Ich verfluche meine Technikfeindlichkeit. Ein paar abgerissene Typen machen mich an und ich habe Angst. Soll ich ein Taxi nehmen? Das kann doch nicht wahr sein. Endlose Minuten stehe ich ratlos und immer verzweifelter herum, als das Handy klingelt. Daheim sitzt mein Lover und wartet auf meinen Anruf. Stürzt sich sofort ins Auto und steht sieben Minuten später vor mir. Aber ich kann mich nicht mehr freuen, wie der Flaschengeist, der zu lange eingesperrt war, mir laufen nur die Tränen die Wangen herunter. Ich wünsche mir einen Bodyguard, dem solche Fehler nicht unterlaufen. Ich bin romantischer als ich mir eingestehe. Als ich mir in dieser Partnerschaft erlauben kann.

Montag, 10. 4. 00

Lena hat sich fest im Griff – sie streitet nicht mit Jan! Beide halten sich an ihr Fastenvorhaben. Dass das Problem so einfach zu lösen ist ...

Anna ist nicht mehr satt zu kriegen. Dabei sieht sie aus wie ein Floh. Ein hübscher, zierlicher Floh, der ständig am Kühlschrank hängt. Wir werden sie weiter füttern.

Die Männer planen eine Männerfreizeit. Lena studiert die Einladungszettel. »Das trau ich irgendwie den Männern gar nicht zu, dass die Gottesdienst feiern, alle Männer. Irgendwie wollen doch immer die Frauen in den Gottesdienst!?«

Freitag, 14. 4. 00

Der Verlag braucht ein gutes Foto von mir. Ein Portrait. Habe heute einen Termin im Fotostudio. Beim Anmelden sagte ich, dass ich Autorin bin. Das Wort kommt mir kaum über die Lippen, wie damals, als ich frisch verheiratet Schwierigkeiten hatte, zu sagen: »Ich bin seine Frau«, oder später dann: »Meine Tochter, ich bin ihre Mutter.« Als ich ankomme, wartet der Fotograf schon neugierig an der Tür. »*Sie* sind Schriftstellerin? Was schreiben Sie denn?« – »Bücher.« – Oh, das hatte er sich schon gedacht, er fragt nach: »Ernste? Humorvolle? Wie soll die Ausstrahlung des Portraits sein? Frech? Jugendlich? Der Hintergrund soll ja passen.« Er wählt royalblau, »weil das unsere Zeit so ausmacht« und das so eine aktuelle Farbe sei. Ich werfe schüchtern ein, dass ich ein Herbsttyp bin und Blau mir nicht steht, aber er fegt meinen Einwand mit der fachmännischen Bemerkung vom Tisch, dass das ja gerade einen tollen Kontrast ergebe. Er lässt eine stahlblaue Leinwand herunter, stellt zwei Hocker davor, einen für den Po und einen für den Arm. »Sie können schon mal ein bisschen experimentieren!« Schüchtern drapiere ich mich auf dem breiteren Hocker und fühle mich sehr beobachtet. Derweil er einen antik aussehenden Fotoapparat vor mir aufbaut, links einen Riesenscheinwerfer auf mich richtet, rechts eine Riesenstyroporwand aufstellt. Der nimmt seine Aufgabe aber ernst. Ich erwähne noch, dass es eine Katastrophe sei, mich zu fotografieren, das Ergebnis sehe immer sehr künstlich aus. Ich dürfe auf keinen Fall gouvernantenhaft wirken. Das schüchtert ihn nicht ein. »Sie dürfen sich nur nicht so ein Zeug einreden. Wir machen das schon.« Dann richtet mich seine Frau auf den zwei Hockern aus. »Sie sind jetzt wie eine Barbiepuppe. Das fühlt sich jetzt alles sehr komisch an, hat aber seine Gründe. Bleiben Sie einfach so, wie ich Sie hinsetze! Schultern straffen, wir wollen doch nicht aussehen wie eine Großmutter! Spannung in die Arme, das Kinn vor, den Kopf nach links neigen, den linken Arm in die Seite stemmen, so ist es prima, kommst du so zurecht mit ihr? Gefällt dir die Position? Ja, sehr schön! Jetzt lächeln, noch mehr, mehr Action! Jetzt Lippen befeuchten, Vorsicht, ich pudre Ihnen noch schnell die Nase, Action, Frau Bleier, mehr Action, jetzt haben wir zwölf Stück im Kasten, acht davon sind bestimmt gut.«

Samstag, 15. 4. 00

Wir haben die letzten Tage viel gestritten. Ist es die anstehende Männerfreizeit? Heute war es wieder gut. Mir macht Streit immer grundsätzlich Angst. Ich habe Angst, eines Tages plötzlich und unerwartet verlassen zu werden. Angst, jahrelang etwas übersehen zu haben, blind gewesen zu sein, das Wichtigste versäumt zu haben. Ich fasse es nie, wie plötzlich sich diese Streite entwickeln, wo doch eben noch alles in Ordnung war. Eine Äußerung von mir, scheinbar sachlich und arglos in den Raum gestellt, ohne Böses zu wollen – und etwas entgleist.

Werner steht unter Strom wegen der Männerfreizeit. Er ist für die inhaltliche Gestaltung zuständig. Er hat sich nicht schriftlich vorbereitet, aber im Kopf weiß er genau, was er rüberbringen will: etwas Persönliches von sich erzählen und dann Gruppenarbeit machen. Hat zehn Männer gefragt, ob sie sich vorstellen könnten, etwas weiterzugeben, einer hat ja gesagt. Kein Serviettenfalten, keine Tischdeko – Männer sind anders ...

Ein letzter Kuss und Werner düst aus der Haustür. Mein Rundblick bleibt an seinem Schlafsack hängen. Ich renne ihm nach. Dann reist er ab. Lena findet sein Taschenmesser. Nach zwanzig Minuten klingelt das Telefon: »Wir haben die Gitarre und die Liederbücher vergessen. Kannst du das organisieren, dass die von einem späten Vater nachgebracht werden?« Ich rufe den Landschaftsgärtner an. Lena fragt: »Wer spendet eigentlich die Männerfreizeit? Wer soll denn das alles bezahlen? Die armen Frauen, damit sie endlich mal ihre Männer loshaben?«

Montag, 17. 4. 00

Folgende Infos bekam ich über die Männerfreizeit:

A. Wir werden es wieder tun.
B. Männer haben zu wenig Kontakt miteinander, bräuchten aber mehr davon.
C. Männern, die als »Ludwig der Schweigsame« bekannt sind, musste man den Mund zubinden.
D. Auf Werners Eröffnungsfrage »Wer hat seine Sachen von der Socke bis zur Zahnbürste allein gepackt?«, meldeten sich ausnahmslos alle. Werner wusste aber mit Sicherheit von zweien, dass das gar nicht stimmte. Männer lügen sich ganz schön in die eigene Tasche.

E. Gemeindemänner haben ein furchtbar schlechtes Gewissen, etwas für sich zu tun, fühlen keine Berechtigung dazu, sich mal für eine Stunde im Bad einzuschließen.

Samstag, 22. 4. 00

Ich möchte lernen, mich abzugrenzen, das Bedürfnis hinter mir lassen, immer von allen geliebt zu werden. Ich will nicht, dass das Motiv meines Handelns Beliebtheit oder Angst vor deren Verlust ist. Ich will die Wahrheit sagen ohne Angst. Auf eigene Bedürfnisse achten, mich nicht mehr vor fremde Karren spannen oder in Spiele verwickeln lassen. Ich will nicht mehr Ja sagen, wenn ich Nein denke. Ich will nicht mit Dritten über Zweite reden. Ich will das direkte Gespräch. Ich will zumindest Freunden meine ehrlichen Gedanken, Gefühle zumuten und ihre Reaktion ertragen. Ich will die Angst vor den Menschen und der Einsamkeit verlieren. Ich will auch lernen, zu schweigen, wenn ich nichts zu sagen habe; nicht jedes Gespräch füllen wollen.

Montag, 24. 4. 00

Jan liest Simon (4) ein Bilderbuch vor, wie Lena es bei ihm schon oft getan hat. Ich halte den Atem an. Er hat ihn selbst das Buch aussuchen lassen und dann die ersten zwei Seiten von »Ich mach dich gesund, sagte der Bär« vorgelesen, Wort für Wort. Ich staune, wie flüssig er sich mittlerweile fremde Texte erlesen kann und Simon staunt über Jans Aussprache. Er sieht ihn mit großen Augen an. Vermutlich versteht er kein Wort. Zusätzlich zu seinen Artikulationsschwierigkeiten hat Jan keine Satzmelodie, sondern spricht sehr eintönig. Ich habe die ganze Zeit Angst, dass Simon ihm (wie schon oft) wortlos davonläuft, und stehe total unter Spannung. Irgendwann fliehe ich. Als ich zurückkomme, malen beide in Jans Bett. Jan hat nichts gemerkt von Simons Befremden. Manchmal kommt sie wieder hoch, meine Identifikation mit ihm, meine Angst vor seinem Schmerz.

Samstag, 6. 5. 00

Jan hat es geschafft! Seit Jahr und Tag spart er, und wenn man ihn neugierig fragte, worauf, sagte er: »Auf hundert Mark!« Jan sparte darauf, hundert Deutsche Mark zu besitzen, eine unvorstellbare Summe für ihn. Bis er sie in den Händen hat. Immer hat er beobachtet, wie das Geld zunimmt, und es sich in höhere Scheine wechseln lassen. Jetzt sitzt er da und kann es kaum fassen. Bin gespannt, was er als Nächstes tun wird.

Sonntag, 7. 5. 00

Jan am Frühstückstisch: »Mama, du musst mir noch meine Mark fünfzig geben Taschengeld!« Ich geb sie ihm. Er nimmt die fünfzig Pfennig in seine geschlossene Faust. »Für die Armen!« Ich bin beeindruckt. Immerhin ein Drittel seines Wochengehaltes. Plötzlich nimmt er die Mark und legt sie dazu. »Auch für die Armen!« Ich staune über seine Großzügigkeit, bisher hat er eher Pfennig- und Zehnpfennigstücke geopfert. Da spielt sich auf seinem Gesichtchen ein Kampf ab, er greift in sein Scheinfach, holt den Hundertmarkschein heraus und sagt entschlossen: »Auch für die Armen! Ich geb die ganzen hundert Mark den Armen, Mama!« Und er beginnt zu strahlen.

Ich starre ihn an, alle starren ihn an, Werner, Anna und Lena lassen ihre Löffel auf ihre Frühstückseier sinken und stammeln wie aus einem Munde: »Die ganzen hundert Mark, Jan???« Ich bekomme einen Schweißausbruch, wechsle einen Blick mit Werner. Sollen wir das jetzt laufen lassen? Kann Jan überhaupt einschätzen, wie viel er da hergibt? Darf er das? Müssen wir einschreiten? Jan meint fragend: »Da können sich die armen Kinder aber arg viel zu essen kaufen, gell?« Ich denke an die armen Kinder und an die Säcke voller Reis, die sie für hundert Mark kaufen können. Ja, Jan, ganz arg viel. Von so viel Geld wird eine Familie wie wir einen ganzen Monat lang pappsatt. Ich denke an die vielen Süßigkeiten, die er sich davon hätte kaufen können.

Hat Jan ein Verhältnis zu dieser Summe? Aber wenn er es

nicht hat, wer dann? Wer hat denn Woche für Woche gespart und alles zusammengehalten über so lange Zeit? Ja, Jan weiß, was er tut, Jan hat einen Impuls, keine Ahnung woher, Jan macht es richtig, wenn er es so will. Ich fange an, mich zu freuen. Bin klatschnass geschwitzt. »Jan, weißt du, wer sich da ganz arg freut?« »Ja! Jesus!«, ruft er wie selbstverständlich, und ich bin tief beschämt.

Montag, 8. 5. 00

Ich bin müde. Ich sehne mich nach einem Platz, wo ich auftanken kann und nicht geben muss. Nach drei Tagen schlechter Laune und Distanz verfolgt mich Werner heute und greift ständig herzhaft nach mir. Sanft wäre noch verführerischer. Es wird immer schwieriger, als Paar noch Freiraum für uns zu haben. Ich bin überzeugt, dass eine Ehe desto lebendiger bleibt, je wichtiger die Liaison von Sex und Romantik genommen wird. Um uns nicht immer zu verpassen, müssen wir uns manchmal verabreden: Um 21.30 Uhr im Schlafzimmer ... Das ist nicht sehr romantisch und gar nicht spontan, aber besser als gar kein Rendezvous. Ich versuche, drei Kids ins Bett zu bringen, aber drei davon machen deswegen den Zwergenaufstand. Jan: »Nur noch eine Halbzeit angucken, ich wein auch nicht Morgen früh! Nur noch zwei Toren, ja?« Lena: »Dürfen wir noch Siedler von Cattan spielen bis um 21 Uhr? Oh Mann, die anderen aus meiner Klasse dürfen alle bis um 24 Uhr wach bleiben! Ich bin doch kein Baby!« Anna (entnervte Stimme, Augen gen Himmel): »Ich glaub ich hör nicht recht, wieso sollen wir um 9 ins Bett und dürfen nicht mehr runterkommen? Und wenn ich was trinken will?« Wir achten auf die Bedürfnisse der Kinder. Achten sie auch auf unsere?

Dienstag, 9. 5. 00

Jeden Morgen gibt es hier eine Modeschau. Anna wählt sorgfältig ihre Kleidung, wobei sie die bisherigen Lieblingssachen, die romantischen, mädchenhaften, hängen lässt zugunsten kurzer, enger, cooler Klamotten. Gestern hat sie sich vom Geburtstagsgeld zielsicher eine schwarze Tunika gekauft, aber bauchnabelfrei. Marcel, der ihr die Bude einrennt, kriegt eine Abfuhr nach der anderen, derweil ich versuche, mit ihr ins Gespräch zu kommen über Liebe, Sexualität, Geduld, Grenzen setzen dürfen, Selbstwert. Langsam wird sie erwachsen. Sie legt sich Antworten auf blöde Fragen zurecht und kontert. »Warum hast du noch keinen Freund?« – »Ich warte auf den, der es mit mir aufnehmen kann.« – »Anna, warum hast du immer so andere Klamotten an?« – »Ich bin eben einzigartig!« – Ich weiß, dass Mädchen sich das Leben schwer machen können. Wir reden weiter, darüber, dass Mädchen ausgenutzt werden können, über Unterschiede zwischen Jungs und Mädchen, das Recht auf seinen eigenen Körper, auf Warten, auf Nein.

Jan übt weiter, seine Gefühle zu buchstabieren. »Ich bin so aufgeregt«, stöhnt er während eines entscheidenden Bayern-Spiels, und als sie trotz Sieg aus der Champions League ausscheiden, schluchzt er: »Ich bin so traurig!« Umgekehrt ruft er oft: »Ich freu mich so!«

Gestern war ich mit Jan in Heidelberg. Es ist nett, allein mit ihm unterwegs zu sein. Er hat stets gute Laune, ein richtiger Hochzieher. Diesmal waren wir bei der Logopädin im Gaumenspaltzentrum. Sie wollte überlegen, was man noch für Jan tun kann. Irgendwie nett, dass sich andere Leute darüber Gedanken machen. Ich bin dankbar um fachkundige Begleitung und erzähle ihr, wie unser Leben zur Zeit aussieht, wie Jans Entwicklung.

Dass Werner sich viel Zeit für Jan nimmt und breite Nerven hat, die meine ergänzen. Unvorstellbar, wenn Jan ohne Mann aufwachsen müsste, ich könnte Jans Interessen allein nie befriedigen. »Sieht so aus, als wären Sie momentan sehr zufrieden! Als würden Sie sich nach vielen Jahren für Jan etwas zurücklehnen und wieder an sich denken. Ist ja schön, wenn jetzt verstärkt die Vater-Sohn-Beziehung wächst mit Fußball und Traktor. Hört sich an, als hätten Sie Jan ein Stück weit abgegeben. Vielleicht könnte man mit viel Förderung mehr erreichen, aber das Gleichgewicht der Familie und die Pflege der Ehe sind genauso dran. Schön, Sie und Jan zusammen zu erleben, wie Ihr Umgang miteinander ist!«

Da kommt sie, die Ermutigung, nach der ich mich so sehne! Hin und wieder tut es mir so gut, wenn mir jemand bescheinigt, dass die Dinge grundsätzlich in Ordnung sind, dass ich so sein darf. Ja, es liegt in unserer Hand, was dran ist, wir haben unsere täglichen 24 Stunden, um unser Leben zu gestalten, und Jans Förderung steht nach den Anfangsjahren nicht mehr im Vordergrund. Jan hat sich eingereiht zu Anna und Lena.

Ich glaube, mein Motor für Förderung heute ist nicht mehr Panik, Zeit zu verlieren, etwas zu versäumen. Förderung ist jetzt eine Aufgabe von vielen. Jan ist zwar behindert, kann aber aktiv am Leben teilnehmen und bereichert unsere ganze Familie sehr. Seine Behinderung hat einen zentralen Platz in meinem Leben, aber sie ist nicht mein Leben. Ich stecke in meiner Beziehung zu ihm wohl immer im Prozess, erfahre aber, dass Lernen möglich ist – sowohl für ihn als auch für mich – und dass der Schatz, den ich bergen darf, viel größer ist, als ich je geahnt habe. Dass es faszinierende Entdeckungen gibt, wo man keine erwartet hatte. Das gibt meinem Leben mit Jan immer wieder diesen Grundton von »Ich schaffe es, und ich schaffe es nicht nur für mich allein, sondern ich schaffe es auch für dich«. Ich möchte Jan mittragen können. Jan hört nie auf zu lernen und ich bin sicher, dass da noch viel geschieht. Ich bin stolz auf ihn und staune oft über ihn.

Gestern hat er eine Stunde mit Katjas Bruder gekickt und geredet, geredet, geredet. Und immerfort Antwort bekommen. Verstanden werden ist das Größte für Jan, und das geschieht nun immer mehr auch von Fremden. Vielleicht ist das sogar die beste Therapie für ihn. Motivation, sich anzustrengen, wenn er erlebt, dass es lohnt. Auch wenn ich keine logopädischen Übungen mit ihm mache, geschieht Sprachtraining doch die ganze Zeit quasi nebenher. Ich versuche, ihn bewusster Worte wiederholen zu lassen, die er unwillkürlich falsch ausspricht, bin aber behutsam aus Angst, ihm das Sprechen zu vermiesen. Die Umbahnung falscher Laute im Sprachzentrum des Gehirns ist eine langwierige Geschichte. Jetzt sieht er Fußball. Werner setzt sich dazu. Jan: »Ich bin so aufgeregt!« Steckt sich eine Kirsche in den Mund: »Willst du auch eine?« Alles, was er an Sozialverhalten neu aufbringt, rührt mich. Jetzt singen sie zusammen: »Oh, wie ist das schön!«

Mittwoch, 17. 5. 00

Ich war mit Anna in der Stadt, Kleider kaufen. Über Nacht hat sie ihre Mädchenkleidung hinter sich gelassen und trotz vollem Kleiderschrank wenig anzuziehen. Die Konkurrenz in der Klasse ist groß und vollbusig und Anna sucht ihren eigenen Stil. Ich bestärke sie darin, anders sein zu dürfen. Ich war als Kind auch immer anders. Aus meiner heutigen Sicht denke ich, dass das kein Schaden ist, auch wenn der Weg schwerer ist. »Anna, du bist ein Einzelstück.« Sie braucht auch Mut, zu ihrem Glauben zu stehen unter so vielen Nichtgläubigen. Ich hoffe sehr, dass sie an Gott dranbleibt.

Die vielen Schaufenster tun meinem Körpergefühl nicht gut. Ich selbst finde für mich überhaupt nichts. Die modischen Teile sind zu jugendlich, der Rest zu ältlich. Ich glaube, ich suche auch gerade wieder meinen Stil. Ich würde mich gern einfach gehen lassen, nicht gefallen müssen, auch nicht dem Anspruch genügen, als Ehefrau noch erotisch sein zu müssen. Ich möchte dickbäuchig sein dürfen wie Oma, entspannt, stolz und schön. Mir fällt der Text einer Karte ein, die mir Hansbert mal schickte: ein Schwarzweißfoto mit drei fülligen weiblichen Wesen dreier Generationen. Darunter steht: Was wäre die Welt ohne Männer – keine Kriege und lauter glückliche dicke Frauen ...

Eigentlich bin ich doch total zufrieden mit mir und meinem Leben. Was sind das für Missklänge, die mir aus der Pubertät so vertraut sind? Werner findet, ich sei in den letzten Jahren melancholischer geworden. Er meint damit meine Neigung, zu Tränen gerührt zu sein. Ich weiß nicht, ob er Recht hat.

Donnerstag, 18. 5. 00

Ich habe mir heute freigegeben. Einen ganzen Tag lang. Weil Mittwoch ist und kein Buchladen. Weil ich gestern so unerklärlich traurig war, nur weil Werner mich nicht in den Arm nahm, obwohl ich es wollte und er es nicht ahnte. Weil ich dann eine halbe Stunde geschluchzt habe. Ich bin heute Morgen im Frühlingswind wieder ins Bett geschlüpft und habe noch mal eine Stunde geschlafen. Habe dann gelesen, solange ich Lust hatte. In Katalogen geblättert. Dann bin ich sehr gemütlich mit Charles fort und habe heute mal nicht die Haare gewaschen.

Wenn ich in so ein Traurigkeitsloch falle, habe ich mich meist vernachlässigt. Dann muss ich meine Ansprüche wieder runterfahren. Macher machen keine Pausen ... Ich muss mir selbst sagen: Bianka, es ist Sommer, sieh hin, riech hin, lass den Wind durch die Haare wehen, den ganzen Winter hast du darauf gewartet. Geh vorbei am PC. Mach eins nach dem anderen. Du bist nicht so wichtig wie du denkst. Nicht im Buchladen und in der Schreibwelt. Schon aber zu Hause.

Samstag, 17. 6. 00

In der Familienkur vor zwei Jahren habe ich Grundsätzliches gelernt. Zum Beispiel mich abzugrenzen gegen Erwartungen anderer. Gestern bekam ich eine Mail, in der mir jemand seine Erwartungen mitteilte. Ich schrieb zurück und merkte heute, als ich die leicht gereizt klingende Antwort meines Gegenübers las, dass mich solche Reaktionen immer noch nicht kalt lassen. Ob es überhaupt Menschen gibt, die wirklich souverän »Nein« sagen können, auch wenn sie die Erwartungen anderer enttäuschen?

An mir selbst stelle ich immer wieder die gleichen Muster und Reaktionen fest, obwohl ich dachte, ich wäre innerlich schon viel weiter. Ich ärgere mich über den anderen, der mich (vermeintlich) in die Situation bringt, ein böses Mädchen sein zu müssen.

Als ich mich neulich bei Birgit darüber beklagte, fragte sie mich: »Fühlst du dich von den Leuten bedrängt? Von ihren Erwartungen? Keiner kann dich bedrängen, dir Erwartungen aufzwingen, es sei denn, du gibst ihm das Recht dazu. Du darfst und musst Grenzen setzen. Du bestimmst alles. Was ist deine Vision für dein Leben? Es ist so entscheidend wichtig, dass du gut hinspürst, dir treu bleibst und das tust, wozu du eine Berufung spürst. Du stehst vor Gott und vor keinem anderen. Er befreit dich, ganz du zu sein. Sorry, es sollte keine Predigt werden.«

Jetzt sitze ich vor einem Blatt Papier und schicke meine Gedanken spazieren. Was ist mir wirklich wichtig? Mein Leben ist so turbulent, dass 24 Stunden scheinbar nicht mehr ausreichen. Wo will ich sein in fünf Jahren, was macht mich jetzt aus, wohin möchte ich kommen? Was will ich an meinem Lebensende erreicht haben? Wie kann ich das in kleinen Schritten in den nächsten fünf Jahren, Monaten, Wochen umsetzen? Wenn ich noch ein Jahr zu leben hätte, würde ich ... was tun? Ich versuche, meinen Lebenszielen auf die Spur zu kommen.

Was mache ich aus meinem Leben? Wo lasse ich Gott ran? Wie komme ich damit zurecht, dass ich ständig gute Vorsätze nicht einhalte? Dass ich beim Eigentlich hängen bleibe, statt radikal Erkenntnisse umzusetzen? Gott liebt mich mit all den Fehlern und dem Versagen, und wenn ich all das überwinde, bewirkt das sicher viel, aber nicht, dass Gott mich noch mehr liebt. Glaube ich das? Ich glaube, dass Christen mitsamt Jesu Auferstehungskraft übernatürliche Möglichkeiten haben, mehr schaffen als aus sich selbst. Ich plus Gott. Dort wo wir viel erwarten, wird Gott viel handeln. Wir haben nichts, wenn wir nichts bitten. Ich möchte ein reiches Leben leben.

Dienstag, 20. 6. 00

Beim Bäcker treffe ich Frau Wagner, Lenas Freundin. »Frau Bleier, die Lena ist mein Lichtblick! Ich bin so froh, dass sie immer wieder kommt!« Lena ist immer noch täglich bei ihr, mit Begeisterung und Einfühlungsvermögen. Es ist Liebe. Sie hilft ihr Himbeeren pflücken. Sie staubt ab. Sie zeigen sich ihre alten Kinderfotos. Lena lässt sich alle Geschichten von früher erzählen. Erzählt ihre Geschichten von heute. Bringt selbst gemalte Bilder. Vespert bei ihr. Legt ihr Briefe unter die Fußmatte. Sie geben sich beide so viel.

Anna kommt im Wickelrock und mit frisch gewaschenem Haar: »Ist mein Top schon fertig?« Sie fährt mit ihrer Klasse nach Stuttgart in den Zoo. Sie und Lena haben sich viel Mühe gegeben, um sich für den heutigen Wandertag zu rüsten, und haben selbst ihre Rucksäcke gerichtet.

Es ist viel leichter geworden für mich und all die Mühe, sie immer mehr eigene Verantwortung übernehmen zu lassen, hat sich mehr als gelohnt. Sie sind so selbständig. Es ist ein ganz anderes Gefühl, so große Kinder zu haben. Ich bin nicht mehr für alles zuständig, und sie tragen die Konsequenzen für ihr Handeln selbst. Ich finde es großartig.

Donnerstag, 22. 6. 00

Ich fahre mit Lena zum Friseur. Sie will einen coolen Haarschnitt. Corinna, an Mund und Braue gepierct und mit grünem Haar, schneidet. Ich muss aufpassen, dass ich Lenas Entwicklung genauso ernst nehme wie die von Anna vor zwei Jahren. Lena ist zwölf und beschäftigt sich immer mehr mit sich, wer sie ist und wie sie aussehen möchte. Sie hat einen ganz eigenen Kleidungsstil, jungenhaft, cool, oversized. Gestern hat sie beim Schulfußballturnier als einziges Mädchen mitgekickt und beim 4:1 drei Tore geschossen! Sie regelt kraftvoll ihr Leben und das von einem halben Dutzend Mitschülern auch, die täglich anrufen und sich Infos holen. Ständig klingelt für sie das Telefon. Sie heißen alle »Istlenada«.

Freitag, 23. 6. 00

In unsere Stadt kommt ein bekannter christlicher Liedermacher. Eine Freundin holt mich ab, als ich noch Jans Abendessen zubereite, eine Mathearbeit unterschreibe, noch nicht umgezogen bin und Werner im Hof Schottermaterial mit dem Rüttler verdichtet. Alles ist dreckig, draußen ein Höllenlärm. Lena, die eigentlich auf Jan aufpassen sollte, ist noch im Orchester und ich weiß plötzlich nicht mehr, ob ich sie überhaupt informiert habe, dass Werner, Anna und ich weggehen heute Abend. Ich werfe Jan ins Bett, das oberste T-Shirt über mich und einen Haftzettel an die Haustür mit den erhebenden Worten: »Lena, wir sind auf einem Konzert. Bitte sieh gleich wenn du heimkommst nach Jan, der im Bett liegt. Wir kommen gegen 22.30 Uhr zurück. Das Handy haben wir dabei. Bianka.«

Werner kann sich noch nicht losreißen und teilt mir gelassen rüttelnd mit, dass er gleich nachkommen wird. Wir ziehen Leine. Der Sänger ist mehr als bewegend, er lebt mit seinen Songs, steigt auf, stürzt ab, benutzt neben dem Flügel seine Stimme als virtuoses Instrument, singt sehr tief gehende Lieder über seine Erfahrungen mit Gott.

Mitten in der bewegendsten Passage klärt sich die Frage, die ich mir schon oft gestellt habe, nämlich wie die Leute mit der peinlichen Situation umgehen, wenn das Handy mitten in einem Konzert klingelt. Mein Handy klingelt. Beziehungsweise Werners Handy. Ich kenne mich immer noch nicht aus damit. Bis ich weiß, wie mir geschieht, klingelt es bereits zum zweiten Mal. Nach der nächsten Schrecksekunde reiße ich die Tasche hoch und beginne zu wühlen. Dreimal. Wer hat bloß diesen idiotischen Klingelton eingestellt? Alles blickt nach hinten. Ich blicke entsetzt in meine Tasche. Ich verfluche dieses voluminöse Behältnis. Ich verfluche die Technik. Ich verfluche Werner, der nicht mitgegangen ist. Ich finde das Handy nicht. Viertes Klingeln. Der Sänger improvisiert: »Gott ist ihimmer und überall erreichbahar!!« Der Saal brüllt, ich liege am Boden zwischen den Stühlen und versuche, das Ding durch die Taschenwände hindurch totzuschlagen. Fünfmal. Ich habe es, reiße es heraus, weiß nicht, wie man es ausschaltet. Sechsmal. Ich nehme ab, wispere mit hochrotem Kopf und zweihundert Augenpaaren als Zeugen: »HALLO!?« Es ist Lena.

»Der Werner hat gesagt, guck mal, ob Bianka das Handy dabei hat, ruf es mal vom Festnetz aus an, oder liegt es noch irgendwo in der Wohnung herum?« Ich lege auf. Kommentarlos. Blicke in vierhundert Augen, lächle. The show must go on. In der Pause reden alle darüber, welcher Idiot bloß sein Handy angeschaltet hatte. Es wird zweite Halbzeit, bis sich die Saaltür noch einmal öffnet und mein Mann hereinschreitet.

Pfarrer Wilfried Reuter schreibt in *Idea Spektrum*, es sei ein Trugschluss zu meinen, dass ein Handy und die damit garantierte ständige Erreichbarkeit ein besonderes Statussymbol seien. Ständig erreichbar sein müssten nur Sklaven. »Wer etwas auf sich hält, ist schwer erreichbar, der wirklich Freie nur über die Flaschenpost.«

Sonntag, 25. 6. 00

Streit mit Werner. Der Sonntag ist verdorben, vergeudet, weggeworfen. Wegen einer Sache, die es nicht wert ist. Werner schaltet auf stur, legt sich schlafen. Stundenlang. Ich weine. Stundenlang. Alte, längst vergangene Gefühle tauchen aus dem Untergrund hoch, von früheren Verletzungen. Ich bin so gelähmt, dass ich auch mit den Kindern nichts anfangen kann und sie sich selbst überlasse. Ich fühle mich missverstanden, im Stich gelassen, allein, verletzt. Werner versteht mich nicht, ist hilflos, resigniert. Er entschuldigt sich pauschal, wollte mich nicht verletzen, falls er das getan habe, täte es ihm Leid. Das ist mir viel zu wenig. Zu billig für all die Tränen und das stundenlange ignorante Schnarchen. Ich will nicht reden, mich nicht erklären, erwarte von meinem Geliebten, dass er mich kennt, meine Not versteht. Allein weine ich mich nachts in den Schlaf, wünsche ihm, dass er nicht mehr einschlafen kann vor Ausgeschlafenheit, lasse die Chance zu Versöhnung vor dem Einschlafen vergehen.

Ich hatte mich sehr auf diesen Tag gefreut, wir haben ihn uns extra frei gehalten. Gerade heute hätte ich Nähe und Zärtlichkeit besonders gebraucht. Deshalb auch diese große Verletzlichkeit.

Streit entwickelt sich bei uns immer so plötzlich und unkontrollierbar. Die entsprechenden Gefühle genauso.

Montag, 26. 6. 00

Bin immer noch todtraurig. Weiß nicht, wie ich den Tag rumbringen soll. Heute ist Montag und montags putze ich normalerweise das ganze Haus. Aber ich habe keine Lust, das Haus zu putzen. Gehe joggen wie seit fünf Tagen schon, es tut gut. Dusche mich, mit Kneippschem Guss, was mir psychisch Aufwind gibt. Ich fahre in die Stadt und kaufe mir was Schönes. Eine Halskette, einen Schreibstift, schöne Socken, einen schrillen Sommerrock in pink und rosé mit passendem Top. Es tut mir gut, mir Gutes zu tun. Auf komische Weise stimmt mich das versöhnlicher ...

Dienstag, 27. 6. 00

Hörwahrnehmungstest bei Jan. Es fällt ihm schwer, Buchstaben, die ähnlich klingen, zu unterscheiden. T-D, P-B, K-G, D-P, W-R ... Am Ende des Tests sieht die Logopädin zweierlei: Dass er unheimlich viel gelernt hat – und dass er noch eine Wahnsinnsarbeit vor sich hat. Sie sagt: »Jan, weißt du, ich bewundere dich! Was du leistest, ist enorm! Es ist so schwer für dich und du gibst nicht auf!« Jan ist sichtlich stolz. Das war auch mal Zeit. Sie zeigt ihm auch, wie das ist mit seinem Gehirn (»Köpfchen«). Dass es sich jedes Wort, das er spricht, wie einen notierten Eintrag merkt. Wenn er also hundertmal »owe« sagt, muss er es hunderteinmal mit einem »okay« überschreiben, um eine neue Bahnung im Sprachzentrum zu erreichen. »Dann musst du dich nicht mehr so furchtbar anstrengen!« Wie ermutigend!

Mittwoch, 28. 6. 00

Jans Spaß frühmorgens: »Telefonierst du heute?« Die Mikrowelle mit Lenas Kakao klingelt. Würdevoll schreite ich hin, öffne die Tür, strecke den Kopf hinein und rufe: »Bleier?«, und dann: »Oh, guten Morgen, Frau Grasert!« (Jans Lehrerin).

Anna brütet über Schulheften. Hat sämtliche Lexika des Hauses auf den Tisch gewuchtet. Die Sammlung ist nicht gerade beeindruckend. Ein dreibändiges Werkchen von A bis Z, das im Zweifelsfall nie etwas hergibt. Einmal »Die Welt von A bis Z« von 1970, hat meine Mutter an der Haustür gekauft von einem Vertreter, als ich aufs Gymnasium kam. Für das vierzehnbändige Zweitausendmarkwerk fehlte immer die Lobby. – »Ich soll alles über Mozart herausfinden.« – »Machst du Musikhausaufgaben?« – »Nee, Englisch. Der spinnt doch!«

Spontan schlage ich vor, zur Bibliothek der nahe gelegenen Kleinstadt mit Möchtegerngroßstadtcharakter zu fahren und dort einmal ein paar CD-ROMS auszuleihen. Wir haben noch anderthalb Stunden, bis Jan gebracht wird. Als wir hochmotiviert ankommen, stehen wir vor geschlossener Tür. Mittwochnachmittag. Ächz. Provinz.

Anna beschließt, als Ersatz einen Streifzug durch die wenigen Textilläden des Städtchens zu machen. Die Auswahl ist gering. Schon lange sucht Anna sehnsüchtig DAS TOP, das zu diesem und jenem guten Stück passt, das sie sich von ihrem Taschengeld erworben hat. Sie läuft selbstsicher durch die Boutiquen, probiert dies und jenes, während ich mich aus den Augenwinkeln in einem unbarmherzigen Spiegel betrachte. In diesen Hip-Hop-Läden zwischen all den schrillen Farben und glänzenden Stoffen sehe ich hoffnungslos altmodisch aus, Typ »Letzte Generation«. Völlig klar, wer hier die Mutter ist.

Ist das okay so? Trifft mich gerade an einer schwachen Stelle, ehrlich gesagt. Ich sehe aus wie 38. Anna sieht aus wie ein Versprechen. Ohne sie würde ich mich hier gar nicht reintrauen, Anna ist mein Alibi. Als wir rausgehen, sagt sie: »Ich fühle mich immer so bescheuert in diesen Läden, die gucken alle so, ich bin glaube ich noch zu klein für so was. Ohne dich würde ich mich da nicht reintrauen.«

Donnerstag, 29. 6. 00

Beim Haare-aus-dem-Waschbecken-Fischen denke ich, es sollte einen Preis geben wie »Die tapferste Hausfrau«. Meine Mutter hätte diesen Preis verdient. Nach jedem Spülen reibt sie ihre Edelstahltöpfe mit einem Tröpfchen Entkalker nach, damit sie schön glänzen – und dann kommt die Edelstahlspüle dran.

Meine Ansprüche an meinen Haushalt sind höchstens halb so hoch wie ihre. Im übrigen Leben scheinen meine doppelt so hoch zu sein wie ihre, denn sie ist nie gestresst, ich bin es oft. Ich mache mir jetzt das Leben leichter, indem ich nicht mehr Socken, Unterwäsche, T-Shirts, Pyjamas und Pullis von mündigen Hausbewohnern nach rechts wende. Ich wasche sie so, wie sie der Wäschekorb hergibt, und lege sie auch so zusammen. Der Stolz meiner Mutter ließe das vielleicht nicht zu. Meiner schon. Habe Anna und Lena einen Wäschekorb geschenkt, und lasse sie ihre Wäsche selbst runtertragen und sortieren. Die fertigen Wäschestapel müssen sie selbst abholen und einräumen. Dass sie ihre Zimmer selbst sauber machen, ist auch eine Erleichterung. Eine Frau auf dem Weg zum Survival-Haushalt ...

Freitag, 30. 6. 00

Habe ein Buch über Minutentraining gelesen. Das könnte mir entgegenkommen. Es geht um »gelegentlich eingeschobene kleine isometrische Muskelübungen während des Alltags«. Klingt schmerzlos. Bevor ich morgens aufstehe, mache ich zwanzigmal eine Halsmuskelübung. Beim Föhnen gehe ich in die Skiabfahrtshocke. Socken ziehe ich auf einem Bein stehend an. Wenn ich die Treppe hoch laufe, spanne ich die Bauchmuskeln an. Wenn ich aus dem Küchenschrankfach Salz hole, mache ich drei Beckenbodenübungen. Beim Telefonieren wippe ich von den Fersen auf die Zehenspitzen. An jeder roten Ampel drücke ich das Lenkrad so, dass sich meine Rückenmuskeln anspannen. Und so weiter. Es macht Spaß, immer neue Übungen auszudenken, die sich in Gewohnheiten umwandeln lassen.

Europameisterschaft. Irgendetwas Fußballmäßiges kommt doch immer, damit Jans Leben spannend bleibt. Sieht nicht gut aus für die Deutschen. Jan betet vor dem Einschlafen: »Bitte Jesus, mach dass Oliver Kahn keine Schmerzen mehr hat. Dass er Morgen wieder mitspielen kann. Danke lieber Jesus. Tschüss!« Abgegeben.

Freitag, 2. 7. 00

Wahnsinn, was zur Zeit in Ehen um uns herum passiert. Nicht für möglich Gehaltenes. Gestandene Menschen mit hohem Anspruch an sich selbst und andere fallen. Ob mit schwerer Kindheit, ob mit engem christlichen Elternhaus, sie gehen fremd, lügen, gehen über Leichen, kehren Gott, Freunden, Partnern und Kindern den Rücken. Alles bricht zusammen. Ihr ganzes Lügengebäude. Die Menschen um sich ziehen sie mit in den Strudel. Immer klarer wird Werner und mir, dass Ehrlichkeit das A und O in einer Beziehung ist. In der Ehe, in der Gemeinde, zu den Kindern, zu Gott, zu sich selbst. Wahrhaftige Kommunikation und Ehrlichkeit. Offenheit. Das Fallenlassen von Masken. Das Ernstnehmen eigener Bedürfnisse. Das Wagen und schnelle Bereinigen von Konflikten. Den Mut, andere zu korrigieren und sich selbst korrigieren zu lassen. Sich abzugrenzen von der Vereinnahmung durch andere und von ihren Erwartungen. Christsein nicht nur lernen, sondern auch leben. Können *wir* es?

Kommunikation ist elementar für das Zusammenleben. Grundvoraussetzung für eine gute Beziehung. Sie hat nichts mit Redekunst zu tun, sondern mit dem Preisgeben von Gedanken, Gefühlen, Bedürfnissen. Und Zuhören. Zuhören kommt noch vor dem Reden. Zuhören mit Ohr und Herz ist die erste Voraussetzung, dass Verständigung gelingt. Als ich mich mit Werner verbündete, war ich blutjung und völlig ungeschickt in dieser Fertigkeit. Kommunikationsfähigkeit wird einem nicht in den Schoß gelegt, aber sie ist erlernbar. Ich lerne heute noch. Aber je transparenter ich bin, desto klarer und tiefer werden meine Beziehungen. Früher bin ich beim ersten Anflug von Disharmonie geflohen. Heute habe ich immer noch diesen Impuls, aber ich halte eher aus und arbeite. Ich habe erlebt, dass es lohnt. Wenn ich sage, was ich denke und fühle, beuge ich Missverständnissen und falschen Erwartungen vor.

Manche Leute denken, wir haben es einfach miteinander, weil wir oft lachen. Nur wenige davon wissen, wie viel Bodenbearbeitung und Unkrautjäten wir für die Ernte in Kauf nehmen. Wie viel wir miteinander reden müssen, und wie oft wir dafür Gemeindeaktivitäten, Fernsehen, eigene Interessen und sogar die Kinder zurückstellen, unter welchen Schmerzen wir das Streiten üben, wie wir Feste der Vergebung feiern, wie wir anderen gegenüber immer wieder nein sagen, uns abgrenzen, uns wichtig nehmen, wie wir aus Liebe auf Dinge verzichten, die wir gerne hätten. Wer hat gesagt, dass es leicht wird?

Das gilt wohl auch in der Beziehung zu Gott. Das habe ich nicht von Anfang an gewusst. Kommunikation mit Gott darf so schlicht sein wie in einer guten Vater-Kind-Beziehung. Ich muss keine Formen abbeten, ich rede mit ihm, wie mir der Schnabel gewachsen ist, und versuche zu hören, ob er mir etwas sagen will. Wenn ich auf sein Handeln achte, sehe ich, dass er wirklich ein persönlicher Gott ist. Vor Gott kann ich sein, die ich bin. Seit ich herausgefunden habe, dass ich mit Gott sinnvoll kommunizieren kann, mache ich aufregende, tief greifende Erfahrungen. Ich spüre, dass ich nicht allein bin, auch in Situationen, wo Menschen nicht mehr mitgehen können. Ich habe ein großes Gegenüber. Das gibt Kraft.

Samstag, 7. 7. 00

Flohmarkt mit Anna. Ich liebe den großen Markt, der einmal im Jahr in der Innenstadt vor dem Schloss stattfindet. Wir treffen bekannte Leute, alle sind gut gelaunt, das Wetter ist großartig. Es ist wie ein Spiel. Ein Riesenpuzzle, aus dem sich jeder die Teile heraussucht, die passen. Jedes Jahr ist das die Gelegenheit für unsere Grundgarderobe. Die Jagd nach Teilen, die ich mir nie erstehen würde oder die ich nicht wagen würde zu tragen.

Hier kann man für ein kleines Risiko starke Einzelteile erwerben. Es ist anders als vor einigen Jahren, mit Anna da durchzugehen. Wir beraten uns gegenseitig. Sie rät mir zu einer schmalen giftgrünen Chenilleweste, die ich nie im Leben gekauft hätte. Aber ihre Begeisterung überzeugt mich. Berta stößt dazu und berät mich beim Kauf einer schillernden weinroten Langbluse. Schrill! Das gibt mein neues Buchladenoutfit!

Anna kauft sich lauter kleine, schmale Teile. Hier ein rosa Wickeltop, da einen braungemusterten Wickelrock, perfekt passend zu ihrem wohlgeformten, zunehmend weiblichen Körper. Stück für Stück ergänzt sie zielsicher ihre Garderobe in Größe 36. Sie sieht zum Anbeißen aus. Vor wenigen Jahren habe ich hier ihre Grundgarderobe in Größe 56 erstanden ... Ich beneide sie laut um ihre zierliche Figur. Sie freut sich darüber.

Dienstag, 11. 7. 00

Ich bekomme mal wieder meine Periode. PMS zum Tausendstenmal. Werde langsam unruhig, weil Anna ihre immer noch nicht hat. Okay, ich war auch die letzte meiner Klasse. Jedenfalls vergeht kein Hormonanfall, bei dem ich im Frühstadium nicht etwas umräume und sehr zufrieden bin dabei. Und seien es meine Dateien im PC oder die Theke des Buchladens. Gestern las ich in einem Buch für Messies den revolutionären Vorschlag, in der Küche streng nach Geschirr- und Kochzentrum zu trennen, auch innerhalb der Schränke. Ich erkannte sofort, dass das bei mir nicht der Fall war. Heute ging ich daran, den Inhalt meiner Schränke auszutauschen. Das Ergebnis war verblüffend. Nach zehn Jahren falscher Ergonomie ist nun viel praktischeres Arbeiten möglich. Alle Lebensmittel über- und untereinander beisammen, alles Geschirr auf einem Quadratmeter Wohnfläche. Und das so, dass die Kids besser rankommen zum Tisch decken und Geschirrspülmaschine ausräumen. Die waren denn auch sofort begeistert. Nur Werner, der sein Pilsglas hinter vier verschiedenen Schranktüren erhoffte, fragte stöhnend: »Bekommst du deine Periode?«

Das nächste Stadium dieser monatlichen Hormonheimsuchung ist schon weniger erfreulich: Ich weine, als ich sehe, dass alle drei Zahnpastatuben nicht verschlossen sind, als Werner Kaffee kocht und Pulver, Filter und Wasser auf der Anrichte verteilt. Als Lena mit Schuhen in den ersten Stock rennt. Als ich Unterhosen vor dem Kühlschrank und Socken in der Garderobe finde. Die Socken haben keine passenden Partner, dafür zwei Lecks. Ich falle in eine Art dumpfer Trance, als der Pudding nicht fest wird und der Zucker ausgegangen ist. Ich zergehe, als die Katze eine Amsel fängt.

Stadium 3: In mir kribbeln tausend Ameisen. Ich kann nicht mehr klar denken. Ich reagiere aggressiv auf jeden, der etwas von mir will. Verweigere den Gehorsam gegenüber allem, was sich Mensch nennt. Ich habe sowieso ein grundsätzliches Problem, wenn jemand in Befehlsform mit mir »spricht«, egal ob das Werner, mein Vater oder der Pastor ist. Da schnellt mein Adrenalinspiegel in die Höhe und ich bin zu keiner angemessenen, erwachsenen Reaktion mehr fähig. In diesem Zustand fliehe ich mit Charly in den Wald. Als er im See nach einem Stock schwimmt, kommt ein älteres Ehepaar mit Hündchen gelaufen. Die Dame ruft aus zweihundert Metern Entfernung: »Nehmen Sie Ihren Hund an die Leine, wir kommen jetzt da vorbei!« Gibt es eine andere Möglichkeit außer ja? »Nein!« Mit Sicherheit werde ich nicht meinen klatschnassen Hund aus dem See rufen, um ihn anzuleinen. Er wird sich neben mir trocken schütteln, die beiden werden direkt hinter mir vorbeilaufen und es wird Stress mit den Hunden geben. Sollen sie doch einfach zwanzig Meter weiter oben entlang laufen.

Mittwoch, 12. 7. 00

Es ist vorbei. Ich bin wieder berechenbar. Als ein Kunde im Buchladen zum Abschied ruft: »Ich wünsche Ihnen in schärfster Form einen schönen Tag!«, genügt das, dass ich fünf Minuten kichere. Das ist Stadium vier, das meist die schönsten Zeiten meines Lebens einleitet. Auch wenn die Umstände von außen betrachtet die gleichen sein mögen, trennen sie doch Welten ...

Wir haben einen Platz auf der Welt, der einen weiten Horizont hat und uns Zuflucht bietet, einen Acker, den wir von Oma geerbt und in jahrelanger Pionierarbeit zu einem Freizeitgrundstück umgeformt haben. Ein Stück Land nach unseren Vorstellungen bebauen zu dürfen befriedigt uns tief. Wir fahren mit dem Traktor zum Acker, Anna mit den Inlinern hinten dran. Werner will den Rasen mähen für den Hauskreisabend am Freitag. Einmal im Jahr möchte Karin Lieder am Lagerfeuer singen. Wir haben noch einen anderen Hauskreis dazu eingeladen und hoffen, dass der Abend nicht ins Wasser fällt wie die siebzehn anderen Feste im Freien, die wir dieses Jahr schon geplant hatten.

Ich pflücke Zucchini in verschiedenen Erntephasen, die jungen zum Dünsten, die mittleren zum Füllen, die Riesen für die Hühner. Mittlerweile beherrsche ich mindestens sechs köstliche Zucchinirezepte und freue mich auf jedes. Kohlrabi zum Einfrieren für Jans Lieblingspfannkuchen im Winter. Bohnen, drei Eimer voll. Damit es mir morgen früh nicht langweilig wird. Tomaten ausgeizen. Geschossenen Salat für die Hühner ernten. Drei Tonnen Unkraut jäten, um die Roten Beten und die Möhren zu finden. Zwiebeln ernten. Mit dem Hund um einen Stock balgen. Die heranfliegenden Donnerwolken auf der einen Seite des Horizonts, den Regenbogen auf der anderen Seite bestaunen. Die Getreide- und Sonnenblumenfelder genießen, den weiten Himmel. An Oma denken, die hier als Kriegswitwe mit der Arbeit ihrer Hände vier Töchter, Schwiegereltern und Vieh ernährte. Für Mutti einen Strauß Petersilie pflücken.

Mich Seite an Seite mit meiner Selbstgespräche murmelnden Schwiegermutter durch die Beete wühlen – ihre sehen immer eine Spur gepflegter aus als meine. Jan bearbeitet seine »Baustelle« unter dem Apfelhochstamm. Lena wässert Kartoffelbüsche und ihre Zehen. Anna fährt Jan spazieren, der im Schubkarren sitzt und Brombeeren in seinen blauschwarzen Mund schiebt. Werner hackt die Baumscheiben unter den Obstbäumen. Wie ich diese Abende liebe!

Montag, 17. 7. 00

Anna beschäftigt sich mit dem Dritten Reich. Ich also auch wieder. Ihre Fassungslosigkeit ist mir noch sehr vertraut. Ich empfand dieses Gefühl als Kind immer vor dem Schicksal meiner Oma. Den Mann im Krieg verloren, vier Mädchen alleine großgezogen, das Essen selbst angebaut, Feld, Hof und die Schwiegereltern allein versorgt und weder Humor noch Glauben verloren, war sie mir ein großes Zeugnis und Vorbild. Sie hat mich sehr geprägt, ohne dass mir das bewusst war. Oma war warm, groß, dick und runzlig. Sie lebte im Zimmer neben mir, hatte mich spürbar lieb und immer Zeit. Sie lachte glockenhell und bei jeder Gelegenheit und liebte Brettspiele. Ich begleitete sie oft zu den vielen Gottesdiensten, die sie besuchte. An ihrer Seite war Heimat. Sie war immer stolz auf mich. Je älter ich werde, desto klarer wird mir, was für ein Reichtum diese Selbstverständlichkeit in meiner Kindheit war. Oma war es, die die ganzen Jahre nicht aufhörte, für mich zu beten. Ich weiß nicht, wo ich heute stehen würde ohne sie. Sie starb, als mein erstes Kind acht Monate alt war und ich habe Anna nach ihr genannt. Ich vermisse sie heute noch. Ich hoffe, dass sie bei meiner Ankunft hinter Jesus steht und ein gutes Wort für mich einlegt, falls noch irgendwelche Fragen offen sind ...

Mittwoch, 19. 7. 00

Nicht, dass jetzt für immer alles gut wäre. Manchmal kommt der Schmerz wieder, ungefragt, unerwünscht. Gibt mir eine volle Breitseite. Meiner Schlagseite. Heute kam er, als ich einen ungefähr Siebzehnjährigen sah, der seinen großen Hund bändigte, als der auf Charly losgehen wollte. Ich habe den Jungen schon oft gesehen. Aber über Nacht scheint er zu einem jungen Mann geworden zu sein. In seinem Gesicht war eine neue Entschlossenheit, der Wille, Herr zu sein, die Freude an der aufbrechenden unbändigen Kraft, die zum Mannsein dazugehört und es mit ausmacht. Ich fragte mich fasziniert, was das für ein Gefühl sein muss, von einem Jungen zum Mann heranzuwachsen und stellte mir vor, welche Riesenfreude diese Entdeckung der neuen Körperlichkeit sein muss.

Und plötzlich bezweifelte ich, dass Jan das jemals so erleben würde. Sofort sah ich ihn als jungen Mann, einsam, gescheitert, zu behindert, um am Leben teilnehmen zu dürfen, zu fit, um in einer Behindertenwerkstatt einen Arbeitsplatz zu bekommen und in dieser Nische glücklich zu sein. Würde er heiraten und Eheprobleme bekommen oder nie eine Frau finden und sich immer einsam fühlen? Ich spann den Blödsinn weiter und sah ihn an unserem Grab stehen, völlig vereinsamt, woher würde ihm Hilfe kommen? Würde er je lernen, seine Zähne richtig zu putzen? Wer würde ihm bei einer Zahnbehandlung Mut zusprechen? Würde er an Gott festhalten, würden seine Schwestern ihm beistehen? WÜRDE ER UNGLÜCKLICH SEIN? Ich musste mich dazu zwingen, das Phantombild zur Seite zu schieben und mir den neunjährigen Jan zu vergegenwärtigen, der die zweite Klasse der Schwerhörigenschule besucht und überraschend gut mit dem Leben zurechtkommt, viel besser, als ich es mir vor einigen Jahren vorstellen konnte.

Willegis hat mir nach Jans Gaumenoperation ein Gedicht geschenkt. Es ist tröstlich. Es stimmt, auch wenn noch viele Wellen vor ihm liegen – Jan hat viele Schätze erobert. Warum sollte das aufhören?

gaumensegel

neue segel am mast
über das meer des gesprächs
piratenschätze zurückerobert
auf den wellen zwischen

ihm und ihnen
ihm und dir
dir und dir

leinen los

Sonntag, 23. 7. 00

Kartoffelernte. Der dümmste Bauer hat die größten Kartoffeln. Endlich haben wir diese Auszeichnung bekommen! Noch nie hatten wir so große Kartoffeln wie heute. Nach langem Rätseln machen wir die Kombination von Mistdüngung, Vorkeimen und drei Wochen Regen dafür verantwortlich. Der erste Winter seit zehn Jahren, an dem ich mir nicht die Finger wund schnippeln werde beim Schälen winziger Biokartoffeln! Welch ein Triumph!

Bei jedem Heben eines Kartoffelstocks bin ich so glücklich über die herauspurzelnden Riesen, dass die Ernte ein Fest wird im Vergleich zu den vorausgegangenen schweigenden Ereignissen dieser Sorte. Anna und Jan sind unsere Tagelöhner und verdienen sich Erntegeld. Jan schreit: »Halt! Da ist noch eine ganz große!«, und hält stolz eine Riesenkartoffel hoch. Sie guckt ihn aus glasigen Augen an, macht »Quak!« und springt in weitem Bogen von seiner Hand. Wir lachen uns krumm.

Montag, 24. 7. 00

Schön, wenn man Teenager zu Hause hat. Da weiß man immer, woran man ist. Lena kommentiert meine Erscheinung in unverkrampfter Schonungslosigkeit: »Kann das sein, dass dein Shirt dir viel zu kurz ist?« (Lena trägt nur overoversized.) Im Vorbeigehen klopft sie auf mein Bäuchlein und meint: »Zugenommen?« Wir wollen mit Freunden essen gehen. Sie meint lakonisch: »Bist du nicht ein bisschen zu jugendlich angezogen?« Was mein Lebensgefühl auch nicht gerade verbessert. Ich frage Werner verunsichert: »Sehe ich aus wie ein Möchtegernteen?« Der will endlich essen gehen und gibt sich kaum Mühe, mir zu helfen: »Du bist einer. Komm jetzt bitte! Was du anhast, ist gut so!« Das macht Mut ...

Lena scheint mich plötzlich mit anderen Augen zu sehen. Unterhalte ich mich gerade interessiert mit Anna, meint sie von der Seite: »Ist deine Wimperntusche verklumpt oder was ist das

Schwarze um deine Augen?« Sitze ich erschöpft nach des Tages Last auf meinem Küchenstuhl, greift sie mir prüfend in den Nacken, wo Jahre der falschen Haltung allmählich sichtbar werden, was ich mit Argwohn beobachte. Ich habe ja selbst Angst, eine alte bucklige Hexe zu werden: »Was ist denn das für ein komischer Höcker da hinten bei dir?« Gleichzeitig muss ich sie ständig aufbauen und ihr sagen, wie wunderschön sie ist, was für ein besonderes Mädchen, dass sie überhaupt nicht aussieht wie ein Junge, dass es hübsch ist, wenn sich ihr Körper plötzlich so fraulich verändert, wo sie sich noch so kindlich fühlt.

Freitag, 28. 7. 00

Meine Seele freut sich auf Holland. Ich glaube, dass das meine wirkliche Heimat ist, so schön der Süden auch sein mag. Ständig taucht das Meer vor mir auf, die Dünen, die waldige Insel, die Städtchen, und ich bin Gott so dankbar, dass uns das durch den Wohnwagen immer wieder so unkompliziert möglich ist. Urlaub ist der totale Luxus, aber solange uns das irgend möglich ist, werden wir es tun und anderes dafür lassen. Immer klarer sehe ich, wie wichtig diese Zeiten für unsere Familie sind. Wir würden uns sonst gänzlich zerstreuen. Je mehr Menschen uns brauchen, desto glücklicher machen mich diese Ausbruchsmöglichkeiten, die uns unser Wohnwagen schafft. Ich liebe diese Oasen unendlich. Ich gehe Augenblicke mit meiner Familie sammeln. Fahre jetzt ans große Meer, lass mir den Wind durch die Haare wehen und höre den Möwen zu. Ich weiß, dass Gott am Meer vorne schon auf mich wartet.

Donnerstag, 3. 8. 00

Ich träume, dass Werner mich verlässt. In dem Traum erfahre ich, dass er schon länger fremdgeht. Eiskalt sagt er: »Du kannst dich morgen scheiden lassen.« Stärker als im Traum könnte meine Fassungslosigkeit im echten Leben auch nicht sein. Ich sage zu den gleichgültig weitertobenden Kindern: »Ich bin traumatisiert!« Ich weiß, dass sie mir nicht helfen können. Ich frage Werner verzweifelt: »Stört es dich wirklich so sehr, dass ich zwei linke Hände habe?« Er: »Ja!« Ich schlage ihm ins Gesicht so fest ich kann mit dieser Traumschlaglähmung, er lacht höhnisch: »Du findest wieder jemand in deinen Kreisen.«

Das Härteste: Ich träume, dass ich erwache, Werner wach rüttle und bettle: »Sag, dass ich nur geträumt habe. Ich habe geträumt, dass du dich von mir scheiden lassen willst und weiß nicht, ob es stimmt.« Ich bin ganz sicher, dass sich jetzt alles als ein Alptraum herausstellt und ich gleich sehr erleichtert sein werde. Er: »Es stimmt!« Da wache ich auf.

Bin schon ewig nicht mehr so gern aufgewacht. Tränenüberströmt wecke ich Werner, der mich gerührt tröstet, schlafe eine Stunde lang nicht mehr ein und träume dann an derselben Stelle weiter. Ich glaube, ich verarbeite abwechselnd das Schicksal von einigen Leuten aus unserem Bekanntenkreis. Ich brauche den ganzen Tag, um meine Gefühle einigermaßen abzuschütteln. Vielleicht ist so Auferstehung: Aufwachen und feststellen, dass das neue Leben Wirklichkeit ist und kein Traum.

Freitag, 4. 8. 00

Leichte Tage und schwere Träume. Das Wetter ist wundervoll, unsere Beziehung schwerelos, zu Hause weit weg – und wir träumen. Von Beziehung, Firma, Gemeinde, Verwandtschaft, Verlag, alles ineinander vernetzt. Ich habe Zeit zum Nachdenken, allein und mit Werner zusammen, das ist fruchtbar und möglich, weil wir keine Zerstreuung durch andere Mitreisende haben. Wir reden und planen, ziehen Bilanz und denken nach, beobachten die Kinder, sehen auf unsere Beziehungen daheim, auf unser Haus, unsere Herkunftsfamilien, auf die schulischen Entwicklungen und unsere beruflichen.

Werner zeichnet wie mein Vater früher im Urlaub Pläne in den Sand, wie er das Haus umbauen könnte, damit mehr Wohnraum entsteht. Scheitern wird das attraktive Sandgemälde wohl am Geld.

Donnerstag, 17. 8. 00

Der achtzehnte Tag fühlt sich anders an als der dritte, ähnlich wie sich ein Tag im Oktober bei 20 Grad anders anfühlt als im Mai. Über allem liegt Vergänglichkeit. Ich sehe alles mit anderen Augen als in den ersten Tagen. Ich versuche, das Meer so zu sehen, dass ich es in meinem Inneren bewahren kann. Es ist mir so teuer. Diese Weite hier ist unfassbar für mich, tut Augen und Seele gleichermaßen gut. Man kann sich um sich selbst drehen und überall den Horizont sehen. Es ist so topfeben hier, dass man das Wetter nach allen Seiten hin beobachten kann, was kommt, wohin es geht. Allerdings ist der Wind so schnell, dass es sich dennoch alle halbe Stunde ändern kann. Oft überrascht uns ein blauer Himmel, der graue Wolkenmassen verdrängt. Am Lago Maggiore denke ich oft an Gott, daran, dass er so eine wundervolle Schöpfung erschaffen hat. Am Meer denke ich: Hier *ist* Gott. Abschied. Gestern bin ich am Meer entlanggegangen. Ich war allein, wenn man mal von den Möwen absieht. Und dann war Gott da und hat meine Seele mit seiner Liebe berührt.

Montag, 21. 8. 00

Lena soll die getrockneten Zwiebeln aus dem Schopf holen, damit wir sie zu Zöpfen flechten können. Ich suche sie. Aus Charlys Hütte dringt zärtliches Gemurmel. Dass er sie da reinlässt! Guter Hund. Ich: »Machst du das öfter?« – »Ja!« – »Stinkt es da nicht fürchterlich?« – »Nö, da riecht es nur nach Charly!« Ich bin noch nicht wirklich zu Hause angekommen. Meine Seele ist noch ganz angefüllt von dieser 360 Grad-Weite in Holland. In Holland hat sich Anna ihren Traum erfüllt, weswegen sie überhaupt reiten lernen wollte: Stundenlange Strandausritte hat sie mitgemacht, dem Sonnenuntergang entgegen. Obwohl sie niemanden kannte. Sie war so glücklich und wir so stolz auf sie. In mir regte sich ein starkes, mir unbekanntes Gefühl. Werde dem weiter auf den Grund gehen.

Donnerstag, 31. 8. 00

Mein Gottesbild ist noch nicht so abgeschlossen, dass ich mich nicht mehr überraschen lasse. Auch nach Jahren des Lebens als Christ habe ich viele offene Fragen. Lena hat mich gestern vorsichtig gefragt, ob die Ewigkeit wirklich ewig dauert. Immer und ewig. Das war leicht. Ich konnte fröhlich ja sagen. Aber dann kam die eigentliche Frage: Ob denn auch die Hölle immer und ewig daure, ob denn die Menschen darin keine Chance mehr hätten, rauszukommen und wer denn genau da jetzt reinkäme, auch all jene, die ...

Das ist ja auch meine Frage. Wo ich aufhöre weiterzudenken, ohne deswegen an Gott zu zweifeln. Mittlerweile. Jetzt bleibe ich einfach bei Jesus. Er hat mich ruhig gemacht. Aber vermitteln an Lena kann ich nur, was ich verstehe. Sind alle Tiere bei der Flut ertrunken, die nicht schwimmen konnten? Gibt es die Menschen wirklich erst so kurz? Und die, die (in der Zeitung stand es wieder) vor Jahrmillionen noch nur 1,30 Meter groß geworden sind? Bin ich die Einzige, die solche Fragezeichen hat?

Evolution war der Punkt, an dem ich meinen Kinderglauben verlor. Heute zweifle ich nicht mehr gleich an Gott, wenn ich ihn nicht verstehe oder etwas für unglaublich halte. Aber ich bin mir nicht immer sicher, ob wir wirklich alles wissen. Ich verstehe zumindest jeden, den die Tiere außerhalb der Arche dauern und der auch an Zeitrechnungen durcheinander gerät.

Freitag, 1. 9. 00

Heute hat Werner Jans Dachfenster eingebaut, nachdem er zuvor schon Annas Zimmer renoviert hat. Hat der eine Energie! Setzt damit den realisierbaren Teil seiner Sandzeichnung um. Jan schläft auf einer Matratze bei uns im Schlafzimmer. Ganz selig. Freut sich, dass er jetzt auf die Straße blicken kann. Freut sich auf Anna.

Eine Woche ohne Anna, die in Reiterferien weilt – eingeschränktes Familienleben. Aber sie war in unseren Gedanken gegenwärtig, während wir ihr Zimmer renovierten. Wir sind ziemlich erledigt, dafür ist ihr Zimmer umso schöner geworden, ein helles modernes Jugendzimmer.

Zwei Wochen nach dem Urlaub ist Holland weit weg ... Nur die Fotos erinnern wehmütig an das *dolce vita*. Heute holen wir Anna ab. Werner meint: »Der Gaul wird gestriegelt sein, aber die Haare von Anna verfilzt ...« So ist es. Ihre Kleider hat sie fast gar nicht gebraucht, entspannt hat sie täglich dasselbe getragen. Der Urlaub allein hat ihr sehr gefallen und sie ist um mehr als eine Woche älter geworden; ich glaube dass das eine Lebenserinnerung für sie sein wird.

Sonntag, 3. 9. 00

Wenn ich mit Charly morgens meinen Weg entlangfahre, erwecke ich vielleicht den Anschein, dass ich mein Leben voller Leichtigkeit genieße, aber keiner kann meine Gedanken lesen. Da ist auch viel Negatives, so dass ich manchmal sogar die Vögel deswegen nicht mehr höre. Ich rede oft mit Gott und verarbeite viel, bis ich zu Hause bin.

Ich würde gerne werden wie Marthas Schwester Maria, aber wenn ich plötzlich Maria sein müsste, käme es mir wie eine Vergewaltigung vor. Ausruhen, mich lieben lassen – ich muss immer auf einen unerreichbaren Platz fliehen, damit ich innehalten kann. Früher konnte ich in der Hängematte neben dem Wäschekorb liegen. Ich kann ganz schlecht ausruhen. Man sieht mich mit meinen Kindern lachen und niemand ahnt, wie oft ich sie wegschiebe, anstatt sie zu genießen. Und wie bewusst mir gleichzeitig schon ist, dass es falsch ist.

Heute Abend lag Anna bei Jan im Bett. Ich habe meinen Kopf zwischen die zwei gesteckt und sie haben mich von beiden Seiten gedrückt und geküsst, es war so schön. Ich konnte mich fast nicht trennen, weil mich so eine Angst packte, dass ich sie zu wenig wahrnehme. Angst, die Gerüche, die Wärme zu vergessen.

Anna und Werner sind mehr die atmosphärischen Typen, die über Berge steigen können, um sich aneinander zu kuscheln oder sich in einer Ecke abseits vom Chaos abzulegen. Derweil Lena und ich rumoren, hadernd mit deren Ruhe inmitten des Sturms. Immer wieder sage ich mir brummend: »Schau her, Herr, wie ich für dich arbeite und wie die anderen so faul zu deinen Füßen sitzen ...« Oft erwische ich mich dabei, dass ich denke, wenn ich einmal groß und alt bin, dann werde ich Muße haben ...

Trotzdem ist mir klar, keine Stille aushalten können ist ein Defizit, immer fleißig sein wollen gibt trotzdem kein Fleißbildchen im Himmel. Für Aktivisten wie mich ist es wohl die größte Herausforderung innezuhalten, vor Gott, mit meinem Partner, meinen Kindern, den Menschen, die Gott um mich gestellt hat und von denen er will, dass ich ihnen gerecht werde, dass wir die Wegstrecke wirklich gemeinsam gehen, nicht nebeneinander.

Auf Jesus hören fällt mir extrem schwer. Dabei ist mir klar wie Kloßbrühe, was mir gut tut. Ich pendle immer zwischen den beiden Polen »Alles hängen lassen« und »Alles bewältigen«. Im Urlaub verfalle ich dann in das andere Extrem, lasse ich mich total gehen, will nie mehr zurück in mein wirkliches Leben, freue mich auf das Paradies. Ich habe Angst vor dem Altwerden und Sterben und freue mich gleichzeitig so auf das andere Leben – und zweifle manchmal so an der Existenz Gottes ...

Werner kann mir aus meiner Betriebsamkeit helfen, indem er mich verführt zu Mußestunden. Wobei dann hilfreich ist, wenn er mit mir gemeinsam den Abwasch vorher macht, anstatt mir zu empfehlen, ihn bis zum nächsten Morgen stehen zu lassen ...

Wenn ich's mal schaffe, mich in die Wanne zu versenken (was ja auch eher was für Mußetypen ist), bin ich sehr stolz auf mich, habe ich das Gefühl, mächtig was geleistet zu haben. Vielleicht gibt es doch noch Hoffnung für mich ...

Dienstag, 5. 9. 00

Ich fahre mit den Mädchen zum Schuhgeschäft. Lena braucht

Hausschuhe, Anna Turnschuhe. Ich nehme das Rad, die Damen ihre Inliner. Wie groß sie geworden sind! Das Leben vereinfachen – Anna, Lena, wenn ihr Schuhe wollt, müsst ihr auch etwas dafür tun! Ihr schiebt mich jetzt zum Laden! Sie tun es tatsächlich, ich lasse meine Beine schwingen und wir lachen, bis wir dort sind. Im Laden amüsieren wir uns über die neueste steile Stiefelmode, Lack, zehn Zentimeter-Absätze und der Schaft bis zu den Knien. Lena sieht darin mit ihren Fußballshorts extrem gut aus. Solche knackigen, braun gebrannten Beine müssen die Designer vor Augen gehabt haben. Mal sehen, wer die kaufen und darin durch das Dorf laufen wird ... Auf dem Heimweg ziehe ich die Girlies mit meinem Rad. Meine Güte, zusammen wiegen sie jetzt mehr als ich.

Für Werner und mich sind die beiden das Bindeglied zu diesem sich schnell verändernden Leben. Ihre Freunde, die zu uns kommen, sind eine Bereicherung. Ich weiß, dass ich nicht mehr unbedingt den ersten Platz in ihrem Leben habe. Zumindest fühlt es sich nicht mehr so an. Aber im Ernstfall legen sie immer noch Wert auf meine Meinung, meine Gedanken, meine Anerkennung. Sie kämpfen gegen Grenzen, aber wenn es darauf ankommt, stellen sie sich darunter und sind froh darum. Wir geben ihnen zunehmend mehr Freiheit und erleben, dass sie damit umgehen können. Sie wachsen und erstarken und ich erfahre, dass es möglich ist, junge Menschen auszurüsten für das Leben. Ich bin erleichtert, dass Pubertät nicht immer gleichzusetzen ist mit menschlicher Katastrophe und elterlichem Versagen.

Mittwoch, 6. 9. 00

Anna hat ihr Bankkonto geräumt und die Stiefel gekauft ...

Donnerstag, 7. 9. 00

Gott spricht sanft wie ein Windhauch. Ich möchte so gern lernen, beim Beten hinzuhören, zu warten, ob er redet, nicht nur erzählen, danken, bitten. Ich wünsche mir mehr Weisheit, gut mit meiner Zeit umzugehen und die richtigen Prioritäten zu setzen. Wenn Gott einen Weg mit jedem von uns hat, möchte ich gern sehen, wohin er mich führen will. Ich weiß, dass mein erster Platz meine Ehe, meine Kinder sind. Ich kann viel tun für deren Balance hier um mich herum. Ich kann unser Haus zu einer Oase in der Wüste schaffen. Oft ist diese Aufgabe die am wenigsten reizvoll scheinende, Demut förderndste.

Montag, 11. 9. 00

Komisch – wenn ich in der Bibel lese, begegnen mir nur selten kontemplative Typen, dagegen viele Leute, die die Ärmel hochkrempeln und an die Tat gehen. Das ganze Buch ist voll davon – Petrus, Paulus, David, die Propheten. Ist die Bibel nicht auch eine Hommage an die Macher? Gott liebt das Machbare, habe ich heute gelesen. Er macht nicht alles selbst, sondern hat sich entschieden, unser Tun brauchen zu wollen. Er baut auf unser Engagement und mit der Ruhe ist es vorbei. Gott liebt aktive Leute, Gott selbst ist ein aktiver, schöpferischer Gott. Und deshalb bleibt er denen auf den Versen, die auf seinem Weinberg mitarbeiten wollen. Dennoch sagt derselbe Gott auch im Johannesevangelium, als ihn die Jünger fragen, was sie tun sollen, damit Gott mit ihnen zufrieden ist: »Nur eins erwartet Gott von euch: Ihr sollt an den glauben, den er gesandt hat.« Darf ich sein wie ich bin? Darf ich ein Macher sein? Ein Macher, der weiß, wann er auftanken muss und sich seine Energie am richtigen Platz holt? Sollte Gott nicht segnen, was wir im Vertrauen auf ihn tun, wohlwollend wie ein Vater, der sich darüber freut, dass seine Tochter sich bemüht, in seinem Haus etwas zum Positiven zu bewegen?

»Ich bin ein Fluss, der ständig in Bewegung ist. Ich will nicht stehen bleiben, aber ich genieße gern kurze Ruhezeiten an schattigen Orten der Geborgenheit. Dort kann sich mein Geist erholen. In mir und durch mich fließt das Leben und wird ständig durch das Wasser des Lebens erneuert« (Larry Sydow). – Danke! Ich darf so sein! Schöne Erlaubnis.

Mittwoch, 13. 9. 00

Bille hat mir einen Rosenstrauß geschenkt. Ich freue mich jeden Tag an seiner Buntheit. Ich bin kein so bunter Typ, ich pflücke immer eher einfarbige Sträuße. Am schönsten sind die gefüllten roséfarbenen. Wahnsinn, wie ich mich über die freue. In guten Zeiten wachse ich den Cottaboden und gehe mit Werner Äpfel einsammeln, Erdbeeren umpflanzen, mache gebackenen Schafskäse und Mozarella-Tomaten. Dann freut sich Werner und lässt das absolute Wahnsinnsspiel im Fernsehen ausfallen, zündet im Garten dreißig Teelichter an, trägt den Campingtisch auf die Seite wo der Mond scheint, um mit mir zu reden und Pläne zu schmieden. Die guten Zeiten sind den schlechten allemal vorzuziehen ...

Mittwoch, 20. 9. 00

Abends, wenn Werner heimkommt, setzen wir uns in eine Ecke und quatschen erst einmal, damit er ankommen und sich etwas entspannen kann. Diese so schlichte wie ergreifende Idee stammt nicht von uns, sondern aus einem Ehebuch, und verdient den goldenen Globus. Werner setzt sich seufzend und fragt vorhersehbar: »Na, wie war dein Tag? War etwas?« Dann lehnt er sich zurück, versucht, die Firma hinter sich zu lassen (er will nur selten darüber reden), und ich erzähle. In meinem Timer gibt es eine Werner-Ecke, in die ich im Laufe des Tages Stichworte kritzle – wer angerufen hat, was mich geärgert hat, was mit den Kids war, was ich planen möchte, was er mir helfen kann, was ich ihm unbedingt sagen möchte. Was meinen Tag eben so ausmacht. Heute bin ich bis zum Haarschopf ausgefüllt mit Gefühlen und Gedanken, aber er wirkt so müde, dass ich das Empfinden habe, es lohnt nicht, mich aufzuraffen und ihn in alles einzuweihen, was in mir vorgegangen ist. Wahrscheinlich wird er wie gestern schon still dabeisitzen und keinen Kommentar abgeben. Vielleicht labere ich ihn sowieso nur voll und er will eigentlich lieber seine Ruhe. Dann ist das nur Verschwendung, so viele Worte. Ich frage ihn danach. Aber er sagt: »Nein, bitte erzähl mir alles, das sind für mich alles Puzzlestücke, die mir helfen, mir ein Bild zu machen. Sonst bin ich abgeschnitten von deiner Welt, von den Kindern, nur so kann ich an unseren sozialen Kontakten teilnehmen.« – Nett.

Freitag, 22. 9. 00

Wenn ich die Augen schließe, sehe ich immer noch das Meer vor mir, seine unendliche Weite, und fühle den Wind auf meiner Haut. Ich habe eine große Chrysantheme in warmem Orange gekauft, die in den alten Weidekorb passt. Ein herrlicher Farbklecks im Garten. Ich schwinge in der Hängematte sanft hin und her, immer den Blick auf den Pflanzen ruhend. Dass Gott die Farben erfunden hat, war eine gute Idee! Ich freue mich jedenfalls oft daran. Habe in unserem kleinen verwinkelten Garten zahlreiche Ecken, die ich unterschiedlich gestaltet habe, Ton in Ton, ich liebe das. Hier Sonnen-, da Schattenpflanzen. Die letzten hohen Sonnenblumen an der Backsteinmauer. Wie sie leuchten!

Sonntag, 1. 10. 00

Anna lernt kein Französisch. Sie ist doch nicht blöd. Genug, dass sie Englischvokabeln lernen muss. Nein. Aber als Familien gesucht werden, die für acht Tage einen Austauschschüler aufnehmen (Französischkenntnisse nicht erforderlich, da er Deutsch lernen soll und angeblich des Englischen mächtig), schreit sie: »Wir!« Dass es ein Junge ist, stört sie nicht, Jungs haben Überschuss in diesem Jahr. Kein Problem, sie wird ihr Zimmer räumen und zu Lena ziehen. Die ist auch sehr angetan. Angesichts der Aussicht auf interkulturelle Begegnung, unserer sozialen Verantwortung dem Nachbarland gegenüber und der Freude an Annas Überwindung ihrer Schüchternheit sagen wir Ja. Sie meint nur: »Gut, ich hab mich nämlich schon angemeldet.« Anna steht dem Leben immer sehr neugierig gegenüber. »Anna, wie gedenkst du, dass dein Franzose zur Schule kommt im November? Du fährst ja normalerweise mit dem Rad, aber er hat ja keines und außerdem ist es ihm vielleicht zu kalt. Du wirst mit dem Bus fahren, oder?« Anna cool: »Der kommt doch hierher, um die deutschen Gepflogenheiten kennen zu lernen. Das sind meine Gepflogenheiten, dass ich das ganze Jahr mit dem Rad in die Schule fahre, weil mir im Bus schlecht wird. Ich fahr doch wegen dem nicht mit dem Bus! Der kriegt Werners Rad.«

Dienstag, 3. 10. 00

Unser Wochenende zu zweit war diesmal ein relatives Fiasko. Wir konnten uns auf keinen Ort einigen, das Wetter war mies. Wir waren dann gerade mal in Löwenstein um die Ecke. Drei Stunden wandern, bis der große Regen kam, und ein zähes Steaklein essen im einzigen Lokal in der Gegend, der »Güldenen Sonne«. Wir redeten über dies und das, bis ich Werner leichtsinnigerweise fragte, ob ihn zur Zeit irgendetwas frustriert mit uns beiden und war sehr frustriert, als es so viel war. Ich hab geweint und dann haben wir wieder geredet usw. Am Ende war alles wieder okay. Romantisch war es nicht, aber wahrscheinlich notwendig.

Es schüttete und wir beschlossen spontan, die Übernachtungskosten zu sparen und heimzufahren. Dort würden wir wahrscheinlich einen gemütlicheren Abend haben als hier. Die Kids waren alle bei meiner Mutter untergebracht. Daheim meldete ich mich telefonisch zurück. Mutti hatte schon drei Betten bezogen und das Abendessen hinter sich, aber als Anna und Lena hörten, dass wir zu Hause waren, überfielen sie uns mit ihrem todsicheren Gespür für den falschen Augenblick und ließen Jan mit den verdutzten Großeltern allein.

Freitag, 6. 10. 00

Mir steckt das halbe Wochenende noch in den Knochen. Werner hat heute frei. Anna und Lena haben den ganzen Tag Schule, Jan kommt auch erst um 17 Uhr. Heute geht es uns besser, wir brunchen und gehen mit dem Hund spazieren. Zur Mittagszeit, als unsere Mägen wieder knurren, überrascht er mich mit der Frage: »Wo gehen wir jetzt essen?« Kurz darauf sitzen wir in unserer Stammpizzeria. Ich liebe Spontaneität. Köstlich. Der Wein, das Essen, die Ruhe, das miteinander Reden. Sie klappt doch, die Sache mit der Romantik. »Das war mein Highlight der Woche«, sage ich dankbar seufzend. Ich meine, dass er sich Zeit für mich genommen hat, dass es so interessant ist, mit ihm zu reden, dass es so schön war heute. Werner: »Ja, es hat unübertrefflich gut geschmeckt« ...

Samstag, 7. 10. 00

Anna geht zum ersten Mal mit zu einem Konzert von Reinhard Mey. Langjährige Tradition mit immer derselben Besetzung von Freunden. Sie sieht wunderschön aus mit ihren hohen Stiefeln, dem dezenten Make-up, der schwarzen Reitjacke, den Schlaghosen. Anschließend gehen wir zum Griechen. Anna bestellt von allen unbemerkt das teuerste Essen: Riesengarnelen, Kirschsaft. Der Ober sagt »junge Dame« zu ihr und ist sichtlich angetan ...

Sonntag, 8. 10. 00

Ich radle in den aufstrebenden Buchladen mit dem besonderen Flair. Dann wieder zurück. Kurz zu Aldi. Dann den Speiseplan konsultierend die Speisen bereiten und den Tisch teilen mit zwei lebhaften Teens, eine sprudelnd, die andere genervt wartend, bis die Sprudelnde eine Pause macht. Dann überwache ich den Küchendienst und die Hausaufgaben, gebe beides immer mehr Gott und den Mädels ab, vertraue auf ihre wachsende Lebenseinsicht. Anna hat sich fürs Berufspraktikum im Kindergarten einen Platz gesichert. Ich frage mich, ob ich es laufen lassen soll oder es den ehrgeizigen Eltern vom Elternstammtisch gleichtue und sie zu einer lukrativeren Lebensbeschäftigung mit besseren Einstellungsaussichten dränge.

Freitag, 13. 10. 00

Werner sehnt sich nach dem Leben vorher – vor dem Buchladen, vor dem Schreiben, vor den E-Mails, den Telefonaten, dem PC. Während ich stürme, beobachtet er argwöhnisch, wohin. Ich habe immer das Gefühl, dafür zuständig zu sein, dass die Balance zwischen uns beiden und als Familie stimmt und dass auf jeden Fall durch mein Engagement, das uns finanziell bisher nur wenig entlastet, Haushalt und Kinder nicht zurückstehen. So rödle ich meistens in einem der drei K's: Kinder, Küche, Kirche – und dem Buchladen. Wir haben auffällig viele Ehegespräche.

In letzter Zeit ist es nicht so rund bei uns. Dass ich drei halbe Tage außer Haus arbeite, scheint unser relativ ausbalanciertes Ehe- und Familienleben wieder aus dem Gleichgewicht zu bringen. Ich stecke in der Spannung, die entsteht, wenn frau wieder arbeiten geht, solange die Kids noch zuhause sind. Ich bin da reingerutscht, habe das nie geplant. Ich wusste noch gar nicht, wie es beruflich mal weitergehen soll und war ganz zufrieden als Vollzeit-Hausfrau, als sich das mit der Buchhandlung ergab. Alle aus der Familie müssen nun Bequemlichkeiten aufgeben. Lieber war es ihnen, als ich ausschließlich für ihr Wohl zuständig war. Es gibt Demonstrationen schlechter Laune, ein subtiles Druckmittel für mich mit meiner Persönlichkeitsstruktur. Ich will es lieber allen recht machen, übernehme gern ungefragt die Verantwortung für das Wohl der Menschen um mich herum, nein zu sagen fällt mir immer noch schwer. Mein Leben ist ein Eiertanz geworden.

Der Haushalt ist ein Lackmuspapierchen für meinen Zustand. Um Werner zu beweisen, dass die Lebensqualität hier für niemanden sinken muss, nur weil ich mich plötzlich »selbst verwirkliche«, arbeite ich viel mehr darin als vorher. Er soll keinen Grund haben, sich zu beklagen. Dadurch setze ich mich unter Druck. Ich ertappe mich dabei, manchmal durchs Haus zu rennen, um noch alle Böden zu wischen, wenn ich nachmittags im Buchladen bin. Dann muss ich rasen mit dem Rad und komme vier Minuten zu spät nass geschwitzt an, begrüßt von drei ungeduldigen Kunden. Dort habe ich es dann vergleichsweise gemütlich.

Meine Aufgaben abseits der Hausarbeit machen mir Spaß. Vielleicht war ich vorher zufriedener, aber davon kann ich mir heute nichts kaufen. Ich stehe da, wo ich jetzt bin, muss herausfinden, was heute für mich stimmig ist. Es ist nicht einfach, unsere verschiedenen Ansprüche und Wohlfühlvorstellungen aufeinander abzustimmen. Ich möchte mein Leben aktiv gestalten. Mir ist alles so wichtig, die Ehe, die Kinder, der Laden, das Schreiben.

Donnerstag, 19. 10. 00

Mein Kopf wimmelt von Impulsen. Ich nehme Werners Mahnungen ernst, frage Gott, mache eins nach dem anderen, es geht, ich habe keine Hektik, nur bei manchem weniger Tiefe. Aber ich war »walken« heute Morgen, habe Pflanzen umgetopft, Holz gesetzt. Ich möchte immer wieder die Welt fragen: Mach ich alles richtig? Ich spiele mit dem Gedanken, mit Werner einen Reitkurs zu machen. Das wäre mein Geburtstagsgeschenk – wieder ein erstes Mal im Leben. Ein Kindheitstraum, den wir ausgegraben haben, als wir Anna erlaubten, reiten zu lernen und spürten, wie wir neben unserer Freude mit ihr zunehmend neidisch auf sie wurden. Und dass wir sie deshalb so sehr darin unterstützten, weil unsere eigene Sehnsucht uns antrieb. Als wir sie bei Sonnenuntergang am Meer entlanggaloppieren sahen, platzte der Knoten.

Immer wenn ich den Eindruck habe, ich schwänze das wirkliche Leben, sprich Haushalt und Kinder, und spiele ein bisschen, macht Gott daraus etwas. So hat der Buchladen begonnen, das Schreiben. Mittlerweile erlaube ich mir, bei einem Gedanken intuitiv an den PC zu stürzen und alles andere derweil liegen zu lassen. Ich lasse die Dinge laufen und hoffe, dass Gott sie leitet.

Meine Beziehung zu Werner muss auf jeden Fall das Wichtigste bleiben. Ist es möglich, mit Kopf und Herz bei dieser

Sache zu sein, ohne dass alles zusammenbricht? Ich weiß, dass Gott einen nicht überfordert. Aber ich weiß auch, dass wir nicht jede Chance nützen müssen. Es geht mir nicht schlecht bei all den neuen Aktivitäten, suchend, vorsichtig vorantastend.

Ich will immer weniger die Hauptlast der Arbeit zu Hause alleine tragen. Ich verursache ja auch nicht die Hauptmenge des Schmutzes. Ich lasse die Kinder jeden Mittag eine halbe Stunde mittanzen und Werner verfolgt sie samstags ein, zwei Stunden mit Aufgaben. Das ist eine große Entlastung. Ich habe eine Liste geschrieben mit Aufgaben, die sie grundsätzlich erledigen können, und gehe sie Stück für Stück mit ihnen durch. Ich fühle mich dadurch mehr wertgeschätzt und unterstützt und nicht so unglücklich und allein gelassen, wenn die Haushaltsberge sich türmen. Die Kinder wissen mittlerweile, dass sie erst wegdürfen, wenn Hausaufgaben und Haushalt erledigt sind. Ich merke aber immer noch, dass ich Angst habe, zu viel Einsatz einzufordern für eine Arbeit, die ich bisher zum Großteil allein gemacht habe. Wie kriegt man diesen Rest von schlechtem Gewissen los, der nicht vom Kopf her kommt, zumindest nicht aus den vorderen Zellen? Rede mit ihnen, sagt meine Freundin Birgit, erklär ihnen deine Zerrissenheit, frag sie, wie es ihnen damit geht, nimm sie mit hinein, entscheidet gemeinsam. Dachte ich mir, dass es wieder ums Reden geht ...

Freitag, 20. 10. 00

Ich versuche ständig zu beweisen, dass ich immer noch mehr arbeiten kann, ohne dass irgendwo ein Bereich an Qualität verliert. Das wäre nicht der Fall, wenn ich berufstätig wäre zum Geldverdienen. Aber die Arbeit in der Buchhandlung hat ehrenamtlichen Charakter (ich bekomme lediglich eine Aufwandsentschädigung). Das ordne ich unter »Bianka spielt« ein und mache dann umso schneller meine Hausaufgaben, finde keine Legitimation, dass die anderen das mit Mehrarbeit mittragen sollen. Dabei gebe ich dem Schreiben und dem Buchladen ja doch eine hohe Priorität und mache, was ich für richtig halte, nur eben nicht mit klarem Bekenntnis dazu. Das sieht dann so aus, dass ich schnell den PC ausschalte, wenn Familienmitglieder heimkommen, und eben mal eine Runde mit dem Staubsauger durchs Haus düse. Darf Bianka schreiben? Tut man das als brave Hausfrau? Ich war noch nie eine Hausfrau mit hohen Idealen, aber seit ich schreibe (spiele), schraube ich sie hoch, um keinem Grund zur Unzufriedenheit zu liefern. Rund ist das noch nicht. Deshalb fühle ich mich auch immer so gehetzt.

Von allen Seiten erreichen mich Mahnungen, langsamer zu machen. Da ist keiner, der jubelt: Ich freu mich für dich, es ist richtig, dass du das machst. Nicht dass ich darauf warte, aber die Mahnungen sind schon ernüchternd, weil sie ja einen Teil meiner eigenen Stimmung spiegeln.

Ich nehme die Worte meiner Freunde ernst und bewege alles in meinem Herzen. Aber gleichzeitig wächst in mir das Vertrauen darauf, dass Gott es richtig macht. Er wird mir die Weichen schon zur rechten Zeit stellen. Werner bringt deutlich seine Bedürfnisse auf den Tisch und ich verfalle immer in diesen Mechanismus, dass ich immer noch mehr versuche, es ihm recht zu machen, bis ich fast zusammenbreche, aggressiv werde und mich verletzt fühle. Wir streiten uns öfter. Ich will, dass die Gespräche sachlich bleiben, aber es gelingt uns nicht. Zu viele Ängste sind im Spiel. Ich möchte lernen, ihm meine Grenzen, Sehnsüchte offen zu sagen und Mauern, die ich aufbaue, um mich zu schützen, immer wieder einreißen. Unsere Ehe ist klasse, aber wie jede Ehe auch anstrengend.

Ich will nicht die Prioritäten falsch setzen und habe Angst, folgenschwere Fehler zu machen. Die Kinder zu früh loszulassen, Werner zu vernachlässigen, nach außen den Schein zu wahren, in Wirklichkeit davonzulaufen, irgendetwas kaputtzumachen.

Samstag, 21. 10. 00

Beim Wäschesortieren macht man die aufschlussreichsten Funde. Auf einem Zettel steht: »Ist wil gas gu mich nich mer ergurt von Jan fur Daniel.« Jan beginnt, sich zu wehren. Er hat einen Kreis Menschen, die ihn mögen. Er schafft das mit seiner Liebenswürdigkeit, seiner Großzügigkeit und Fantasie beim Vorschlagen von Spielen aus seinem Repertoire. Er hat viel Energie investiert, damit Jennifer neulich nach der Schule bei ihm übernachtete. Es hat ihr so gut gefallen bei ihm, dass sie seither befreundet sind. In der Schule hängt ein Pinnbrett mit zwei Rubriken: »Darüber habe ich mich geärgert – gefreut.« Unter letzterer hängen zwei Zettel: »Ich freue mich dass Jan mein Freund ist«, und: »Ich freue mich, dass Jennifer meine Freundin ist.«

Montag, 23. 10. 00

6.30 Uhr. Das Telefon klingelt. »Alef malalei!« Oje, hat sich wieder der Türke verwählt? Sinnlos, irgendwas zu erklären, er versteht kein Deutsch. Gerade als ich auflegen will, ruft es aufgeregt: »Alef malalei! Werrrnerrr Bleierrrr! Geburrrtstagggg!!!« Ich brülle vor Lachen und bringe den Hörer meinem schlafenden Gatten. Der rätselt. Ist es der Tunesier aus der Gemeinde, der ihm in seiner Landessprache gratuliert? Ist es Willegis, der manchmal ganz derbe Scherze treibt? Ist es der Türke ...??? Bis Heinz einen Lachanfall nach dem anderen am Ende der Leitung kriegt und klar ist: Werner wird heute vierzig und nichts wird sein wie sonst! ... Verwirrt und verängstigt steht der Viertelstunden später in der Haustür und murmelt: »Weißt du, was mein größtes Problem sein wird? Ich weiß nicht, wo mein Schlüssel ist ...«

Freitag, 27. 10. 00

Ehe ist so ein aufwändiges, anspruchsvolles Unternehmen. Ich finde es nicht einfach mit diesem Mann, obwohl ich keinen Mann kenne, mit dem es einfacher sein könnte. Habe ich in vielen Punkten, die mir mal wichtig waren, resigniert? Ich möchte eine aufrechte Frau sein, keine, die sich hinter ihrem Mann versteckt. Ich neige dazu, es ihm leicht zu machen, mich anzupassen, ihn zufrieden stellen zu wollen. Aber ich möchte, dass er auch kämpft. Ich sage ihm das auch immer wieder mal, dann wird er hellhörig und achtet auf meine Gefühle. Ich könnte vielleicht mehr Nähe und Zuwendung empfangen, wenn ich mich ehrlicher und angstfreier mitteilen würde. Es fällt mir so schwer.

Mein »höchstes Gut«, die Familie, nimmt mich zur Zeit voll in Anspruch. Hatte heute Morgen einen schlimmen Streit und heute Mittag ein langes Gespräch mit Anna (jetzt geht das mit ihr auch noch los mit diesen Gesprächen ...) – und heute Abend wich sie mir nicht von der Seite.

Samstag, 28. 10. 00

Anna radelt mit einer Freundin zum Waldsee. Sie wollen nachsehen, ob »die Jungs« Fußball spielen. Sie haben sich eine Stunde lang dafür zurechtgemacht. Werner sieht ihnen kopfschüttelnd nach und meint: »Lena, da draußen fahren tausend Hormone!« Abends will er für jedes telefonierende Familienmitglied eine eigene E-Mail-Adresse einrichten. »Anna, unter welchem Namen willst du einen Eintrag?« Anna zögert. Werner schlägt vor: »Hormönchen?« Er hat gleich seine Abreibung weg, aber sie ihren Spitznamen.

Dienstag, 31. 10. 00

Wir sind wild entschlossen: Werner und ich werden Reitstunden nehmen. Man muss an seine Kindheitsträume gehen, bevor man zu alt ist ...

Als wir Anna im Reitstall abholen, sagt Werner forscher als er sich fühlt zum sehr forschen Reitlehrer: »Wir wollen uns zum Reitunterricht anmelden.« Der runzelt die Stirn und antwortet mit einem Blick auf uns und seinen Terminkalender: »Ich weiß, in eurem Alter soll es lieber gestern sein als heute. Aber jetzt habt ihr so lange gewartet, da kommt es auf drei Wochen auch nicht mehr an.« Das macht Mut ...

Er verweist uns an Tabea, die burschikose Reitlehrerin mit der rauen Stimme, ein blondes Vollblutweib, bei deren Anblick mir sofort meine Mängel bewusst werden. Sie empfiehlt uns strahlend, für die ersten Longestunden unsere Pos mit Babyöl einzureiben, bis wir einen »ordentlichen Reithintern« hätten. Auch sie weiß uns Mut zu machen: »Abends seid ihr dann ziemlich fertig und für den nächsten Tag braucht ihr euch nichts vorzunehmen. Es ist am Anfang ziemlich heftig!« Glaubt denn niemand wirklich an uns? Na, wir werden sehen.

Mittwoch, 1. 11. 00

Ich würde so gerne zum Willow-Creek-Kongress fahren. Ich könnte bei Birgit übernachten. Ich könnte bei einem Freund aus der Gemeinde mitfahren. Bestimmt eine schöne Sache, gute geistliche Impulse. So weit, so gut. Aber Werner hat kein Interesse daran, mitzugehen. Und unsere erste gemeinsame Reitstunde fällt auf dasselbe Wochenende. Werner sagt, ich kann gehen, aber er klingt irgendwie abwartend resigniert: »Entscheide dich ganz frei. Man müsste halt das mit den Kindern regeln. Ich mache jedenfalls meine Aktivitäten von dir unabhängig.« Er denkt nicht daran, es mir leicht zu machen und unsere erste Reitstunde zu verschieben – er wird auch allein hingehen. Das fühlt sich völlig falsch an. »Bei dir wird immer mal wieder terminlich etwas nicht passen. Darauf muss ich mich einstellen.« Das macht mir Angst. Es ist mir so wichtig, dass wir das gemeinsam erleben. Ich muss mich entscheiden. Leicht gesagt. Das ist eine Schwachstelle von mir.

Wird die Entscheidung einfacher, wenn ich frage, wo mein wichtigster Platz ist? Oder kann der sich nicht hin und wieder verschieben? Kann jetzt der Kongress wichtiger sein? Ich kann die Folgen, den Preis nicht abschätzen. Ich bete um Klarheit, aber die wechselt viertelstündlich. Mal ist es weggehen, mal dableiben. Soll ich ein Vlies auslegen? Gestern Abend sagte eine Freundin: »Bleiers machen es richtig, die verwirklichen immer wieder ihre Träume, von denen kann man was lernen.« Es zieht mich schon nach Düsseldorf. Doch meine Ehe ist mein höchstes Gut. Was ist mein Traum? Was will ich? Wer zahlt den Preis?

Freitag, 3. 11. 00

Gehe ich zum Kongress oder bleibe ich zu Hause? Ein echter Zwiespalt, weil ich mich einerseits nach geistlicher Nahrung außerhalb des Gewohnten sehne und mir andererseits das Neue, Gemeinsame mit Werner so wichtig ist. Werner jedenfalls fordert eine klare Entscheidung. Und mir fällt es immer noch schwer, herauszufinden und klar zu artikulieren, was ich möchte. Ich habe Angst, dass er es falsch werten würde, wenn ich mich für den Kongress entschiede. Heute Abend weiß ich immer noch nicht, was ich will. Warum ist erwachsen sein so schwer? Ständig muss man Entscheidungen treffen und die Verantwortung dafür übernehmen. Wenn ich nicht gehe, heißt das, dazu zu stehen und die Enttäuschung auszuhalten. Wenn ich gehe, kann ich Werner keinen Vorwurf machen, dass er dann alleine unseren Traum beginnt. Ich komme keinen Schritt weiter. Ich bete noch einmal um Entscheidungshilfe.

Samstag, 4. 11. 00

Heute Morgen wachte ich nach der Ruhelosigkeit der letzten Tage auf mit großer Klarheit, ohne Angst, etwas zu verpassen: Ich wusste plötzlich einfach, dass es gut ist, daheim zu bleiben. Und nichts zog mich mehr weg. Dafür rief mich Werner in der Pause an und redete lang mit mir über seine Angst, diese Rolle als mein permanenter Bremsklotz zu leben. Er ist sich dennoch sicher, dass eine noch umtriebigere Art Leben für uns als Familie noch nicht dran ist. Nachdem ich mich so schwer tat mit dieser Entscheidung, hat Gott für mich entschieden, und nun ist es gut. Das ist auch ein geistliches Highlight. Ich habe meine Ruhe darüber.

Sonntag, 5. 11. 00

Ich habe die Wahl. Ich kann mein Kind als ein unbeschriebenes

Blatt sehen, das ich selbst beschreiben möchte nach meinen Vorstellungen. Oder ich kann gespannt zusehen, welches Skript da entsteht vor meinen Augen. Ich kann manipulieren und kontrollieren oder fördern und unterstützen. Jede Mutter hat die Wahl. Ich bin fasziniert darüber, zu erleben, wie meine Kinder heranwachsen, was da aus ihnen herauswächst, unabhängig von mir, ganz originale Schöpfung. Ich stehe da und staune, welche Gaben zutage treten, die ich nicht habe, welche Lebensart, welche Interessen. Es ist gut und wichtig, dass sie sich ihre eigenen Gedanken machen, es wäre fahrlässig, ihnen Erfahrungen zu ersparen, um ihnen Schmerzen zu ersparen. In dieser Versuchung stehe ich oft.

Anna hat über Nacht beschlossen, dass sie erwachsen ist und autark, verbittet sich Vorschriften, wann sie einzuschlafen, was sie zu essen hat. Fällt mir nicht leicht.

Morgen haben Werner und ich unsere erste Reitstunde. ...

Montag, 6. 11. 00

Werner ruft öfter an, als wolle er mir zeigen, wie sehr er mich liebt. Ich habe meinen Frieden wieder.

Unsere erste Reitstunde! Fühlt sich ungefähr so fremdartig an wie mein erster Schwimmversuch, meine erste Tanzstunde, das erste Mal auf dem Fahrrad, die erste Fahrstunde, der erste Abend im Geburtsvorbereitungskurs. Es ist eine völlig neue Perspektive, auf einem Pferd zu sitzen: Kaum bin ich oben, frage ich mich, wo das Pferd ist. Ich sehe keines mehr. Ich sehe nur noch zwei gespitzte Pferdeohren. Hoch fühlt es sich an. Sehr hoch und wogend. Ich muss aufpassen, nicht albern zu kichern wie auf dem Jahrmarkt. Vorsichtig versuche ich, mich in den ungewohnten Rhythmus einzufühlen, was alles andere als einfach ist. Immer im Kreis herum, am anderen Ende der Longeleine Tabea, die uns unaufhörlich Kommandos zuruft: »Schultern zurück, Bauch raus, Beine lang machen, still sitzen!« Zum Traben müssen wir unaufhörlich aufstehen und uns wieder hinsetzen, das habe ich mir viel schwereloser vorgestellt. Ein gänzlich neuer Bewegungsablauf ist das und das Ergebnis scheint so nah wie der Gipfel eines weit entfernten hohen Berges. Man ahnt, dass der Weg weit sein wird und mühsam. Dennoch – als ich abends meinen Po in das nach Bubblegum duftende Rosmarinbad senke, bin ich selig! Waren wir mutig! Wir reden stundenlang über diese dreißig Minuten. Es war richtig und wichtig, das gemeinsam zu beginnen. Oh, hat mein Hintern weh getan, und vor allem die Oberschenkelinnenmuskeln, die ich noch nie im Leben benutzt zu haben scheine. Bin blutiger Anfänger, hätte nie gedacht, dass man sooo ein Pferd antreibt.

Mittwoch, 8. 11. 00

Ich bin mit Anna allein zu Hause. Auf dem Badewannenrand liegt das abgezogene Papier einer Damenbinde. Ich starre es sekundenlang an und frage dann: »Anna, warum brauchst du eine Binde?« Mit ihrer selbstverständlichsten Stimme ruft sie aus der Küche: »Weil ich meine Periode habe!« Sie hat ihre Periode!?! »Seit wann???« Seit wann hat Anna ihre Periode??? »Seit gestern.« Seit gestern!! »Warum sagst du mir das nicht?« Warum sagt sie mir nichts?? »Ich weiß nicht.« Schüchtern öffnet sie die Tür. Ich breite meine Arme aus und sage: »Komm mal her zu mir!« Sie fliegt hinein. Ich bin gerührt. Ich freue mich. »Willkommen im Club der tapferen Frauen!« Ich drücke sie und sie genießt es. Am liebsten würde ich jetzt mit ihr Pizza essen gehen. So ein Ereignis müsste gefeiert werden. Stattdessen gehen wir Leonard am Bahnhof abholen.

Ich weiß gar nicht, worüber ich mehr gerührt sein soll: Darüber, dass mein Mädchen eine Frau wird oder über die Ankunft der Franzosen. Als der Interregio die Horde zwölf-, dreizehnjähriger Jungs ausspuckt, die frisch gegelt und beladen mit Riesentaschen die Unterführung zu uns hoch marschieren und in der Halle vom Direktor den deutschen Gastmädchen gegenübergestellt werden, übermannt mich zum zweiten Mal heute die Rührung. Ich hätte losheulen können angesichts derart geballtem Mut, länderübergreifendem Interesse, kindlicher Selbständigkeit und Vertrauen. Aufgeregt, aber offen stehen sie da und sehen sich an. Namen werden vorgelesen, Individuen lösen sich aus der Gruppe, reichen Hände und folgen ihrer Gastfamilie. Anna ist die Erste, die vorgelesen wird. Ihre Augen! Gott, ist das rührend! Und Leonard unbeschreiblich charmant und süß. Welch ein Abenteuer! Der Junge ist so groß wie ich! Mit zwölf! »Leonard, sprichst du Deutsch?« – »Ein bischschen!« Zu Hause wickelt er mich mit einem Satz um den Finger: »Das Aus ist schön!« Diniert eine Scheibe gekochten Schinken mit Messer und Gabel, lehnt das französische Baguette ab, spielt ein bischschen Gitarre und schmust mit den Tieren ...

Donnerstag, 9. 11. 00

Um 6 Uhr steht Leonard schon unter der Dusche. Das Bad ist abgeschlossen, so dass ich Jan nicht fertig machen kann. Frisch gegelt sitzt er dann am Frühstückstisch und isst Smacks. Ein Vesper mitzunehmen verweigert er. Eine Jacke auch. Radelt bei zehn Grad mit hochgekrempelten Ärmeln los. Lena ist beeindruckt.

Ich bin in der Parfümerie, Wimperntusche kaufen. Das ist ein Luxus, den ich mir zweimal jährlich gönne. An der Kasse fragt die Verkäuferin: »Kann ich Ihnen noch etwas Gutes tun?« Ich frage zurück: »Machen Sie Fußmassagen?« Sie lacht. Nein, aber sie könne mir ein Make-up auflegen. Als ich ihr Gesicht betrachte, bedanke ich mich. Sie hat dann aber noch eine andere Idee, die ich gerne annehme: »Ich kann Ihnen die Augen schminken!« Sie tut es, fünfzehn Minuten lang, mit drei Pinseln und vier Döschen Farbe, passend zu meiner Hose. Oliv. Als sie fast fertig ist und ich völlig entspannt, meint sie: »Benutzen Sie Augencreme?« Ich bejahe, stolz darauf, meine Pflichten zu erfüllen. Frage aber dann doch nach: »Warum?« Ach, ich hätte so Trockenheitsfältchen um die Augen, in die das Make-up so reinschlüpfe, hier sei die Haut doch schon reichlich gealtert. Beleidigt lüge ich: »Ich bin ja auch schon vierzig!« In Wahrheit bin ich 38. Oh, jetzt ist sie erstaunt! Sie hätte mich viel jünger geschätzt. Sarkastisch frage ich: »39?« »Nein!! Dreißig!!« Och, jetzt reicht es aber. Ich unterhalte mich lieber über Wimperntusche. Ist ihr auch recht, sie ruft eine Kollegin: »Janina, komm mal und zeig deine Wimperndauerwelle!« Janina ist eine winzige Japanerin mit Kleidergröße 34 und in alle Richtungen gekräuselte Wimpern. »Sieht das nicht süß aus?!« So was habe ich noch nie gesehen! Ich weiß, dass man sich die paar Härchen färben lassen kann, aber Dauerwelle – das ist ein echter Hammer! Als ich es zu Hause Lena erzähle, sagt sie: »So ein Quatsch. Die sind doch nur dafür da, dass sie den Staub abfangen!« Gesundes Kind.

Mit Jan war's grad so schön, er saß auf meinem Schoß, was nicht so oft vorkommt, im Schlafanzug, hat geschmust, was bei ihm ziemlich heftig ist, und einen langen tiefsinnigen Satz gesagt (was sehr selten ist): »Das hat Jesus gut gemacht, dass er die Menschen gemacht hat!« Und später noch: »Das Leben ist so schön!« Das war doch schon fast poetisch! Werner hat ihn ganz glücklich in die Arme genommen und gesagt: »Und weißt du, was Gott auch genau richtig gemacht hat? Dich!«

Sonntag, 12. 11. 00

Leonard ist klasse. Eifrig und zurückhaltend, anpassungsfähig und freundlich, bemüht er sich sehr. Ich bemühe mich auch. Ich bin seine V-Frau, die Einzige hier, die in grauer Vorzeit Französisch gelernt hat. Wir mögen ihn alle sehr und Anna ist trotz der sprachlichen Begrenzung angetan von ihm. Eine riesige Herausforderung, der sie sich hier stellt. Es ist eine gute Zeit mit ihm, wir machen als Familie viel zusammen, versuchen, ihm das Schöne unserer Gegend nahe zu bringen. Ich habe mich schnell an ihn gewöhnt. Ich würde platzen vor Stolz, wenn ich seine Mutter wäre und ihn hier sehen würde. Bin ja so schon stolz, wie er das alles meistert. Welche Ressourcen an Muttergefühlen in uns Frauen schlummern! Unterwegs habe ich ihn zweimal wie eine Löwin verteidigt, als er von unfreundlich bis feindlich gesinnten Deutschen angemacht wurde, weil er nicht schnell genug war in ihren Augen, beim Schließen einer Tür im Museum, beim »Lünsensüpp« bestellen in einer Waldwirtschaft.

Montag, 13. 11. 00

Es ist faszinierend, Leonard kennen zu lernen. Sein Vertrauen rührt mich. Er fühlt sich immer mehr zu Hause. Heute hat er drei Teller Gülaschsüpp gegessen. »Kann isch no ein bischschen abben?« Jeden Morgen duscht er und gelt sein Haar. Er trommelt wie ein wilder Mann auf Jans Schlagzeug. Endgültig angekommen bei uns war er, als er eine Hardrock-CD auf Lautstärke 20 abspielen und dazu trommeln durfte. Durch ihn kommt etwas völlig anderes in die Familie, eine andere Art Energie, Klarheit, Selbstbewusstsein. Hellwach alles beobachtend, versucht er zu verstehen. Wenn er französisch redet, ist er nicht wieder zu erkennen. Sprachgewandt, witzig, ein sprudelndes Energiebündel. Er bringt diese poetische, machtvolle Sprache ins Haus, die ich so liebe. Ich bedauere jetzt schon, dass er einfach wieder aus unserem Leben verschwinden wird. Anna und Lena spielen Kniffel mit ihm und lachen sich schief. Anna trägt ihr WWJD-Bändchen und es geschieht, wovor sie immer zittert: »Anna, wasss issst daaaass?« Während sie sich noch windet, ob sie sich outen soll, fragt Leonard weiter: »Isssst daass ein emailadress? Oder ist ein Marken?« Für mich ist diese zwischenmenschliche Begegnung bezaubernd.

Dienstag, 14. 11. 00

»Bianka, darf isch meine Schüe pützen?«, fragte Leonard mit Entsetzen, als er sah, wie seine weißen Tennisschuhe nach der Wanderung in der rotsandsteinschlammigen Pfalz aussahen. Und dann hat er seine Schuhe »gepützt« mit einer Hingabe, die ich bei dieser Tätigkeit noch nie gesehen habe. Schnürsenkel raus und mit Bürste geschrubbt und aufgehängt, wow ... Alle Kinder haben ihm mit offenem Mund heimlich zugesehen. Lena hat staunend gesagt: »Der hat seine Schuhe oben und unten geputzt, bis sie rundherum ganz weiß waren wieder. Und dann hat er mit viel Schaum die Schnürsenkel geknetet. Und das alles ganz langsam und bedächtig, guck, so ...« Innerhalb von sieben Tagen sind wir alle so weit, dass wir ihn am liebsten adoptieren würden.

Mittwoch, 15. 11. 00

Abschied am Bahnhof. Als die französischen Schüler wegfahren, wissen die deutschen nicht, wie sie sich verhalten sollen. Die Jungs meinen plötzlich: »Jetzt sind wir sie endlich los!«, während ein Mädchen sagt: »Ich weine doch nicht! Aber das ist voll krass!« Sie hat Recht. Ich weine auch nicht. Oder erst, als ich um die Ecke gebogen bin.

Ich begreife nicht, was los ist mit mir. Ich kann die Trauer, die mich ergreift, nicht einordnen.

Heute habe ich geweint beim Beten, da fiel mir ein Satz ein, den ich einmal gelesen hatte: »Wenn Gefühle heftig sind, sollte man genauer hinsehen, wo sie wirklich herkommen.« Also hab ich genauer hingesehen und was ich entdeckte, hat mich erschüttert: Mein Schmerz wegen Leonard hat mit Jan zu tun. Leonards Fähigkeiten, seine Vitalität und Männlichkeit machten mir ganz neu bewusst, wo Jan, der nur wenig jünger ist, abweicht. Intelligenz, Musikalität, geistige Anpassungsfähigkeit, emotionale Ausdrucksfähigkeit – Dinge, die bei Jan oft nicht zutage treten durch seine massiven Hemmnisse. Ich habe zum ersten Mal im Leben gespürt, wie das ist, wenn ein ganz normaler Junge von zwölf Jahren bei uns lebt – und fand es wunderschön. Aber ich habe doch einen Jungen! Ich kann doch auf ihn genauso stolz sein wie auf diesen französischen Jungen. Was ist mit Jan und mir? Leonards Kommunikationsbarrieren machten mir die von Jan wieder deutlich. Wie viel konnte er nicht sagen, weil er erst seit zwei Jahren Deutsch lernt. So ruhig, aufmerksam und konzentriert er war, wenn er versuchte, mit uns zu reden, so schnell und lebhaft war er, wenn seine Freunde kamen. Bei uns war die fremde Sprache eine Behinderung, bei ihnen war Sprache sein Medium, in dem er zu Hause war. Es war wie ein Seehund an Land oder im Wasser. Wie würde Jan wohl sein ohne diese verdammte Sprachbehinderung ...

Als der Frauenarzt mir während der Schwangerschaft mitteilte, dass mein drittes Kind ein Junge sei, brauchte ich eine Zeit lang, um mich damit zurechtzufinden. Ich hatte Angst. Dann begann ich mich vorsichtig darauf zu freuen, dass da in meinem Haus ein junger Mann heranwachsen würde. Und dann kam Jan mit seiner Andersartigkeit. Jan wird vielleicht immer meine Fürsorge brauchen. Loslösung und Mannwerdung werden bei ihm völlig anders ausfallen. Die Kraft, die Leonard in sein Leben investiert, braucht Jan, um mit seiner Behinderung zurechtzukommen, um sich in winzigen Schritten zu verbessern und das Gelernte aufrechtzuerhalten.

Wie gemein von mir, über Jan enttäuscht zu sein – aber es nützt nichts, Enttäuschungen aus Scham zu verdrängen. Es ist besser, sich ihnen zu stellen, und dann die hohen Ansprüche loszulassen, damit man wieder frei sein und sich freuen kann an dem, was da ist – und das ist auch bei Jan so viel.

Jan darf heute Abend eine Stunde mit den Männern und den großen Jungs kicken, dann hole ich ihn ab. Es ist großartig zu sehen, wie sie ihm alle immer wieder zuspielen, damit er »toren« kann. Er steht die ganze Zeit am Tor und wartet auf seine Chance. Und dann nagelt er den Ball rein, rennt an fünf Leuten vorbei, klatscht sie ab und jubelt. Und alle jubeln mit. Auch die Gegner. Als er glücklich »Tschüss« schreit, antwortet die ganze Halle lachend: »Tschüss.« Ist das Leben nicht schmerzhaft schön?

Donnerstag, 16. 11. 00

Noch bin ich traurig. In der Zeitung steht, dass der Mangel an Tageslicht für die schlechte Stimmung im Winter verantwortlich sei. Wegen erhöhter Ausschüttung des Hormons Melatonin bei Dunkelheit. Heute scheint endlich mal wieder die Sonne. Ich freue mich darauf, mit Charly am Waldrand entlangzulaufen.

Es tut mir wirklich gut. Zu Hause erledige ich schnell meine Pflicht – Holz reintragen (zum Rhythmus von »Das ist das Haus vom Nikolaus« setze ich die Scheite in den Eisenkorb), Ofen sauber machen, Teppiche ausschütteln, saugen, dann die Kür – ich fege den Hof und lege vor die Holzhütte eine warme Decke in die Sonne. Der Hund ist begeistert und lässt sich dankbar seufzend darauf nieder. Klassisches Missverständnis ... Er sieht mich einladend an und ich setze mich dazu. Den Rücken an die warme Holzwand gelehnt, lassen wir die Novembersonne auf unseren Pelz scheinen und meine Seele erwärmt sich. Es ist okay, antriebsarm zu sein nach so einer Powerwoche, das hat was von Winterschlaf. Das Leben ist in Ordnung.

Freitag, 17. 11. 00

Seit ich kapiere, dass ich mit Leonard meinem gesunden Jan nachtrauere, vermisse ich Leonard weniger. Umso verwundeter bin ich durch die Erkenntnis, dass ich gerne einen »normalen« Jungen hätte. Ich dachte, das hätte ich alles längst hinter mir ... Ich wusste nicht, dass mir etwas fehlt, bis ich Leonard kennen lernte. Aber wenn mich bei ihm seine Fähigkeiten faszinierten, in denen sich das Wesen des erwachsenen Mannes schon spiegelte, faszinieren mich bei Jan seine Dennoch-Fähigkeiten. Immer wieder bitte ich Gott, mir genug Liebe und Verständnis für Jan zu geben.

Nachdem ich erlebt habe, wie ein Junge mit zwölf denken, fühlen, agieren kann, welche verschiedenartigen Begabungen er hat, welche Möglichkeiten, sich im Leben durchzusetzen, zu überleben, spüre ich Jans Begrenztheit wieder schmerzlich. Jan stehen nicht so viele Verhaltensmuster zur Verfügung, er hat wenige Interessen, wenige Begabungen, wenige Kommunikationsmöglichkeiten. Jan ist damit beschäftigt, zurechtzukommen, lebt in einer kleineren Welt, muss sich schützen vor Überforderungen und den Maßstäben der großen Welt.

Manchmal sagen die Leute: »Jan geht seinen Weg. Jan wird durchkommen« – aber was heißt das eigentlich? Überleben?

Ohne mich klarkommen? Zufrieden sein? Glücklich sein? Beliebt sein? Kontakte haben? Eine Frau finden? Einen Beruf lernen? Arbeit bekommen? Was heißt, er wird durchkommen?

Samstag, 18. 11. 00

Die Endlichkeit der Kindheit meiner Kinder ist mir sehr bewusst. Ich will im Jetzt leben, das ist täglich mein Ziel und Bedürfnis (wovon die Realität oft abweicht, aber das Ziel bleibt).

Drei Kinder in Folge machen leicht atemlos, aber ich weiß, dass diese Zeit blitzschnell vergehen wird und ich demnächst mit weißem Haar allein in diesem Haus sitzen und anhand meiner Alben und Tagebücher versuchen könnte, mich an diese Zeit der Fülle zurückzuerinnern. Also will ich mich nicht einreihen in den Kreis der jammernden Mütter, die darüber klagen, dass sie sich nicht wertvoll oder ausgefüllt zu Hause fühlen. Das Leben hat auch noch nach dieser Kinderphase viel für uns Frauen bereit, das erlebe ich schon jetzt auf überaus überraschende Weise. Die Kinderphase ist wirklich nur eine Phase des Lebens. Und die will ich voll auskosten!

Donnerstag, 23. 11. 00

Zwischen Anna und mir wächst etwas Neues. Sie prüft, wie weit sie mir vertrauen kann, ob ich es missbrauche, wenn sie etwas preisgibt. Sie vergleicht mich mit anderen Müttern. Ich punkte, wenn ich erst einmal zuhöre statt sie mit Ratschlägen zu überhäufen. Ich punkte, wenn ich bei einer Sechs nicht schimpfe, mahne, predige, sondern verstehe, tröste, aufbaue. Ich punkte, wenn ich bei einer Drei lobe, statt zu fragen, wie sie sich mit so einer Note überhaupt heimwagen könne. Sie beobachtet, ob ich sie dränge oder ihr Freiheit und Verantwortung zugestehe, zumute. Sie spürt, ob ich sie kontrolliere und formen will oder sie unterstütze bei ihrer Selbstfindung. Sie sehnt sich nach Freiheit und einem starken Begleiter mit Anteilnahme und Liebe. Sie flirtet mit Werner, denkt über ihr Leben nach, versucht, ihren Stil zu finden und ihre Schönheit zu unterstreichen. Sie sucht den Zugang zur Erwachsenenwelt und steht schon auf der Schwelle. Ich wünsche ihr Zeit und Gelassenheit, möchte sie beschützen und stark machen, freu mich an neuen Gesprächen.

Diese Woche hat sie ihr einwöchiges Berufsfindungspraktikum im Kindergarten begonnen. Sie ist begeistert. Ich glaube, sie denkt, Erzieherin bedeutet Spielerin. Sie findet es allemal attraktiver, als zur Schule zu gehen. Ich glaube, sie ist derart praktisch veranlagt, dass Schule für sie ein Gräuel sein muss mit dieser Stillsitzerei, dem ewigen Zuhören und sich schriftlich ausdrücken müssen. Eine Klassenkameradin von ihr macht parallel in einer anderen Gruppe auch ein Praktikum. Als Anna sie fragte, ob sie es sich in etwa so vorgestellt hätte, meinte diese, nein, sie hätte sich den Beruf spannender vorgestellt. Da hat Anna nur gelacht. Sie verbindet mit diesem Beruf eher eine ent-spannende Vorstellung. Typisch Anna.

Donnerstag, 30. 11. 00

Dass Werner so voll und ganz zu Jan steht, unterstützt mich sehr. Jan war unbeschreiblich süß zu mir letzte Woche, als hätte er geahnt, was in mir vorgeht. Er zeigte mir immer wieder, wie sehr er mich liebt und braucht. Eigentlich zählt bei ihm eher Werner. Der Schmerz wegen Leonard ist verklungen. Stattdessen erlebe ich eine riesige Dankbarkeit darüber, Jan wieder mit neuen Augen zu sehen, ganz neu den Schatz zu entdecken, den Gott mir speziell mit ihm gegeben hat.

Freitag, 1. 12. 00

Werner geht nicht mehr zum Coiffeur, Werner lässt kommen. *Inges Haarexpress* – Anruf genügt und Inge kommt mit Umhang und Schere. Werner stürzt unters Wasser und ich sauge hinterher. Geht ratzfatz und kostet einen Bruchteil des Salonbesuches. Im Sommer hatte sie nicht rechtzeitig Zeit (er fragte eine Stunde vor Abfahrt in den Sommerurlaub) und er fuhr sich kurzerhand mit dem Rasierapparat selbst durch sein Haupthaar. Seither durfte es wachsen, wie es wollte, nach der Bannwaldregel. Heute zeige ich Inge – ich kann's nicht lassen – das Foto eines gut aussehenden Mannes, dessen Schnitt mir gefällt. Es ist das Cover der neuesten Single von Eros Ramazzotti. Werner erschrickt und tadelt mich: »Solche Haare wie der habe ich halt nicht!« Aber sie tröstet und beruhigt ihn. Als er fertig ist, ruft Inge aus der Küche: »Frau Bleier, das hier ist die deutsche Antwort auf Eros Ramazzotti!« Fand ich total cool und Werner sah umwerfend aus.

Ich habe eine neue Nachtcreme. Für die reifere Haut. Ich mag besonders ihren Duft. Als ich zu Werner unter die Bettdecke krieche, meint er, mit der Nase irritiert in der Luft schnüffelnd: »Hier riecht's nach Verdünnungsmittel!«

Dienstag, 5. 12. 00

Anna findet es schwer, erwachsen zu werden. Sie ist so antriebsarm. Fühlt sich einsam in einer Klasse »voller Idioten«, in der sich alle darstellen, von Jungs reden, rauchen und wichtig tun. Sie sagt: »Ich bin anders als all die anderen.« Ich sage: »Krähen fliegen in Schwärmen – Adler fliegen alleine«, und ich ahne, wie sie leidet. Kenne es aus meiner Jugendzeit. Man findet alle doof und will doch dabei sein. Ihr Praktikum im Kindergarten war ein voller Erfolg. Anna war hell begeistert. Ihre Erzieherin auch. Sie sei so reif und praktisch und hätte Begabung im Umgang mit Kindern. Am liebsten wäre sie gar nicht mehr in die Schule gegangen. Ihre Noten sind ernüchternd, sie verliert dadurch viel an Selbstvertrauen. Mein Mädchen.

Montag, 11. 12. 00

Werner und ich sind sehr unsicher im Umgang miteinander, ein richtiger Eiertanz ist das seit Wochen. Vorsichtig, immer bemüht, alles recht zu machen, leicht verletzt, immer die Angst im

Nacken, dem anderen nicht zu gefallen. Wir sind täglich beide für 28 Stunden beschäftigt. Dass wir kaum je Zeit für unser Miteinander haben, macht sich bemerkbar. Wie schnell wird man sich fremd. Heranwachsende Kinder nehmen massiv Zeit und Raum ein. Noch nie war Erziehung so wichtig und anspruchsvoll wie jetzt ... Jan wird zehn, Anna lässt ihre Kindheit hinter sich, dicht gefolgt von Lena, die mit jedem Pickel, jedem Härchen hadert. Alle drei suchen ihren Weg und brauchen unsere ganze Unterstützung. Die Mädchen müssen neu eingekleidet werden. Anna braucht kiloweise Zärtlichkeit, Zuspruch, Begleitung. Hat ihr zweites PMS überstanden mit abgrundtiefer Traurigkeit. Mein eigenes PMS hat nach meiner letzten Periode gar nicht aufgehört und auch ich versinke in Traurigkeit. Kraftlos, weinerlich, verzweifelt, ohne ersichtlichen Grund. Im Buchladen Weihnachtsgeschäft. Die Gemeinde im Umbruch. Und wir leben mal wieder auf einer Baustelle. Werner baut den Keller um, schafft Raum für eine Sauna und einen kleinen Ruheraum, um das Haus an unsere veränderten Bedürfnisse anzupassen. Unser Haus wird immer kleiner. Unser Schlafzimmer liegt inmitten der drei anderen, es ist schon lange kein geschützter Rahmen mehr für ungestörte Zweisamkeit. Wir beide haben keine Rückzugsmöglichkeiten mehr, Sex wird zur Rarität und zum Spießrutenlauf. Wir versuchen, durch den Ausbau des Kellerzimmers neuen Wohnraum für unsere WG zu schaffen.

Donnerstag, 14. 12. 00

»Ehe ist Tageswerk«, spricht Boris Becker und trennt sich von Babs. Derweil wir weiterkämpfen, Tag für Tag. Völlig allergisch reagiere ich, die ansonsten sehr angepasst und flexibel, auf Werners Nörgelei. Bei jedem Immer-Satz, den er brummt, raste ich aus. Er kann mit einem Satz meine gute Stimmung in Zorn verwandeln. Oder in Frust pur. »Unser Leben besteht nur aus Schaffen und Schlafen« zum Beispiel, als ich mich zufrieden und aufgetankt zuerst aus Lenas, dann aus Annas Bett erhebe. Zwei gute Gespräche im Herzen, warme Arme um meinen

Bauch. »Du bist jeden Abend müde« – auch so ein Reinwürger. Sofort fühle ich mich schuldig mit meinem Dauerverantwortungssyndrom. Wieder etwas falsch gemacht? Wieder nicht genügt? Die Dauerbotschaft, die ich höre, heißt: Ich komme zu kurz und es liegt in deiner Hand, das zu ändern. Am nächsten Morgen ist er ausgeschlafen, guter Laune, leicht zerknirscht, will küssen und kuscheln, entschuldigt sich locker, derweil ich nach einer halb durchwachten Nacht noch stinksauer bin und ihm am liebsten aus dem Weg ginge. Die Mädchen beobachten argwöhnisch unsere Arbeitsgespräche.

Aber das gemeinsame Reitenlernen tut uns gut. Ich freu mich auf unsere Stunde morgen früh und auf den Buchladen morgen Mittag.

Freitag, 15. 12. 00

Haben unsere sechste Reitstunde hinter uns. Wenn wir Zeit miteinander verbringen, geht es uns gleich besser. Ich bin einfach tief zufrieden. Wir lassen die Kids Kids sein und tauchen unsere geschundenen, glücklichen Körper wieder in ein Schaumbad. Ich liebte Pferde immer, aber mit ihnen nun so direkt umzugehen ist wie eine Bestätigung. Ich habe es geahnt. Sie sind faszinierend – groß, sanft, warm, aufmerksam, vorsichtig, kraftvoll. Sie tun mir so gut. Mit der Verwirklichung dieses alten Traumes habe ich allerdings nicht mehr gerechnet, ich hatte mir immer vorgenommen, dass ich mit vierzig anfangen würde, Klavier zu spielen. Nun ist es das Reiten geworden.

Samstag, 16. 12. 00

Bleiers sind hektisch und in der Vorweihnachtszeit sind Bleiers noch mal hektischer. Nachdem ich jahrelang versuchte, diese vier Wochen des Ausnahmezustands beschaulich zu verbringen und mit zunehmendem Alter der Kindertruppe immer kläglicher versagte, lautet die befreiende Parole jetzt: Weihnachten muss nicht besinnlich sein! Wer hat eigentlich dieses Gerücht in die Welt gesetzt, dass Christen zur Weihnachtszeit plötzlich still und beschaulich werden müssen? Die Offenbarung ist: Kein Weihnachtsstress der Welt kann das eigentliche Weihnachten auch nur minimal beeinträchtigen! Ich versuche zu lernen, zu unserer adventlichen Umtriebigkeit zu stehen. War denn die Welt, in die Jesus hineingeboren wurde, beschaulich? An jeder Straßenkreuzung römische Militärkontrollen. Volkszählungsschikane. Ich könnte mir an Marias Stelle Besinnlicheres vorstellen als im Schwangerschaftsendstadium mit Josef unterwegs zu sein. Tage voller Stress. Jesu Geburt in einem Verschlag hat nichts mit der Adventsromantik eines verschneiten Schwarzwalddorfes zu tun.

Weihnachten heißt: Gott wurde Mensch, um uns zu begegnen. Er will hinein in unsere Probleme. Wir brauchen gar nicht heile Welt zu spielen. Jesus bietet uns Heilung an, wir brauchen nicht so zu tun, als wäre alles in Ordnung. Je weniger wir unsere Probleme vor ihm ausgrenzen, umso realer wirkt sich Jesu Geschenk an uns aus, seine Vergebung. Und das gibt uns wirklich viel Grund, tüchtig zu feiern. Ob mit oder ohne Hektik, mit oder ohne Weihnachtsbrötchen, Weihnachtsputz, Weihnachtsgans, Geschenkrummel. Diese vier Wochen und das ganze restliche Jahr!

Ich entlarve meine Sehnsucht danach, meinen Kindern Weihnachtsidylle zu vermitteln, als das, was sie ist: schöne Kindheitserinnerung, aber nicht lebensnotwendig für heute. Meine Mutter war zur Weihnachtszeit unsterblich romantisch, ich bin es nicht. Wir haben abends um den Adventskranz gesessen und haben gesungen – ich will das nicht. Nicht mehr mit diesen halb erwachsenen Kindern. Sie hat Strohsterne mit uns gebastelt – ich hasse basteln. Ich versuche, ohne es an die große Glocke zu hängen und Erwartungen zu wecken, die mich dann wieder unter Druck setzen, mehr Zeit mit den Kindern zu verbringen, ein ruhender Pol zu sein als Mutter, sie bei ihren Krippenspielrollen abzuhören, bei ihren Feiern präsent zu sein. Schöne Weihnachts-CDs anzuhören. Abends an ihrem Bett zu sitzen und wieder öfter mit ihnen zu beten, ab und zu eine Geschichte aus einem Weihnachtsbuch vorzulesen. Mich um die Geschenke zu kümmern – all das ist ja schon Mehrprogramm. Manches mache ich nicht mehr.

Meine Freundin Berta macht mir seit Jahren den schönsten Adventskranz, den ich mir denken kann. Ich liebe sie dafür und weiß jedes Mal aufs Neue: Sie liebt mich! Wenn sie es nicht tun würde, würde ich eine Handvoll Stroh in einen Holzteller werfen und vier rote Kerzen reinstellen. Meine Mutter lädt angesichts meines Verzagens vor Weihnachtsplätzchen die Enkelkinder in Stoßtrupps zu sich ein und backt mit ihnen. Mein Vater besorgt mir einen Weihnachtsbaum. Anna verziert am ersten Advent das ganze Haus. Lena schmückt den Baum.

Samstag, 23. 12. 00

Ich kann kein Weihnachten mehr sehen. Seit Juli laufen die Vorbereitungen im Buchladen. Bei 35 Grad saßen wir mit Vertretern zusammen und bestellten Kalender, Weihnachtskarten, Adventskalender, Bücher, CDs, Spiele, Schmuck, Kerzen, Tassen, Schlüsselanhänger, Kugelschreiber, Briefpapier. Im August kam die erste Ware. Panik. Wer sollte das alles kaufen? Haben wir einen Fehler gemacht? Im September streiften Erzieherinnen und Sonntagsschulmitarbeiterinnen durch den Laden und suchten Krippenspiele. Im Oktober fingen weise Bürger schon mal an, sich mit Geschenken einzudecken. Sie kauften tatsächlich Kalender. Im November zog es an. Anfang Dezember stürmten täglich Heerscharen den Laden. Ende Dezember erschienen die Spätentschlossenen. Wir wurden kurzatmig, hielten Krisensitzungen, erstellten einen Plan, wie wir uns gegenseitig aushelfen konnten, damit keine allein dieser Gattung Kunde ausgeliefert war. Alle wünschten Intensivberatung für Spezialfragen. Wir entwickelten detektivische Fähigkeiten. Machten Überstunden. Man sagt, der Kunde sei König, aber wenn die Zeit knapp, die Nerven dünn, die abzuarbeitenden Berge immer größer und die erwartungsvoll blickenden Kunden immer mehr werden, fällt mir eher der Titel eines Buches ein: »Das Einzige, was stört, ist der Kunde.« Am liebsten sind mir die, die sagen: »Also ich mache es mir diesen Advent gaaaaanz gemütlich! Keinen Stress!« Und dann machen sie mir Stress: »Können Sie mir mal diese sieben CDs einlegen?« – »Gibt es den Kalender auch in klein?« – »Haben Sie eine Karte über das Thema Wurzeln?« – »Haben Sie achtzehn gleiche Geschenke unter zwei Mark für Jungscharler?« – »Für welche Altersgruppe ist dieser Adventskalender?« – »Können Sie mir ein Buch über Wallfahrtsorte bestellen oder über den Papst?« – »Ich brauche eine pinkfarbene Lederhülle für das Gesangbuch meiner Nichte – was kostet eine Prägung?« – »Haben Sie die Losungen auch im Urtext?« – »Haben Sie Bücher über Gartengestaltung?« – »Wann bekommen Sie neue Kerzen?« – »Warum kommt meine CD nicht ENDLICH?« – »Kann ich davon ausgehen, dass Sie nur saubere Bücher verkaufen?« – »Machen Sie mir einen Kaffee?« Der Höhepunkt war heute zwischen 9.30 und 12.15 Uhr. Millionen Männer mit vollen Geldbörsen und treuherzigem Dackelblick kauften stapelweise Bücher für ihre einzige Liebe, für die beste aller Mütter, für Großmütter, Nichten, Neffen, Tanten, Hausbewohnerinnen und Geschäftskolleginnen. »Können Sie diese siebzehn Hefte bitte einzeln verpacken und überall einen Haftzettel draufkleben mit folgenden Namen: Dietlinde, Reingard ...« Dann, auf einen Schlag, ist der Laden leer. Wir sehen uns an und fragen tonlos: Wo sind sie jetzt alle? Dann fällt es uns wie Schuppen von den Augen: Essen gegangen! Nach Hause zu ihren Frauen. Hungrig und erschöpft nähern wir uns dem Zustand der Hysterie. Was tun wir hier eigentlich zwischen all den Rechnungen, Bestellungen, Karten, Kalendern, CDs, Computern, Büchern? Ist nicht Weihnachten? JESUS, BIST DU NOCH DA??? Als dann die ersten Vertreter anklingeln und schon mal nach einem Termin für die Ossterbestellung fragen, sind wir einem Schreikrampf nah. Ich tausche die letzten paar Weihnachtskarten gegen die Tulpenkartenreste vom letzten Frühling aus und kehre heim. Weihnachten feiern.

Montag, 1. 1. 01

Schön, dass ein neues Jahr beginnt, so viele unbeschriebene Blätter vor mir liegen, ein Schnitt gemacht ist. Für mich ist das immer wie eine neue Chance.

Werner und ich überdenken diesen neuen Abschnitt gemeinsam. Nehmen Abschied von manchen Anliegen, um uns zu konzentrieren auf die, die uns wichtig sind. Wir müssen mehr nach uns sehen.

Mittwoch, 3. 1. 01

Neunte Longestunde. Ich bekomme gleichzeitig mehr Sicherheit und mehr Angst.

Heute habe ich meine bisherige arglose Naivität über Bord geworfen. Die Pferde der fortgeschrittenen Reiter um uns herum waren sehr unruhig, weil sie über Stangen auf dem Boden gehen sollten. Mittendrin hatten wir beide Unterricht an der Longe. Die allgemeine Aufregung übertrug sich auch auf unsere Pferde. Drei Reitschüler wurden abgeworfen und ich hatte immer ein halbes Auge auf Anna, die ein besonders waches, sensibles Tier zum ersten Mal ritt. Ich sah, wie sie zu kämpfen hatte, um die Oberhand zu behalten. Das machte mir Angst, zumal mir bewusst wurde, dass auch wir auf genau solche Situationen zuübten. Dann stieg eins der Pferde und hätte sich samt Reiterin fast nach hinten überschlagen, wenn nicht der Reitlehrer noch rechtzeitig quer durch die Halle geschrien hätte: »Gib ihm Luft!!« Sie ließ die Zügel los, anstatt sich weiterhin instinktiv daran festzuhalten, und das Pferd sank zurück auf den Boden, tänzelte und beruhigte sich. Meine Knie wurden butterweich bei dem Gedanken, auf welches Risiko ich mich da einließ mitsamt meiner Tochter. Ich habe wirklich keine Lust auf eine gebrochene Hüfte, einen Leberriss oder ein verletztes Rückgrat. Die Scheu der Tiere macht diesen Sport so unberechenbar. Ich werde trotzdem weitermachen.

Freitag, 5. 1. 01

Lena kommt mit großen Augen zu mir. Sie hat ihre Periode bekommen! Ich bin ebenfalls verblüfft. Vor acht Wochen Anna, nun meine Mittlere! Mir wird ganz anders. Lena ist entsetzt: »Das will ich aber nicht!« Gleichzeitig ist sie dankbar, dass sie nicht sterben muss. »Wie oft kommt das denn?« Meine große Kleine! Für den restlichen Tag macht sie kein Aufhebens mehr davon. Erzählt es keinem in der Schule, räumt mittags ihr Zimmer um (»Vor Weihnachten war ich so oft weg, jeden Tag eigentlich, jetzt will ich mehr daheim sein bei euch!«) und geht abends mit Werner Fußball spielen. So eine Tapfere!

In Deutsch müssen sie den »Zauberlehrling« von Goethe rezitieren. Ihr Lehrer lässt Lena jede Strophe vorführen. »Leute, ich verlange nichts Unmögliches von euch, sondern nur, dass ihr ein bisschen was wie Lena macht!« Sie hat mir gezeigt, wie sie es gemacht hat, und ich hab mit offenem Mund zugesehen. Welche Hemmungslosigkeit! Talent zum Schauspielen hat sie. Nun wünscht sie sich, Saxophon zu lernen. Wo sie doch gerade seit einem Jahr ihre eigene Klarinette besitzt. Am Montag darf sie mit einem Leihinstrument einen Versuch starten. Sie ist überglücklich.

Dienstag, 9. 1. 01

Auf dem Weg zum Buchladen schwanke ich mal wieder gefühlsmäßig zwischen Opfer, Frust und Freude. Ich kriege die Krise, wenn ich nachmittags hinradle und die Sonne scheint oder es schüttet. Dann frage ich mich, was ich da eigentlich mache, das Chaos zu Hause oder meinen Liegestuhl im Stich lasse und irgendwelche Postkarten verkaufe. Ich führe ein Zwiegespräch mit Gott und bin überrascht, eine Antwort zu hören. Das geschieht mir nicht so oft. »Herr, ich verlasse schon wieder das sinkende Schiff, nur um in den Buchladen zu gehen und Bücher zu verkaufen. Daheim hätte ich noch so viel zu tun! Und meine Arbeit am PC wird auch nie fertig deswegen.« Und Gott sagt:

»Die Arbeit in meinem Reich ist so, dass es dich etwas kostet, hast du das nicht gewusst? Stress und Frust sind ein Teil des Preises! Ich habe dir nie gesagt, dass es einfach werden wird!« Stimmt, das hat er nie gesagt. Ich muss mir immer mal wieder vor Augen führen, dass ich nicht in einem Buchladen arbeite, sondern im Reich Gottes. Perspektivwechsel. »Wirklich Bleibendes bringt nur hervor, wer sein Leben drangibt. Wer Gott und den Menschen dient, wird bleibende Frucht ernten«, sagte Hansbert auf der Vereinsversammlung des Buchladens.

Montag, 15. 1. 01

Berufsberatung mit Anna. Ihr deucht allmählich, dass ihre mittleren bis schlechten Noten zum Traumberuf nicht genügen. Anna wacht auf. Grundsätzlich rät der Berufsberater von der Erzieherin ab, der Beruf sei schlecht bezahlt und überfüllt. Wenn es aber wirklich ihr Traum sei, dann solle sie ihn trotzdem Schritt für Schritt anpeilen. Diejenigen, die alles in Bewegung setzten, ihren Traumberuf zu verwirklichen, schafften es meist. Jetzt war Anna bisher noch nie ein Mensch, der alles in Bewegung gesetzt hat für ein Ziel ...

Dienstag, 16. 1. 01

Die Waschmaschine ist kaputt. Seit drei Tagen übernimmt Mutti meine Wäsche. Immer wieder kommt Vati gefahren mit ein oder zwei Wäschekörben voll duftender, windelweicher, nagelneu aussehender Wäsche. Sogar Werners Arbeitshosen sind gebügelt, ganz zu schweigen von Jans Cordhosen, Jogginganzügen, Schlafanzügen. Straff wie neu die T-Shirts. Selbst die Unterhosen sind nach einem bestimmten Schema zusammengelegt, Anna und Lena sind entzückt. Dass ein Jahr Internat in einem katholischen Kloster so prägen kann ... Ich bin ihr so dankbar.

Das Auto steht in der Werkstatt. Wir warten auf die Diagnose. Wir schätzen, dass die Reparatur von Auto und Waschmaschine viertausend Mark kosten wird, was ungefähr die Summe der Ersparnisse ist, die wir für den Kellerumbau verwenden wollten. Ich sitze im Buchladen mit einem Vertreter für christliche Karten und Kitsch, als Werner anruft: »Ich habe eine schlechte Nachricht.« Ich setze mich. »Der Motor hat einen Kolbenfresser und muss ganz ausgewechselt werden.« Das Auto ist vier Jahre alt und gerade erst abbezahlt. Die Summe für die Reparatur wird ein Vielfaches der gedachten Summe sein. Wir haben ein Problem.

Der Vertreter merkt, dass ich heute nicht so bei der Sache bin und fragt nach meinem Befinden. Ich erkläre ihm betäubt, was ich gerade am Telefon gehört habe. Dass ich immer so mitteilungsbedürftig bin! Er macht sich ernsthaft Sorgen um seinen Umsatz und versucht, mich aufzumuntern. Es gelingt ihm nur teilweise, als er zum Beispiel die ultimativen christlichen Klobürstenständer hervorzaubert oder die neuen Kerzenständer in Form einer steingehauenen Bibel. Gegen Ende unserer Sitzung denke ich schon, er will ein gemeinsames Gebet für unser Auto vorschlagen, da meint er: »Ich will Ihnen ja nicht zu nahe treten, aber manchmal benutzt Gott solche Lehren, wenn wir nicht gefügig waren, wenn wir ihn zum Beispiel nicht in unsere finanziellen Angelegenheiten einbezogen haben. Immer macht er das nicht wegen seiner großen Güte, denn dann wären wir völlig ruiniert, oje, aber manchmal muss er uns so einen Denkzettel geben.«

Habe ich zu wenige Karten bestellt? Bin ich so unsympathisch? Ist Gott so? Hätte fast die gesamte Kartenbestellung annulliert. Als der Vertreter den Laden verlässt, schreie ich. Ich kriege wieder meinen Verarmungswahn: Müssen wir bald von Wasser und Brot leben?

Prüfe mich seither und habe ein massiv schlechtes Gewissen, dass wir einen Wohnwagen haben und dreimal im Jahr in Urlaub fahren, ohne von Gott wirklich ganz klar zu wissen, ob er das in Ordnung findet. Und: Ich werde ab sofort jedes Mal, wenn jemand einen Satz beginnt mit »Ich will dir ja nicht zu nahe treten«, schreien: »Stopp! Schon zu nahe!«

Donnerstag, 18. 1. 01

Eine erstaunliche Wirkung hat ein hässliches Schild, das ich auf den Kühlschrank geklebt habe. Darauf steht:

Regeln bei Bleiers

- Katzen füttern: Nichts verstreuen
- Klo/Bad: Keinen Müll auf Boden, Kleidung wegräumen
- Schuhe: Nie auf Boden stellen
- Schultaschen: In Eure Zimmer tragen
- Benutztes Geschirr: In Geschirrspüler räumen
- Lebensmittel: Nach Essen zurückräumen
- Trinken: Nur noch eine Sprudelflasche benutzen, zurückstellen in Kühlschrank
- Küchendienst (Geschirr, Sprudel, Müll) vor Weggehen am Nachmittag erledigen
- Fernbedienung: Nach Fernsehen wieder unter runden Tisch legen
- Klopapier: Der, der Rolle leer macht, wieder nachfüllen

Ich habe allen Familienmitgliedern einschließlich meinem Lieblingsehemann eine Kopie zur Kenntnisnahme überreicht. Lena hat sofort gefragt: »Und was ist, wenn wir eine Regel nicht einhalten?«

Dieses Kind schreit förmlich nach Regulierung. Ich überlege blitzschnell – all die Jahre bin ich ohne Strafen ausgekommen, aber meine Kinder halten auch solche elementaren Regeln nicht ein, vielleicht ist das die Konsequenz davon ... »Für jede Nichteinhaltung werdet ihr zusätzlich Arbeit übernehmen wie Holz reintragen, damit ich für die Zeit entschädigt werde, die ich wegen all dieser Dinge vergeude!« Das leuchtet Lenchen sofort ein, damit ist sie einverstanden.

Freitag, 19. 1. 01

Letzte Longestunde. Zum zehnten Mal umkreisen Werner und

ich hochkonzentriert die sportlich dynamische Reitlehrerin. Sowohl unsere Pferde als auch wir selbst achten auf jedes Wort, das sie sagt. Wie sollen wir je ohne ihre Hilfe diese Tiere zum Laufen bewegen? Nach fünf Minuten bin ich schweißgebadet trotz Außentemperaturen um den Gefrierpunkt. Nach einer halben Stunde steige ich ab und habe Felsen in den Unterschenkelinnenseiten. Die Sitzhöcker lädiert, keine Kraft mehr für einen aufrechten Gang, reif für die Wanne – ich weiß nicht, welcher Gaul uns da reitet. Warum tue ich das? Ich habe es noch nicht gänzlich herausgefunden. Fakt ist, dass ich tagelang danach noch glücklich bin und von dieser halben Stunde zehre. Ich bin gespannt, ob ich es schaffen werde, beim Reiten in der Abteilung – so heißt der Unterricht in der Gruppe – zurechtzukommen, in den Rhythmus des Pferdes zu finden und ihm auf korrekte Weise zu zeigen, was ich von ihm erwarte. Ob das, was ich hier lerne, funktioniert. Die Momente, die ich im Einklang mit dem Tier bin, sind es, die mich so glücklich machen. Auch das Satteln, Pflegen, Füttern des Pferdes gefällt mir sehr. Es ist eine sehr ausschließliche Zeit. Ich denke keine Sekunde an etwas anderes, bin nur mit diesem dampfenden, glattfelligen Muskelpaket beschäftigt, das ständig zwischen Angst, Neugier, Chefmanieren und Zutraulichkeit hin und her schwankt. Erst wenn wir in unser Auto steigen und den Stallgeruch mitnehmen, fällt mir wieder ein, wo ich mein anderes Leben führe. Schon lange nicht mehr konnte ich jede Woche zwei Stunden lang so abschalten. Und das noch mit Werner zusammen, den das Ganze noch viel glücklicher zu machen scheint als mich.

Samstag, 20. 1. 01

Werner ist mit den Kids im Wald, Holz schlagen. Ich nutze die Gunst der Stunde, um Lenas Zimmer einmal richtig durchzusaugen. Es erweist sich als unmögliches Unterfangen und ich überlege voller Grauen, ob ich diesem Zustand der Verwahrlosung unter dem Dach einfach den Rücken zukehren soll und ihr weiterhin die Verantwortung überlasse. Oder ob ich mich mit

Todesmut darüber hinwegsetze, dass sie mit ihren zwölf Jahren schon fast erwachsen ist, und einfach mal aufräume, um dann saugen zu können. Das Kilo verstreuter Maiskörner hinter dem Sofa von ihrem jüngsten Pflanzversuch auf der Fensterbank hindert mich beinahe noch einmal daran. Aber als ich vorsichtig das kleine alte Gästesofa vorrücke und hundert Daunenfedern im Glanz der Sonnenstrahlen durchs Zimmer schweben, die von einem aufgeschlitzten Kissen stammen, das einen verschimmelten Apfel verdeckte, fasse ich den Entschluss, meine Autorität und Arbeitskraft jetzt und hier zu investieren. Mit Entschlossenheit, Wut, Angst, Liebe und viel Hoffnung wühle ich mich vier Stunden lang zentimeterweise voran, fülle einen Wäschekorb mit alter Wäsche aus allen Winkeln, drei Mülleimer mit Abfall und zwei Sporttaschen mit Spielzeug von Jan. Ich fege fünf Kilo Meeressand von der Schrankablage, der zwar mit Muscheln verziert sehr dekorativ aussieht, aber durch die Ritzen rieselt auf die Wäsche, die darunter sitzt. Stundenlang entmotte ich das Zimmer, immer halb vom Ehrgeiz, halb vom schlechten Gewissen gepackt.

Ich weiß nicht mehr genau, wann das war, dass ich es nicht mehr leiden konnte, wenn meine Mutter mein Zimmer in meiner Abwesenheit aufräumte und Einblick bekam in meine Privatsphäre. Als Lena nach Hause kommt, bin ich erledigt, aber hoch zufrieden. Das Zimmer sieht aus wie in Schöner Wohnen. Hell, sauber, geräumig, ästhetisch. Dadurch, dass ich das Überflüssige entfernt habe, sehe ich, wie kreativ Lena ist, diese Gabe ist allerdings noch ein roher Diamant.

Sie besitzt nur blaue Blumentöpfe, sammelt in jedem Urlaub maritime Dekoware und investiert ihr Taschengeld in blaues Zubehör. Das wirkt jetzt klasse. Dennoch sehe ich ihrer Rückkunft mit gemischten Gefühlen entgegen. Wird sie erleichtert oder empört sein? Ich rüste mich schon einmal mit meinem dicken Fell. Sie ist fassungslos. Schreit immer wieder: »Oh, danke, Bianka, warum hast du das freiwillig getan? Danke danke danke! Oh, ich bin dir so dankbar! Jetzt habe ich wieder ein schönes Zimmer!« Und ich merke erst jetzt, wie überfordert sie mit ihrem oberflächlich aufgeräumten Chaos war. Kein Winkel hat mehr funktioniert.

Wir gehen auf ein Geburtstagsfest. Bei Günther gibt es Fassbier, ein köstliches italienisches Drei-Gänge-Menü und nette Gespräche. Als wir zu später Stunde heimkommen, riecht das Haus verbrannt. Panik befliegt uns und wir suchen fieberhaft den Brandherd, finden aber keinen. Dafür entdecke ich in der Spüle meine neue Tischdecke – okay, neu ist übertrieben, es ist der Vorhang vom Schlafzimmer, den ich zweckentfremdet habe mangels Tischdecke. Sie ist klatschnass. Zeugnis verzweifelter Löschversuche? Dann finde ich im Wohnzimmer eine Schüssel voll schwarzer Kugeln. Sie riechen wie – Popcorn ... Oh, sie haben Popcorn gemacht. Scheint missglückt zu sein und ich glaube, wir können froh sein, dass das Haus noch steht. Meine Güte. Ich gehe ins Bad. Aha, die Damen haben es sich richtig gemütlich gemacht! Kerzenständer, eine leere Choco-Crossies-Packung, Rätselbücher, es duftet nach meinem Schaumbad. Sie müssen ganz schön durchgefroren gewesen sein von der Fahrt mit dem Traktor. Als ich erschöpft ins Bett sinke, liegt ein Brief auf meinem Kopfkissen. »Liebe Bianka! Es tut mir so Leid, dabei wollt ich dir nur eine Freude machen, weil ich dich so lieb habe, da ist mir die Window-Color grün geplatzt und alles auf deine Tischdecke. Es tut mir so Leid. Ich bezahle sie auch. Deine Lena.« Armes Kind! Ich kann mir lebhaft vorstellen, wie sie gekämpft hat.

Montag, 22. 1. 01

Lena lädt wieder Freunde ein in ihr aufgeräumtes Zimmer! Sie übt wieder freiwillig Saxophon. Wenn sie »Ich bete an die Mahacht der Liebe« übt, öffnet sie das Fenster, das zu Frau Wagners Haus zeigt: »Die Frau Wagner hört mir immer zu.« Manchmal saust sie im Schlafanzug über die Straße und besucht sie kurz vor dem Schlafengehen.

Anna hat mein Brautkleid an. Sie träumt von ihrer Hochzeit. Das Kleid ist ihr zu weit, aber kaum zu lang. Wunderhübsch sieht sie aus.

Dienstag, 23. 1. 01

Ich fahre in den Buchladen, obwohl Anna Angina hat. Blöde Situation. Bücher für Gott verkaufen und das kranke Kind allein lassen – okay, sie ist vierzehn. Als ich zurückkomme, hat Lena mich würdig ersetzt. Sie hat ihr Wadenwickel gemacht. Im Wohnzimmer liegen sieben in Essigwasser getauchte Badetücher und alle Geschirrtücher, die noch im Schrank waren. Lena hat Anna Buchstabensuppe gekocht. Überall liegen Buchstaben. Ich kümmere mich um Anna, mache das Haus sauber, helfe Lena bei Mathe, fahre in die Apotheke und falle in die Hängematte. Werner ruft an: »Ich wollte dir nur sagen, dass wenn du auf der Hängematte liegst, du ein Deckchen unter den Po legst, es geht ein kühler Wind ...«

Mittwoch, 24. 1. 01

Vati leiht mir sein Auto, wenn ich es brauche. Heute bekomme ich es, um Anna zum Arzt zu fahren, und kann es behalten bis nach dem Buchladen. Versorge mein Fieberkind wehmütig und mit einem Hauch schlechten Gewissens. Ich bin spät dran, erwarte einen Vertreter und liebe sportliches Fahren. Das ist mit unserem Auto nicht möglich, wohl aber mit Vatis flottem Wagen. Zwei Autos vor mir fährt einer mit sechzig auf der Landstraße. Ich sehe mir das sieben Sekunden lang an, dann setze ich den Blinker auf einer Linksabbiegerspur und überhole schnittig. Das Auto zieht schön und sanft fädle ich mich wieder ein. So ein Schnarcher. Auf der Brücke sehe ich, dass die Ampel Rot zeigt. Ich habe keine Lust, gemeinsam mit dem Schnarcher auf Grün zu warten und beschließe, einen kleinen Umweg in Kauf zu nehmen, um die Ampel zu umfahren. Biege über den Gehweg nach rechts ab, die nächste links und stehe bald auf dem Parkplatz. Vor mir hält ein Lieferwagen, jemand schubst von innen die Beifahrertür auf und ruft etwas heraus. Bin unter Druck, denke: »Mich kann er nicht meinen«, hole meine Tasche raus, er ruft wieder, ich blicke mich um, ob ich falsch parke, nee, keineswegs, ich will meine Ruhe, muss arbeiten gehen. Als ich an ihm vorbeigehe und einen neugierig-verärgerten Blick rüberwerfe, ist es mein Vater ... »Einsteigen, jetzt geht es hier weiter!« Dann meint er mit schalkblitzenden Augen: »Fahr ich so auf der Landstraße, da biegt vor mir ein Auto auf der Linksabbiegerspur ab und überholt auf durchgezogenem Strich. Ich denke noch, das gleiche Auto wie meins, lese das Kennzeichen und denke: DAS IST MEINS! Und vorne bist du die Ampel umfahren, über den Bordstein. Und? Hat's was gebracht? Ich war vor dir da!« PEINLICH! Ist er sauer? Sieht nicht so aus. Ich versuche eine schwache Verteidigung: »Der ist fünfzig gefahren!« Vati: »Der ist siebzig gefahren und der darf das! Hast du noch nie das Schild gesehen? Meine Herren, fährst du einen flotten Stiefel!« Bin wieder zehn Jahre alt ... Abends auf der Heimfahrt sehe ich zum ersten Mal im Leben das Schild.

Donnerstag, 25. 1. 01

Wir sind soweit. Zehn Longestunden haben wir hinter uns und wollen immer noch nicht aufgeben. Beim Reitlehrer laufen wir unter »doch ziemlich lernwillig und relativ begabt«. »Sie können durchaus zufrieden sein; und jetzt werfen wir Sie ins kalte Wasser! Reiten lernt man durch Reiten!« Bisher sind wir in Sporthosen und Turnschuhen geritten. Werner wird morgen keinen Fuß in die Abteilung setzen, bevor er keine echten Reitklamotten hat. Eine Frage der Ehre. Wir fahren zur Zentralgenossenschaft, die haben so eine Ecke mit Reitutensilien und sind vielleicht nicht so teuer wie der Reitsportladen. Auf einem Rundständer hängen siebzehn Reiterhosen aller Größen für Männlein und Weiblein, drastisch reduziert. Es gibt eine Hose, die annähernd Werners Größe (im Zustand Ende dritte Diätwoche) hat, er schlüpft rein und sagt: »Passt!« Fünfzig Mark. Genauso kurz entschlossen kauft er sich Lederüberzieher für Schuhe (»Reitstiefel sind nicht cool«) und einen Helm. Jetzt sieht er aus wie ein professioneller Reitlehrer. So ein eitles Wesen. Mir passt nichts. Ich finde nur Bandagen für das Pferd.

Freitag, 26. 1. 01

Ich habe überhaupt keine Lust, neben meinem mir anvertrauten »Reitlehrer« optisch so abzufallen und fahre zum Fachgeschäft. Probiere siebzehn Hosen an, sehe am Schluss weder auf Farbe noch auf Geld. Neben mir tänzelt eine gertenschlanke Blondine und wankt zwischen Größe 34 und 36. Sie nimmt eine blütenweiße Hose, wenn sie die rosa Bluse reinsteckt, müsste es gehen, ich sehe, dass sie null Gramm Fett auf der Hüfte hat. Ich nehme die einzige Hose, die passt. Mikrofaser Marineblau. Größe 88. Die größte Niederlage, seit ich denken kann. Den Preis werde ich hier nicht einmal nennen. Ich bin nass geschwitzt, als ich die Stiefelprobe mache, aber wenigstens habe ich da mehr Glück. Ich fühle mich nicht mehr wohl in meiner Haut. Werde mich ab heute radikal fettarm ernähren.

Pferde sind (obwohl Fluchttiere) gefährlicher im Umgang als Hunde (obwohl Raubtiere). Bei beiden muss man jederzeit mit Instinkthandlungen rechnen, aber der Hund unterwirft sich leichter. Ihm kann man eher weismachen, dass man stärker sei. Unsere erste Stunde in der Abteilung! Sind wir nervös! Heute sind nur sieben Reiter da und ich habe einen guten Start trotz meines Adrenalinspiegels. Ich bekomme Ever, Werner Gräfin. Ever ist für mein Gefühl ungeheuer empfindsam und schnell, jedenfalls im Vergleich zu unseren geduldigen Longepferden. Er reagiert auf jede Veränderung an Waden, Po, Zügeln. Wenn ich mit den Beinen zu viel Druck gebe, rast er los. Das Gefühl des unter mir schneller werdenden Pferdes macht mir Angst. Was will ich hier auf diesem Muskelkoloss?

»Frau Bleier, Sie sehen heute einfach mal zu, dass Sie ruhig außen rumreiten. Lassen Sie sich nicht beirren.« Ich hab mir Reiten lernen viel einfacher vorgestellt. »Frau Bleier, Gesäßknochen in den Sattel drücken, als wollten Sie ein Loch ins Leder bohren! – Knie an den Sattel, da darf kein Fünfmarkstück durchgehen! Kreuz anspannen! Gesäß vor, kein Hohlkreuz! Tief in den Sattel setzen! Nehmen Sie die Schultern zusammen und lassen Sie die Oberarme fallen. Sitzen Sie gerade! Unterarme,

Handrücken und Zügel bilden eine Linie, Fäuste nah beieinander, Daumen wie ein Dach obenauf. Madame Bleier, Oberschenkel senken, so tief, wie es die Lage der Knie am Sattel gestattet. Machen Sie sich schwer! Fußspitzen parallel zum Pferdeleib, eine Idee auswärts gerichtet, Frau Bleier, aber nicht so, dass sie an der Bande abbrechen! Absätze tief, sie müssen den tiefsten Punkt des Körpers bilden! Ellbogen an den Leib! Kopf hoch, Madame Bleier! Klammern Sie sich nicht so an das Pferd mit den Unter- und Oberschenkeln!« Jetzt hat der autoritäre Reitlehrer das Zepter übernommen. Wir sind Madame Bleier und Meister Bleier. Festhalten kann man sich nirgends.

Ich dachte immer, Reiter halten sich an den Zügeln. Oder am Sattel. Nein, sie machen sich weich und schwer und sitzen tief im Pferd, finden Halt durch die eigene Balance auf dem schwingenden Tier, bringen ihren Schwerpunkt mit dem des Pferdes in Übereinstimmung. Kein Muskel darf klammern. Ansaugen lautet die Devise. Die Hände müssen auf dem wogenden Tier so stillstehen, dass sie ein Glas edlen Wein transportieren könnten, ohne etwas zu verschütten. Sonst zerren sie dem Pferd das Gebiss schmerzhaft im Maul herum und es wird sich zu wehren wissen, gerade bei einem Anfänger. Mit weichen Knien steige ich ab und mache mein Pferd fertig zum Schlafen. So langsam es sich in die Halle schleppte, so eilig hat Ever es nun, in den Stall zurückzukehren. Er hat Hunger. Ever tut mir Leid. Er war die ganze Zeit verspannt und ich bin ständig mit Händen und Füßen auf ihm rumgezappelt. Jetzt lasse ich mich von ihm trösten.

Ich streiche über sein Fell und ziehe ihm seinen Schlafanzug an. Hinterher bin ich drei Stunden lang glücklich! Ach, was sage ich: drei Tage! Ich habe es getan!!!

Dienstag, 30. 1. 01

Zweite Abteilungsstunde. Obwohl ich mein Pferd letztes Mal tatsächlich eine Stunde lang vorwärts bewegt habe ohne Muskelzerrungen (meinerseits) und nicht gestürzt bin, habe ich diesmal noch weniger Mut. Werner ist auch aufgeregt. Anna reitet heute mit. Wir verbieten ihr jegliches Gekicher, arrogante Überholmanöver und Belehrungen mit der Androhung, sie nicht mehr im Auto mit nach Hause zu nehmen. So weit, so gut.

Ich habe wieder Ever, der relativ breite Nerven hat, solange ihn niemand überholt, die unruhige Glut vor ihm ausschlägt oder andere Pferde vorbeigaloppieren. Und: Ever hat panische Angst vor Gerten. Er ist eines der wenigen Pferde, die ohne Gerte geritten werden. Ich befreie seinen meterlangen Schweif von Stroh (Herr Häuser will nicht einen Halm entdecken), räume die Hufe aus, striegle sein Fell, putze Nüstern und Augen, bandagiere seine Fesseln, sattle ihn und verzurre die 37 anderen Riemchen um Bauch, Hals und Maul. Bin hier verrufen als »Schnallenspezialistin«, weil immer irgendetwas nicht stimmt. Beim Führen in die Halle zeigt Ever, der letztes Mal beim Reiten so beunruhigend schnell werden konnte, Mauleselcharakter. Ich kriege ihn nur zentimeterweise vorwärts.

Ähnlich geht es weiter, als ich auf ihm sitze und wir an der Bande entlang Schritt gehen. Ich bekomme ihn schier nicht nach vorne. »Frau Bleier, der geht mir zu wenig!« Mir auch. Alles reitet an mir vorbei, mein Pferd steht. »Mehr Druck, Frau Bleier.« Ich drücke abwechselnd rechts und links so fest ich kann, und irgendwann setzt er sich doch im Zeitlupentempo in Bewegung. Beim Hochschalten auf die nächstschnellere Gangart dann Ähnliches. Ich trabe am langsamsten, wenn ich überhaupt mal trabe. Alle überholen mich und Ever setzt sich erst gemächlich in Bewegung, als eine Reiterin Mitleid hat und ihn schnalzend beim Vorbeireiten lockt. Herr Häuser kann das nicht länger mit ansehen und ruft einer Zuschauerin zu: »Bring mal der Madame Bleier den kleinen grünen Zahnstocher!« Ich weiß, dass er die Gerte meint und bekomme augenblicklich noch heftigere Schweißausbrüche. Die Zuschauerin schreitet gemütlich auf mich zu, hinter ihrem Rücken die winzigste Gerte, die der Reitstall besitzt, und die Ever fürchtet wie sein Leben. Sie klopft ihm beruhigend auf den Hals und überreicht sie mir klammheimlich. Herr Häuser ruft leise: «Werfen Sie sie weg, wenn er zu schnell wird! Geben Sie keinen Druck mehr, reiten Sie nur!« Ever hat die Ohren nach hinten geklappt und voll auf Empfang geschaltet. Seine Augen haben alles gesehen und kaum ist die Übergabe vollzogen, habe ich mein Wüstenschiff gegen ein Raumschiff eingetauscht: Zehnfache Geschwindigkeit – und nun bin ich damit beschäftigt, oben zu bleiben, ohne ihn durch mein Gehoppel nervös zu machen, und sein Tempo in den Griff zu bekommen. »Nicht klammern, Frau Bleier! Sitzen Sie ganz still! Halten Sie Ihre Hände ruhig!« Ever trabt immer schneller, Bremsversuche führen nur zu weiterer Beschleunigung. Hinterher weiß ich nicht mehr, wie ich es geschafft habe, und schwanke zwischen Freude und Selbstzweifel. Als ich absteige, reibt er seinen Kopf an mir. Ich bin gerührt und genieße das Absatteln und Putzen des tonnenschweren Tieres besonders. Puh!

Mittwoch, 31. 1. 01

Anna weint, weil sie nicht nach Frankreich will. Nun kann ich das gut verstehen, zumal sie noch nicht einmal französisch kann. Aber gegen meinen Instinkt, nachzugeben und ein glückliches Kind aus ihr zu machen, sage ich: »Anna, das ist eine Mutprobe, die deinem Alter durchaus entspricht. Wenn es nicht schön wird, dann ist das nicht so schlimm. Die Woche geht vorbei. Leonard rechnet fest mit dir und seine ganze Familie wäre sehr enttäuscht, wenn du jetzt absagen würdest.«

Donnerstag, 1. 2. 01

Leonard hat geschrieben: »Hallo Anna! Wie geht's, ich denke dich für dein Brief. Es war sehr nett. Wie viele sind dein Eltern von das Pferd gefallen, sag mich schnell! Unser Lehrer hat uns die Brief von eure Schule gelesen. Ich schicke dich das Programm von die Woche, aber er wird vielleicht andern, ich weiß noch nicht. Grüß dein Famillie Leonard. Tschüss. – PS.: Die Schuhe beiges sind nicht meine!«

Oh! Ich habe eine Hose gefunden, von der ich glaubte, dass Leonard sie vergessen hat und habe ihm das auf Französisch geschrieben. Habe Schuhe mit Hosen verwechselt. Der Brief kommt genau zum richtigen Zeitpunkt. Anna ist begeistert. Sie werden nach Paris fahren!

Freitag, 2. 2. 01

Lena feiert ihren dreizehnten Geburtstag. Ich werde mich selbst übertreffen mit einem italienischen Drei-Gänge-Menü. Wer mich kennt, weiß, was für eine Leistung das für mich ist. Der Hund weiß, dass heute Abend zwanzig Gäste kommen, ich sehe es ihm an, dass er schon Routine hat im Warten. Ich stehe unter Spannung, weil ich mal wieder zu spät angefangen habe mit den Vorbereitungen und spontan doch noch zwei Kuchen backe entgegen meiner Planung, dass Tiramisu als Abschluss genügt. Ich stehe seit Stunden in der Küche in Gesellschaft sechs dampfender Töpfe, schnipple Salat, backe und koche zum ersten Mal Claudines Lachsnudeln in Krebs-Sahne-Soße ...

Es klingelt, ich haste ins Schlafzimmer, Bratenschürze in die Wäsche, Buchladenkleidung an den Leib. Es sind meine Eltern, ich lege mich mit einem Seufzer auf das Sofa, vorsichtig aufatmend. Meine Mutter bedauert mich, ich scheine keinen frischen Eindruck zu machen, vermutlich sehe ich älter aus als sie. Es klingelt wieder. Jan geht zur Tür und will den Besuch standesgemäß ankündigen: »Mama, dein Vater!« Ich sehe meinen Vater an, der bereits auf dem Sofa sitzt. Jan korrigiert sich, ringt nach Worten: »Äh, ich meine, dein Sohn von früher!« Hihi! Mein Bruder ... Abends schneit es wie verrückt, und Lena und ihre 18-jährige Cousine bauen Schneefrauen. Es ist ein schönes Fest. Lena ist dreizehn!

Mittwoch, 7. 2. 01

Alles Glück der Erde liegt auf dem Rücken der Pferde. Dritte Abteilungsstunde. Ever ist so geduldig und willig, es klappt besser, aber mir fehlt noch das letzte Aha-Erlebnis. Hinterher habe ich immer noch das Bedürfnis, mich bei ihm zu entschuldigen. Ich mache noch so vieles falsch. Ich mache auch Fortschritte, merke aber auch meine Defizite ganz anders als an der Longe. Jetzt bin ich es, die reitet, das Pferd reagiert nicht mehr auf die Stimme der Reitlehrerin und ihren Zügel, sondern auf meine Hilfen, die von richtig eingesetztem Gewicht, Unterschenkel, Sitzhöcker und Zügel kommen müssen. Und die scheinen recht widersprüchliche Impulse zu geben. Als ich mich bei einer Mahnung von Häuser entschuldige (»Ich weiß, ich habe einen Fehler gemacht«), grinst er: »Das brauchen Sie mir nicht zu sagen, Madame Bleier, hier drin hat noch nie ein Pferd einen Fehler gemacht!« Ich ahne, welche Rätsel sich für mich noch auftun werden. Während Werner einfach ins Wasser springt, mache ich viele Trockenübungen. Werner kommt schnell voran. Er lernt intuitiv, durch Beobachten und gutes Körpergefühl. Bei mir geht viel über den Kopf. Aber es funktioniert auch.

Ich lese gerade ein Buch über das Reiten, weil mir die Theorie in der Reitschule zu kurz kommt. Ich lerne nur, wenn ich etwas verstehe. Als ich schwanger war, las ich Bücher über Entbindung, Stillen, Erziehung. Wenn ich in Urlaub fahre, will ich das Land vorab durch Reiseführer und -erzählungen kennen lernen. Als ich einen Hund wollte, habe ich mir zuerst das notwendige Wissen angelesen, bevor ich es wagte.

Lena will jetzt auch ins Reiten einsteigen. Sie ist sauer, weil ich bezweifle, dass echtes Interesse sie antreibt, und vermute, dass sie nur nicht hinter Anna zurückzustehen will, mit der Werner und ich reiten. Als Anna noch alleine ritt, hatte Lena jedenfalls kein Interesse.

Lena streitet viel mit mir und kann richtig verletzend sein. Sie ist anstrengend. Ihre Emotionen kochen immer. Sie ist nie lau. Werner kommt oft besser mit ihr zurecht. Ständig verteidigt sie sich, obwohl keiner sie angegriffen hat. Immer muss man geduldig sein mit ihr. Sie wehrt sich gegen jede Art von Bevormundung. Sie verweigert sich, entzieht sich und sagt: »Ich will jetzt nicht mehr reden, das macht keinen Spaß.« »Du hast kein Vertrauen zu mir.« Geht einfach aus Gesprächen weg, ohne zu antworten. »Kann ich jetzt gehen?« Ich fürchte ihren Zorn und ihre Genervtheit richtig.

Donnerstag, 8. 2. 01

Nach einem Gespräch mit Werner wird mir bewusst, dass ich Schuld bin an Lenas Gefühlen. Als ich mich bei ihm über Lena beschwere, gibt er ihr in allem Recht. Daran habe ich erst einmal zu schlucken. Werner meint, sie müsse sich ja so fühlen, verletzt und in die Ecke gedrängt, wenn ich sie des Reitens wegen so in Frage stelle. Sie brauche die Chance, es zu probieren, und er möchte sie darin unterstützen. Ich gehe in mich. Was ist los? Steht mir mein Geiz im Weg? Ich habe tatsächlich Angst, dass uns das Ganze finanziell über den Kopf wächst. Dass Lena schnell verzweifelt aus Ungeduld und es nicht lohnt. Ich glaube ihr nicht wirklich, dass sie reiten lernen will, sondern unterstelle ihr, dass sie Anna um die Zeit mit uns beneidet. Ich argumentiere: »Bisher grenzte sie sich bewusst von Annas Reiten ab.« Und Werner meint: »Und jetzt fühlt sie sich wahrscheinlich ausgegrenzt.« Lena ist bereit, wie Anna anfangs ihre Stunden selbst zu zahlen. Also muss es ihr etwas wert sein, egal aus welchem Grund. Ich muss mich bei ihr entschuldigen. Ächz. Als ich auf sie zugehe und ihr gestehe, dass ich mich danebenbenommen habe und jetzt möchte, dass sie auch mit uns reiten lernt, gibt sie mir erst einmal Breitseite: »Vielleicht lerne ich es leichter als du!« Oha!

Sie hat Recht. Sie geht zwar anders ran ans Reiten, aber es kann auch so gut werden. Wer bin ich, dass ich festlege, welches Maß an Leidenschaft nötig ist, um es zu versuchen? Ich freue mich jetzt, wenn es klappt, dass wir es alle vier lernen. Wer weiß, was daraus noch wird. Ich habe sie so lieb, mein großes, stürmisches Mädchen unterm Dach. Ich möchte ihr gern nah sein, nicht von ihrer Seele ausgeschlossen werden, ich möchte sie nicht verlieren in den nächsten Jahren, will sie so gern verstehen. Als ich mich noch einmal entschuldige, wird sie weich wie Butter.

Mittwoch, 14. 2. 01

Ich besuche mit Anna die Infoveranstaltung einer Fachschule, die Schüler auf pädagogische Berufe vorbereitet. Anna möchte die Schule wechseln. Hier kann sie die mittlere Reife in zwei Jahren machen anstatt in einem auf der Realschule. Anna ist hoch motiviert und schreibt ihren Lebenslauf für die Anmeldung, voller Hoffnung. Ich hoffe, dass sie hier Fuß fasst und es ihr gut tut, einfach noch etwas Zeit zu gewinnen. Sie wird mehr Fächer haben, die ihren Neigungen entsprechen. Anna ist ein Fels vom Herzen gefallen nach dieser Entscheidung. Instinktiv erkennt sie die Chance für einen Neubeginn.

Nachts träume ich, dass ich ein acht Wochen altes Baby habe. Es ist hübsch, kerngesund und zufrieden. Ich genieße es sehr, noch mal alles von vorne erleben zu dürfen.

Montag, 19. 2. 01

Ich glaube, ich habe eine kleine Altersdepression. Heute hat mich zum ersten Mal jemand zu den Frauen in der Lebensmitte gerechnet. So fühlt es sich auch an. Ich schwebe zwischen »nicht mehr jung« und »noch nicht alt«. Da geht etwas verloren, aber da kommt auch Neues dazu. Ich bin beeindruckt davon, wie manche Frauen in meinem Alter mit den Jahren jonglieren. Manchmal denke ich schon nach dem Motto »das letzte Sofa«. »Lohnt das noch?« Hoffentlich vergeht das, wenn ich endlich vierzig bin. Dann fängt frau nämlich angeblich an zu leben laut einem Buchtitel von Ruth Heil. Wobei das vielleicht wirklich eine Perspektive ist, dass noch ganz Neues beginnen könnte. Ich hätte ja auch nie gedacht, dass mein alter Traum vom Reiten noch Wirklichkeit wird.

Donnerstag, 22. 2. 01

Ich würde gern mein Leben unabhängiger von Werners Bedürfnissen gestalten. Ich glaube, dass ich dann seltener frustriert wäre. Aber in meinem Hinterkopf ist eine kleine, tief sitzende Angst, verlassen zu werden. Ich möchte mich gar nicht davon bestimmen und eingrenzen lassen.

Schon wieder sind wir durch einen scheinbar harmlosen Anlass in einen verletzenden Streit gerutscht. Weil ich immer wieder erlebe, dass Streit von Null auf Hundert möglich ist, halte ich es auch für denkbar, dass Werner ganz plötzlich unser Zuhause, unsere Beziehung aufgeben könnte. Wir gehen zusammen in die Gemeinde, in den Hauskreis, wir lernen zusammen reiten, planen Urlaub, wir bauen gemeinsam das Haus um – was nur ist es, was mir Angst macht? Ich glaube, es hängt viel damit zusammen, wie nah wir einander sind, auch körperlich. Das ist ein Gebiet, wo wir beide verletzlich sind.

Mit dem Älterwerden habe ich wieder zunehmend Schwierigkeiten, meinen Körper anzunehmen. Woher kann ich mehr Selbstwert nehmen? Anziehend kann nur sein, wer sich anziehend fühlt. Ich möchte gern ganz ich selbst sein dürfen, ohne Angst zu haben, dann nicht mehr liebenswert zu sein. Ob Werner auch manchmal Angst hat, mich zu verlieren? Kommunikationskünstler sind wir nicht, wenn es darum geht, über Sex zu reden. Das sind immer noch schmerzhafte Gespräche, die oft große Überwindung und viel Fingerspitzengefühl brauchen.

Wir versuchen immer, noch vor Sonnenuntergang die Kurve zu kriegen, wenn wir streiten. Diesmal ist es nicht einfach, uns zu versöhnen. Mir kommt es vor, als ob Sprache, Körpersprache, verschiedenes Erleben und Sein von Mann und Frau manchmal schier unüberwindliche Klüfte und Missverständnisfallen sind. Ich will gegen meine Angst angehen. Ich will Werner zutrauen, dass er mir ein Leben lang treu und loyal ist. Auch wenn ich älter werde. Ich traue es mir umgekehrt auch zu. Ich will ihm anrechnen, wie sehr er für unser Leben, unsere Zukunft baut und investiert. Früher war ich viel zuversichtlicher. Naiver?

Ich werde nie begreifen, wie wir in unserer Ehe so schnell und unvorhersehbar pendeln zwischen enger Vertrautheit und großer Fremdheit. Da genügen Worte, um alle Geborgenheit ins

Wanken zu bringen. Kleine Gesten, die zerstörerisch wirken. Seit Tagen werden wir uns fremd und fremder. Wann hat Werner zum letzten Mal meinen Namen genannt?

Mittwoch, 28. 2. 01

Ich reite Gräfin und alles ist anders. Ich dachte eigentlich, ich sei eine Spur sportlich und hätte Talent im Umgang mit Tieren. Ich bin völlig frustriert, obwohl es millimeterweise besser wird. Aber es kostet so viel Kraft und Schweiß. Ich habe versucht, im Trab mein Aufsitzen zu verbessern, und habe nun starke Schmerzen. Ich habe es nicht geschafft, Gräfin nach dem Reiten das Stallhalfter anzulegen, bevor sie sich auf ihr Futter stürzte. Beim Absatteln hat sie mich in die Brust gebissen. Es hat mich persönlich verletzt. Ich glaube, ich bin zu sanft im Umgang mit Pferden. Sie spüren mich zu wenig.

Häuser hat versucht, mich aufzubauen: Bei so wenigen Stunden sei ich besser als eine Schülerin, die schon seit fünf Jahren dabei ist. Wer weiß, was das für eine Schülerin ist ... Ich bin jedenfalls völlig desillusioniert und verunsichert. Ich habe mir jetzt eine Frist von einem Jahr gesetzt, so lange will ich durchhalten. Ich vermute, dass es mehr als fünf Jahre dauert, bis man einigermaßen reiten kann, und dafür komme ich mir so alt vor. Ich habe das Gefühl, zu wenig Zeit zu haben für meine Träume. Zu spät angefangen zu haben. Zu schnell alt zu werden.

Donnerstag, 1. 3. 01

Bin total verspannt vom Reiten und habe rasenden Muskelkater. Ich gehe jetzt zum Frisör. Dort kann ich mich entspannen. Ich lasse (ein letztes Mal?) meine Haare wachsen. Gioacchino schneidet mir einen Schnitt, den ich wachsen lassen kann, ohne dass er nach Übergangsfrisur aussieht. Ich vertraue seinem Blick und seinen Händen. Vermutlich entspannt sich ein Pferd unter einem guten Reiter so wie ich bei Gioacchino. Losgelassenheit heißt denn auch das erste Ziel von Pferd und Reiter.

Auf jeden Fall ist das Reiten lernen eine Beschäftigung, die fast jede Faser unseres übrig bleibenden Lebens und Fühlens in Anspruch nimmt. Heute hat Lena ihre erste Longestunde. Ich begleite sie. Sie verliert ihre Angst vor der Pferdebox und dem Runterfallen. Mir ist meine eigene erste Reitstunde ja noch lebhaft in Erinnerung, ich kann mich gut in Lena einfühlen. Es gefällt mir, dass sie so nach vorne geht, den Stier bei den Hörnern packt. Ich sehe ihr zu und bin stolz auf ihren Mut und Ehrgeiz, der ihr so viel Kraft gibt. Sie will es einfach wissen. Erstaunliches Kind.

Freitag, 9. 3. 01

Nach der letzten Reitstunde habe ich mich noch gefragt, ob ich vielleicht nur noch Werner zuliebe weitermache. Heute hatte ich einen Durchbruch. Zum ersten Mal hat das Trensen, also das Anlegen des Gebisses und Reithalfters allein geklappt, die Steigbügel hatten die richtige Länge, und ich habe sie nicht ständig verloren. Ever trabte, wenn er sollte, stand, wenn er sollte, und galoppierte an, zumindest im Linksgalopp. Wenn man mal den Rhythmus gefunden hat, geht es ganz gut. Dann ruft Häuser: »Gut, Madame Bleier, so ist der Takt richtig, behalten Sie das im Gefühl!« Als Tabea beim Vorbeireiten rief: »Na, ihr habt wohl Reiterblut in den Adern?«, stieg mir das Glück fast zu Kopf. Meine Pobacken sind wund, aber ich genieße das Reiten wieder in vollen Zügen, freue mich über jeden Fortschritt, träume ...

Meine Güte, wie ich von Ermutigung abhängig bin bei solchen Abenteuern. Seit ich selbst reite, bewundere ich Anna dafür, wie sie bisher durchgehalten hat. Lena hatte ihre zweite Reitstunde. Werner findet es legitim, dass sie ein Stück weit ihm zuliebe das Reiten lernen möchte, auch, um kein Außenseiter zu sein, und unterstützt sie nach Leibeskräften. Sie dankt es ihm mit Motivation, Ehrgeiz, Vertrauen, Gelöstheit – und enormen Fortschritten. Beim ersten Mal war sie noch etwas verkrampft und wurde kräftig herumgeschleudert, heute war Tabea schon ziemlich begeistert von ihr: »Lena, hast du daheim auf einem Schaukelpferd geübt?« Wie viel geistige Kraft sie hat!

Gestern fragte sie nach einem Bustier. Sie hat eine sehr schöne Figur, eine, von der ich mit 13 geträumt habe. Die ersten Boygroups zieren ihre Wände und sie achtet mehr auf Jungs als ihre ältere Schwester.

Dienstag, 13. 3. 01

Unser Leben pulsiert. Diese absolute Hochphase als Familie ist für mich eine ungeheure Herausforderung. Der Aufwand im Haushalt scheint sich dem Höhepunkt zu nähern. Noch nie wurde so viel gegessen, Wäsche produziert, Schmutz in das Haus getragen. Ich versetze ständig Berge. Das beginnt schon um 6 Uhr mit dem Vesperberg. Ich koche wenn möglich mehrfach und friere ein, zwei Mahlzeiten ein, so dass ich mir immer wieder das Kochen spare. Das hilft mir.

Jetzt fahre ich zu Aldi und machen meinen Wocheneinkauf. Montags ist Großkampftag, mittags helfen die Mädchen noch, so dass wir es gemeinsam hinkriegen, das Haus auf einem Niveau zu halten, bei dem wir uns wohl fühlen. Ich bin eine Ameise. Ich tauche von einem Lebensbereich in den nächsten, ein permanenter Wechsel. Ich befürchte, ich liebe es. So lebe ich, seit ich erwachsen bin, immer irgendwo am Reinknien, Berge abtragen, Ziele anpeilen. Heute überfiel mich die Ahnung, dass ich das alles vielleicht eines Tages loslassen muss, durch Krankheit oder Alter. Macht mich mein Schaffen aus oder werde ich auch diese Lektion lernen: Nichtstun und dennoch das Leben an sich lebenswert finden?

Mittwoch, 14. 3. 01

Habe eine Mail aus Afrika bekommen! Von Tante Maria. Sie ist Nonne im Dominikanerorden in Zimbabwe und hat in ihrer Zelle neben Bett, Tisch, Stuhl und Gewand seit neuestem noch einen Laptop ... Wir sind beide gleichermaßen begeistert von diesem neuen Medium. So viel Nähe trotzt der gigantischen Entfernung.

Das Besondere an Tante Maria besteht für mich aus einer Summe von Erinnerungen an meine Kindheit und an meinen Weg zum Glauben. Ich werde nie diesen Abend mit ihr in einem Zimmer in Rom vergessen. Ich war 22, auf der Suche nach Gott, verzweifelt nah dran. Sie spürte mein Ringen um die Wahrheit, nahm mich sehr ernst und sagte: »Bianka, ich bin überzeugt davon: Wofür du dich jetzt entscheidest, daran wirst du ein Leben lang festhalten!« Ich redete und weinte stundenlang bei ihr. In dieser Nacht stand ich kurz vor dem Durchbruch. Der kam am nächsten Abend, als Gerhard, mein Großcousin, drei Wochen zuvor zum Priester geweiht, mit mir durch Rom lief und begeistert von Gott sprach. Ich weiß nur noch, wie er anfing: »Bianka, deine Tante hat mir gesagt, dass du auf der Suche nach Gott bist, ganz aktuell. Das ist ein wertvoller Schatz, wirf ihn nicht weg.« Und als er von Jesus sprach, weinte er einmal vor Ergriffenheit.

Als ich am nächsten Morgen aufwachte, war der Nebelschleier zerrissen und ich glaubte. Heute noch denkt und betet Tante Maria intensiv mit uns mit. Mitunter auch nächtelang. Sie interessiert sich mit großer Treue für unser Leben und schreibt mir mit schonungsloser Liebe.

Übersee-E-mailing! Welch ausnehmend schöne Neuerung der Kommunikation! Wir können nun viel unkomplizierter und spontaner Kontakt haben miteinander. Sie kommt nur alle paar Jahre. Wenn sie dann wieder geht, groß und aufrecht und ohne Blick zurück wie immer, weine ich ein bisschen.

Als Kind war sie für mich die Frau, die über Omas Bett hing, alle fünf Jahre zu Besuch kam, im weißen Gewand, Gitarre spielend, mit den gleichen Händen und derselben Lache wie ich. Sie hat keine Kinder, aber ich könnte ihre Tochter sein. Heute wissen wir, dass wir noch viel mehr Ähnlichkeit haben in der Art, zu denken, an das Leben heranzugehen, mit dem Glauben umzugehen. Ich fühle mich ihr sehr verbunden.

Donnerstag, 15. 3. 01

6.15 Uhr. Ich richte Jans Pausenbrot. Jan hasst Brot und bevorzugt die Tage, an denen ich ihm Pudding, Quark, Apfelschnitze ohne Schale mitgebe. Aber heute ist Kauen angesagt. Skeptisch frage ich: »Jan, wer isst eigentlich dein Brot, wenn du welches mitbekommst?« Jan, sehr empört: »Ich!«

20 Uhr. Jan mit sehr schuldbewusstem Unschuldsblick: »Mama, ich muss dir was Furchtbares sagen, gleich bist du traurig (rauli).« Zeigt mir seine Brote. »Ich hab's nicht gegessen.« Forscht verlegen grinsend in meinem Gesicht. »Bist du jetzt traurig?« Dann zuckt ein Strahlen über sein Gesichtchen. »Ich weiß, was ich mach, dass du dich wieder freust.« Holt etwas Weißes, Selbstgebasteltes aus seinem Schulranzen. Osterhase und Co. »Freust du dich jetzt?«

Es ist so neu für mich, dass mein Sohn darum ringt, seine Gefühle auszudrücken oder meine wahrzunehmen.

Freitag, 16. 3. 01

Lenas dritte Longestunde. Ihre Angst vor dem Pferd hat sie großteils verloren. Sie hat sich wieder gesteigert und sitzt schwer, tief und unverkrampft im Sattel. Sieht nach Naturtalent aus. Tabea: »Lena, gibt dir Anna Privatunterricht oder hast du das Talent der Mama geerbt?« Hehe!

Sonntag, 18. 3. 01

Die Mädchen werden beängstigend schnell erwachsen. Das scheint mich bis in die Fasern meines Seins zu beschäftigen. Gestern träumte ich, Anna sei Friseurin und schneide mir einen wundervollen Formschnitt. Vorgestern, dass ich mit meiner Mutter auf Stöckelschuhen aus einem mittelalterlichen feindlichen Gebäude in Cannobio fliehe und Werner mich dabei im Stich lässt. Neulich saß ich im Traum auf dem Beifahrersitz eines Wagens, den Anna traumtänzerisch sicher über steile Hügelketten der Toskana jagte. Ich fühlte mich gelinde gesagt unwohl und wusste nicht, ob ich eingreifen sollte, ob ich ihr das hier zutrauen konnte. Auf dem Rücksitz saß der Redakteur einer bekannten christlichen Zeitschrift und beruhigte mich: »Lass sie! Anna kann das! Sie ist 18! Sie ist erwachsen!« »Anna kann das«, war Annas erster vollständiger Satz ...

Ich hole mir ein Traumdeutungsbuch aus der Bibliothek. Unter Beifahrersyndrom lese ich: positives Zeichen der Kooperationsbereitschaft und des Vertrauens.

Heute träumte ich, dass Anna ein Baby gebar, es war groß und hässlich und es interessierte mich nicht, ich litt nur mit Anna, die genäht werden musste – und so geht das Nacht für Nacht weiter ...

Montag, 19. 3. 01

Ab vierzig denkt man täglich einmal an den Tod, hörte ich neulich anlässlich eines runden Geburtstages einer Bekannten. Charmant fand ich das nicht. Aber ich dachte sofort: Ich denke schon seit ich denken kann jeden Tag daran, dass ich einmal sterben werde. Schon als kleines Mädchen ging mir das so. Diese Gewissheit ist mein dauernder Begleiter, ohne dass ich deswegen permanent niedergeschlagen wäre. Hin und wieder versetzt mir dieser Gedanke aber doch einen heiligen Schreck oder auch einen Angst erregenden Schock. Je nachdem.

So wie ich mir, als ich schwanger war, zu jeder wachen Minute und selbst im Schlaf darüber im Klaren war, dass unausweichlich die Stunde X näher rückte, da ich gebären würde, dass es ein JETZT geben würde, da ich durch das Tor musste. Mein Ziel, ein Baby zu bekommen, gab mir die Nerven zum Durchhalten. Mein Ziel, bei Gott für alle Zeiten anzukommen, gibt mir die Kraft, den Gedanken an den Tod zu ertragen. Ein Ziel, das diesem dunklen Tor sogar fast etwas Anziehendes, Verheißungsvolles verleiht. Fast. Ich glaube wirklich, dass jenseits des Tores ein unbeschreibliches Jenseits auf mich wartet, das spannendste Abenteuer, ein Neubeginn kosmischen Ausmaßes.

Dennoch kann ich mich zügeln. Obwohl mein Kopf weiß, dass alles auf der Welt seine Zeit hat, geboren werden und Sterben, tut mein Herz manchmal, als erführe es das völlig neu. Ich hänge mit jeder Faser meines Seins am Leben. Aber damit bin ich in guter Gesellschaft. Paulus, der Unerschrockene, schrieb: »Solange wir in unserem natürlichen Leib leben, fürchten wir uns vor dem Tod. Es wäre uns viel lieber, wir brauchten nicht zu sterben, sondern könnten einfach in das neue Leben überwechseln, damit alles Vergängliche vom Leben überwunden wird« (2. Korinther 5,4). Die Angst vor dem Tod war neben dem Staunen über die Schöpfung das, was mich antrieb, nach Gott zu suchen. Als Jesus fragte: »Ich bin die Auferstehung und das Leben. Wer an mich glaubt, der wird leben, selbst wenn er stirbt. Glaubst du das?« (Johannes 11,26), entflammte in mir eine Hoffnung, dass einmal alles gut werden würde. Sie ist bis heute geblieben. Fassungslos bin ich immer noch über das Wüten des Todes und sehe den Sinn nicht, aber tief im Grunde meines Herzens gibt es jetzt ein Netz und einen doppelten Boden.

Donnerstag, 22. 3. 01

Jan kommt heim. Es gibt noch Reste vom Mittagessen: Pfannkuchen. Er fällt mir um den Hals: »Oh, Mama, heute ist ein fröhlicher Tag! Zuerst Tortellini in der Schule, grüne, dann Pfannkuchen und auch noch Schokoladepudding – und Werner sagt: Erst das Schlechte – ich bin weg, Mama, Anna und Lena auch – und dann das Gute: Du darfst zu Oma, so lange wir reiten!«

Lange nicht mehr haben Werner und ich so ein großes, spannendes Projekt erlebt wie jetzt das Reiten. Es ist schön, miteinander zu bangen, zu wachsen, erleichtert, froh, beglückt zu sein über die gleichen Erlebnisse. Es ist schön zu lernen, und der Himmel auf Erden, von Reitlehrer Häuser gelobt zu werden. Ich kann es kaum glauben, will es aber durch einen Willensakt tun: Er lobt uns. Ein nickendes »Mit Ihnen war ich heute sehr zufrieden« von Häuser, ein »Üben Sie heimlich?« von Tabea mit dem

Wissen im Hinterkopf, dass sie keinen schonen, der Mist baut, erhellt drei Tage grauen Alltags. Wir organisieren Jans Unterbringung, fahren zum Reiterhof und tauchen in eine andere Welt ein, aus der wir erst wieder auftauchen, wenn wir in unsere Straße einbiegen und Charles uns zeigt, dass es auch kleine freundliche Felltiere gibt.

Mittlerweile habe ich keinen Muskelkater mehr, keine Probleme mehr beim Satteln und Trensen, keine Angst davor, wenn Ever hitzig wird, keine Schmerzen beim Traben. Vieles klappt noch nicht, aber vieles klappt auch schon, und ich bin voller Hoffnung, dass ich noch einiges lernen werde. Wenn ich meine Augen schließe, sehe ich Tage später noch durch Evers gespitzte Pferdeohren. Ich liebe es, in seiner Box zu sein, ihn zu putzen, an seinem Fell entlangzustreichen. Ich mag den Geruch und die Stallwärme. Ever ist sanft, geduldig, empfindsam. Mittlerweile habe ich auch nicht mehr das Bedürfnis, mich hinterher bei ihm zu entschuldigen, sondern spüre, dass er jedes Mal ein wenig mehr mit mir zufrieden ist und meine Autorität langsam akzeptiert. Beim Galopp muss ich immer noch meine Knochen sortieren (das Pferd mit dem inneren, also der Bahnmitte zugewandten Zügel leicht nach innen stellen, vermehrt auf den inneren Gesäßknochen sitzen, innere Hüfte vorschieben, mit dem inneren Schenkel Druck geben, den äußeren weiter hinten am Pferdeleib anlehnen, am äußeren Zügel führen, am inneren den Galoppsprung rauslassen ...). Rechtsgalopp ist immer noch ein Kampf, aber Ansätze sind da.

Montag, 26. 3. 01

Anna macht sich Gedanken über Gott. Sie liest immer wieder mal in der Bibel. Gestern: »Bianka, in der Bibel heißt es doch: ›Du sollst nicht töten‹, gell? Und warum befiehlt Gott dann dem Volk Israel, Menschen zu töten? Das passt doch schon wieder nicht zusammen!« Hilfe! Hier kommt wieder meine mangelnde theologische Ausbildung durch. Ich hasse es, Gott verteidigen zu müssen. Ich lasse es lieber gleich bleiben. Ich verstehe es doch selbst nicht. Wird sie aufgrund meiner theologischen Inkompetenz die Flinte ins Korn werfen? Kann ich etwas tun, um ihren Glauben zu stärken? Ich hoffe, dass ich sie auch hierbei loslassen kann und Gott sie auffängt.

Jan ist durch eine massive beidseitige Ohrenentzündung isoliert, unleidlich, frustriert. Ich war so ungeduldig in der letzten Woche mit ihm, ich glaube, dass er zu kurz kommt. Ich brauche jeden Tag neu die Kraft, die aus Gottes Liebe kommt, gerade auch für diesen besonderen Jungen. Warum lässt Gott Leid und Behinderung zu? Ich weiß es nicht. Ich habe wirklich keine Ahnung. Ich verstehe manche frommen Erklärungsversuche nicht und Gott kann ich schon zweimal nicht verstehen. Ich bin zu klein, ich kann ihn nicht erklären. Aber ich bin froh, um ihn zu wissen, ohne Gott würde es mit mir nicht gut aussehen.

Seit ich Kinder habe, kann ich sein Wesen ein bisschen besser verstehen. Was ich weiß, ist, dass er mich mit Jans Behinderung nicht allein lässt. Und dass er auf Jan ein besonderes Auge hat. Ich habe es erlebt. Ich weiß, dass ich Jan helfen möchte, das beste Leben zu führen, das für ihn möglich ist. Dass ich dabei mehr als oft an meine Grenzen stoße und dass Gott mir hilft, diese Grenzen zu erweitern. Er hat mich durch Jan verändert und ich bin beiden dankbar dafür. Ich hasse es, wenn Jan leidet. Ich hasse es, wenn ich ungeduldig bin mit ihm. Ich hasse es, wenn die Mädchen zu kurz kommen wegen Jan und wenn ich mir Sorgen mache um seine Zukunft. Ich bin glücklich, wenn Jan glücklich ist. Ich bemühe mich, ihn zu fördern, aber ich habe nicht mehr dieselbe Hoffnung wie vor zehn Jahren. Oft stellen wir heute Förderung zugunsten von Familien- oder Ehelebensqualität zurück. Jan muss auch zurückstehen, wie alle.

Dienstag, 27. 3. 01

Jan trägt seit vierzehn Tagen keine Hörgeräte. Ich hoffe, dass wir die Ohrenentzündung allmählich in den Griff bekommen, ich halte es selbst schwer aus. Er ist fast taub und hasst die ständigen Ohrenspülungen und die lästigen Ohrentropfen, die ihn immer wieder aus dem Spiel reißen und aufs Sofa fesseln. Er ist zunehmend gereizt und trotzig. Uns fällt auf, dass er vieles selbst machen will, worin er sich bislang lieber bedienen ließ, und unter seiner Unselbständigkeit und motorischen Einschränkung leidet. Er schreit ständig: Ich mach, ich mach, rennt zum Beispiel ans Haustelefon, wenn es klingelt, versteht dann aber nichts und ist frustriert und steht negativ im Mittelpunkt. Es stinkt ihm, dass er keine Schleife binden kann, dass er als Einziger aus der Klasse nicht häkeln und keine Schreibschrift lernen kann, dass er nicht schwimmen kann, beim Duschen diese Ohrpassstücke braucht, dass er nicht mit seinen Freunden auf der Straße Inliner fahren kann. Ich bin heilfroh um die neuen Aluroller, damit fällt er nicht aus dem Rahmen. Ich glaube, er hat es mit sich selbst gerade nicht leicht und wird sich seiner Grenzen zunehmend schmerzlich bewusst.

Mittwoch, 28. 3. 01

Ich habe eine neue hilfreiche Angewohnheit: Ich notiere jeden Tag maximal sechs Aufgaben, die ich angehen möchte. Dann nummeriere ich sie nach Wichtigkeit durch und versuche, sie in Ruhe abzuarbeiten, so weit ich komme. Jedenfalls hänge ich nicht sechs weitere dran, wenn ich vorher fertig werde. Weil ich so vielschichtig bis chaotisch bin, sind solche Strukturen für mich sehr hilfreich.

Tief in mir schlummert ein Bedürfnis nach Unkompliziertheit. Ich frage mich, was das Leben kompliziert macht. Wo stecken meine Zeitdiebe? Wo meine Energieräuber? Sind meine Ansprüche realistisch? Wer bestimmt über mein Leben? Wem will ich gefallen? Welche Menschen bringen mein Leben in Unordnung? Wo schleppe ich Ballast mit mir herum? Wo stehe ich in der Gefahr, mein Leben zu überfrachten? Wenn ich einfacher leben will, muss ich das Unnötige loslassen, damit das Nötige mehr Bedeutung erlangt. Prioritäten setzen heißt, sich einzuschränken. Das war mir lange nicht bewusst. Das können auch schmerzhafte Opfer sein. Einfacher leben heißt Tempo verlangsamen, Erwartungen verringern, Aktivitäten und Besitz einschränken, Beziehungen vereinfachen.

Reiten ist ein Ausbrechen aus dieser eiligen, vielschichtigen Welt, in der ich oft lebe, ein Eintauchen in eine Ausschließlichkeit, bei der ich nicht zwei Dinge auf einmal tun kann. Kein Telefon, keine Uhr, keine Hektik, nur Pferdeohren, Fell und diese sensiblen Seelen in diesen massigen Körpern. Der Acker bietet dieselbe Chance. Dort verbringen wir viele Stunden mit Säen, Hacken, Wässern, Unkrautjäten, Ernten, Mähen, Holzhacken, aber auch am Lagerfeuer, im Schatten der Bäume, die wir als Sämlinge gepflanzt haben, im Zelt, am Grill, auf der Löwenzahnwiese, in den Himbeerbüschen, in der Wassertonne.

Zurzeit stecke ich in schwierigen zwischenmenschlichen Situationen. Ich versuche, mich zu distanzieren von dem ganzen Geschehen. Ich will überleben. Leben. Will mich am Wachstum der Pflanzen erfreuen. Vor ein paar Jahren dachte ich, dass mir der Acker zu viel Zeit nimmt für andere Dinge, jetzt bin ich froh, dort Zeit verbringen zu können. Ich säe aus und bin zufrieden und ruhig dabei. Ich reite und denke an nichts. Zeit haben für eine Tätigkeit am Stück. Prozesse miterleben. Spannung auf Erfolg. Alles andere ist weit weg.

Sonntag, 1. 4. 01

Meine Mutter hat mir nicht zum 39. gratuliert, sondern auf eine Karte geschrieben: »Auf dem Weg zu deinem vierzigsten Geburtstag ...« Spätestens jetzt weiß ich, woran ich bin. Es begann mit 35 – als der Frauenarzt mir mitteilte, dass meine Knochen ab heute kein Calcium mehr einlagern, sondern nur noch abbauen würden. Dann entdeckte ich mein erstes graues Haar. Als der Orthopäde neulich mein Geburtsdatum auf dem Röntgenbild sah und meinte: »Noch sind Sie eine junge Frau«, wusste ich, was meine biologische Uhr geschlagen hatte. Es fühlt sich an, als würde ich in ein neues Zeitalter aufbrechen. Bin neugierig, was es bringen wird. Vierzig wurden bisher immer die anderen.

Mittwoch, 4. 4. 01

Lena bittet mich, ihr beim Aufräumen ihres Kleiderschranks zu helfen. Nach zwanzig Sekunden haben wir Streit. Ich atme tief durch. Mit großer Selbstbeherrschung gelingt es mir, ruhig und fest zu bleiben. Sie braucht ein starkes Gegenüber. Ich bringe es zu Ende und gehe. Nach fünf Minuten frage ich noch mal nach: »Lena, was war das eben? Worüber hast du dich geärgert? Was läuft schief, dass wir immer wieder Krach haben, obwohl ich es nicht will?« Lena erscheint zerknirscht in ihrer Tür. Versöhnliche Stimme: »Ich glaube, das ist die Pubertät! Ich hab das gelesen, dass man da reizbar ist ohne Grund.« Abends bekommt sie ihre Periode.

Wie über Nacht hat Lena ihre weibliche Seite entdeckt. Ich habe sie neu eingekleidet, weil ihr nichts mehr passte, ihre Figur ist sehr feminin geworden. Sie hat sich für einen ganz neuen Stil entschieden, der ihr hervorragend steht. Lässt sich die Haare wachsen. Trägt figurnahe Shirts und enge Hosen mit Schlag. Sie sieht hinreißend aus. Es ist atemberaubend zu erleben, wie Anna und Lena erwachsen werden. Sie werden von Tag zu Tag schöner. Gleichzeitig selbständiger, und meine Zeit mit ihnen zerrinnt wie Sand. Ich muss sie loslassen. Das Gefühl, dass sie doch eben noch meine Babys waren, wird, wie ich allmählich befürchte, für immer bleiben. Die Zeit, die zwischen ihrer Babyphase und heute liegt, scheint nie länger zu werden. Meine ersten Erinnerungen sind immer gleich lebendig. Meine Mutter sieht mich heute noch mit diesem Blick an.

Katrine Trobisch Stewart schreibt, als die Zeit des Loslassens in ihr Leben kommt: »Loslassen bedeutet, nicht mehr im Mittelpunkt der Dinge zu stehen und ihren Ausgang zu bestimmen, sondern anderen die Möglichkeit zu geben, ihr Schicksal selbst in die Hand zu nehmen.«

Donnerstag, 5. 4. 01

Lena ist eine kritische Denkerin. Wieso soll sie an einen Gott glauben, den sie gar nicht sieht? Und wieso soll ausgerechnet mein Gott der richtige sein? Was ist mit dem Glauben ihrer muslimischen Mitschüler? Ich fürchte mich, meinen Kindern gegenüber zuzugeben, dass ich auf viele Fragen keine Antwort weiß. Ich misstraue Patentantworten. Mittlerweile kommen die Fragen heftiger und kritischer. Ich habe jedes Mal ein völlig unzulängliches Gefühl. Aber wenn Gott Gott ist, dann hat er es nicht nötig, dass ich ihn verteidige. Ich hoffe, dass es mir möglich sein wird, Fragen offen zu lassen, und Lena trotzdem ihre Hoffnung auf Gott setzt. In all meinen eigenen Fragen geht es mir wie Petrus, der sagte: »Herr, wohin sollen wir gehen, nur du hast Worte des ewigen Lebens.«

Warum sollte es Anna und Lena besser gehen als mir? Es gibt keine Abkürzungen. Jeder hat seine eigene Geschichte mit Gott. Meine Zweifel haben es nicht geschafft, mich von ihm zu entfernen. Dass Gott erfahrbar ist, aber nicht sichtbar, stellt einerseits eine große Herausforderung dar und andererseits eine große Chance. Gott ist ein Gott, der sich prüfen lässt. Ein Gott, der einen nicht im Stich lässt, wenn man sich auf ihn einlässt. Der antwortet. Das ist meine Erfahrung. Ich erzähle Lena Geschichten, die ich mit Jesus erlebt habe. Wo er ganz real für mich wurde, so lebendig, dass es mir eine Gänsehaut den Rücken entlangjagte. Ich hoffe, dass sie eines Tages Gott auch so hautnah erfährt. Bis dahin wird sie suchen, fragen, unser Leben beobachten und selbst ihre Schlüsse ziehen. Ich bin überzeugt, dass es sowieso nur unser Leben sein kann, das Zeugnis gibt, nicht unser Reden.

Wenn ich zurückdenke, war es das Leben meiner Oma, das zählte, als ich mich auf den Weg machte, Gott zu suchen. Viel mehr als die Geschichten, die ich in der Kirche gehört hatte. Die Trotz-Kraft ihres Glaubens war es, die mich neugierig machte, ihre Dennoch-Hoffnung, ihr Humor trotz ihres Schicksals, ihr kontinuierliches Gebet. Es ist viel schwerer, authentisch als

Christ zu leben, als christliche Geschichten zu erzählen. Bei aller Unruhe, die ich manchmal wegen der Mädchen spüre, fühle ich doch, wie Gott sie in seiner Hand hält, und erlebe trotz der Verantwortung eine wachsende Leichtigkeit in meinem Job als Mutter. Ich weiß, wie Gott auf sie sieht, wie er hofft und sie liebt. Er ist der Gott, der die Arme schon nach uns ausstreckt, während wir noch skeptisch sind. Ich möchte darauf vertrauen, dass sie das auch zu spüren bekommt. Dass Gott selbst kommt, um sie zu berühren, ihre Fragen zu beantworten auf seine Weise. Ich kann Lena diesen Prozess nicht abnehmen, ich kann es nicht »machen«, dass sie einen tragfähigen Glauben bekommt.

Donnerstag, 19. 4. 01

Nahezu unerträglich ist es, wenn Anna und ich gleichzeitig unsere Periode bekommen. Habe eben in meiner grundlosen Verzweiflung, die nur noch gesteigert werden kann durch Annas grundlose aggressive Arroganz, 30 Tropfen Baldrian genommen in der Hoffnung, meinen Tötungsinstinkt in den Griff zu bekommen.

Freitag, 20. 4. 01

Ich wache früh auf. Werner schläft noch neben mir. Ich habe mich immer wieder über ihn geärgert und fühle so wenig Nähe in den letzten Tagen. Ich erschrecke über meine Gefühle und schreibe sie nieder, um sie zu orten. Als Werner die Augen aufschlägt und mich schreiben sieht, fragt er mich bestürzenderweise: »Bist du eigentlich mit mir zufrieden?« Reflex oder Intuition? Ich habe keine Ausweichmöglichkeiten. Lügen kann ich nicht und die Wahrheit sagen will ich nicht, so unreflektiert zwischen Tür und Angel, ich kapier ja selbst nicht, was mit mir los ist. Also schweige ich betroffen. Er reagiert alarmiert, will sofort Klarheit. Ich sage: »Ich liebe dich.« Er ist irritiert und alles was mich eben noch geärgert hat, zerfällt in Nichts, als ich spüre, dass seine Selbstsicherheit auch auf der Schulter meiner

Annahme ruht. Ich fühle plötzlich eine Welle von Liebe zu ihm wie schon lange nicht mehr. Ist meine Unzufriedenheit Luxus?

In Wirklichkeit bin ich doch sehr zufrieden. Bin ich denn kompliziert?

Samstag, 28. 4. 01

Anna feiert ihren 15. Geburtstag mit ihren Freunden. Sie hat sich erfolgreich dagegen gewehrt, nach dem Hallenbadbesuch in die Dorfkneipe zu gehen, stattdessen machen sie nun nach ihren Anweisungen diverse Kissen- und Stuhlspiele im Wohnzimmer. Ich bin stolz darauf, dass mein Küken, obwohl angeblich so schüchtern, solches Gelächter produzieren kann und sich dem Gruppenzwang nicht beugt. In Wahrheit schlummern hier Führungsqualitäten erster Sahne!

Montag, 30. 4. 01

Werner plant zum ersten Mai ein großes Grillfest auf unserem Acker. Die Teens der Gemeinde haben sich bereiterklärt, die Regie für das Fest zu übernehmen. Der Erlös soll in ihren ersten eigenen Gruppenraum fließen. Wer will, kann anradeln, anwandern, anfahren. Bis zum Abend haben ihm alle Jugendlichen ihre Hilfe beim Aufbau abgesagt. Schicksal eines Teenleiters. Die Wetterprognose lautet 8 Grad, bedeckt, windig. Ich rate ihm, auch abzusagen. Werner sagt, zur Not feiert er allein, und betet für schönes Wetter. Dann kommen acht Teens um zu helfen, reumütig, hochmotiviert und harmlos lachend. Wir müssen sie aus allen Windrichtungen zusammenkarren, weil sie ihre Anreise nicht organisiert haben, und keiner hat an Abendessen gedacht. Werner fährt grinsend eine Horde grölender oder peinlich berührter Jugendlicher mit dem Traktor ins Dorf, um Döner zu kaufen. Lena und Jan entscheiden sich spontan dazu, auf dem Anhänger im Freien bei ihrem Vater zu übernachten. Charly schlägt sich auf ihre Seite.

Ich fahre allein heim, als ich nicht mehr gebraucht werde. Zuerst freue ich mich darauf, allein zu sein. Aber dann belastet mich die Leere im Haus. Ich verschließe das Hoftor und verriegle die Haustür. Nicht einmal der Hund ist bei mir geblieben. Eine dumpfe Traurigkeit überfällt mich, als ich daran denke, dass dort draußen auf dem Acker der Punk abgeht. Ich sehe mich schon dasitzen mit weißen Haaren, die Kinder längst aus dem Haus, der Mann mit statistischer Zuverlässigkeit früher verstorben, einsam und hilflos. Welch ein Elend.

Donnerstag, 3. 5. 01

22 Uhr. Jan liegt im Bett. Werner vor dem Fernseher, der von Jans Küsschen verschmiert ist. »Tretschok, du Granatendepp, jetzt hättest du meinen Sohn glücklich machen können. Jetzt gibt es einen Elfmeter. Jan, jetzt würde ich dich am liebsten wecken. Ach du Sch ..., sind die blöd!« Später, erleichtert: »TOOR! Hihi! Bayern ist Erster. Ach, der Deisler hat es geschossen, da freut er sich, das ist sein Lieblingsspieler, das ist der Jüngste!« Dann: »Oooh, Jan, jetzt ist Schalke wieder Erster.« Werner liebt Jan!

Für mich ist es eine ambivalente Zeit mit den Kindern. Abends ab 21 Uhr will ich meine Ruhe. Doch da will Anna bei mir sitzen und endlich reden. Dauernd erinnert sie mich an die Zeit, als ich 15 war. Da war die Geschichte mit diesem breitschultrigen Verehrer auf der Schulfete, die eigentlich noch gar keine Geschichte war, und ich habe Werner zum ersten Mal gesehen – im Karohemd ...

Freitag, 4. 5. 01

Habe Anna zum Bahnhof gefahren. Sie fährt nach Frankreich zum Schüleraustausch. Natürlich habe ich hinterher geweint. Jede kleine Trennung ist wie ein Hinweis auf die große Trennung. Anders kann ich mein Gefühl der Verlassenheit nicht deuten, das sich in mir ausbreitet. Ihre Sachen hat sie selbst gepackt.

Vorhin hat sie angerufen, heiter und gelöst. Hat eine Radtour gemacht, sechshundert Kilometer entfernt von mir, mit einer fremden Mutter. Vielleicht können Mütter es schwerer ertragen, wenn ihre Kinder erwachsen werden und gehen, weil sie mit ihnen schwanger waren? Theorie meines Schwagers, der meinte, für die Männer wären die Kinder Eindringlinge.

Werner kann sich vorstellen, in zehn Jahren ins Elsass zu ziehen. Früher war das unser Traum. Jetzt haben wir uns hier niedergelassen. Ich weiß nicht, ob ich mir noch vorstellen kann, hier wegzuziehen. Nicht weil es mir hier so gut gefällt, sondern weil ich Angst habe, meine Kinder und eventuellen Enkel allein zu lassen und dann, wenn ich sie brauche, allein gelassen zu sein. Ich möchte nicht die Heimat für die Kinder zerstören. Lieber will ich dort, wo es schön ist, Zufluchtsstätten schaffen und wann immer ich will hinfliehen. Wir haben ja den Wohnwagen.

Dennoch: Schön ist es hier nicht und immer weniger schön. Wo immer wir etwas ins »Landesinnere« eintauchen, nehme ich als Erstes wahr, wie gut dort die Luft ist. Dann die Weite und das Grün. Und dann die Stille. Nein, schön ist es bei uns nicht.

Samstag, 5. 5. 01

Ich empfinde mein Leben zurzeit wie ein Puzzle aus vielen Einzelteilen, die ich versuche an die richtige Stelle zu setzen. Da ist die Arbeit in der Buchhandlung mit dem Team von neun Frauen und den so unterschiedlichen Kunden. Das Schreiben, das mir wichtig geworden ist. Das Leben in einer Gemeinde, die starke Veränderungen erlebt. Das Powerleben mit den Kindern, die sich halbjährlich total verändern und damit auch unser Verhältnis immer neu definieren. In unserer Ehe gibt es auch starke Veränderungen, die mit dieser Lebensphase einhergehen, parallel zu meinem Einstieg ins Berufsleben. Während wir dem Höhepunkt der Verantwortung für die Kids zustreben, zehren wir gleichzeitig von ihrer zunehmenden Selbständigkeit und genießen neue Freiräume. Ich empfinde es als große Herausforderung, die Vielfalt meiner Tätigkeiten und Interessen mit denen von Werner abzustimmen. Ich genieße es, mit den Mädchen auf einer neuen Ebene zu kommunizieren, ich genieße es, dass sie selbständiger werden, aber ich habe das Gefühl, kurz vor einem Countdown zu stehen, bei dem noch einmal alle Kräfte gebraucht werden. Ich versuche den Drahtseilakt, meinen heranwachsenden Kindern Freiheit zu geben, ohne sie allein zu lassen.

Wenn wir drei Frauen gleichzeitig »prämenstruieren«, sind wir auf dem Gipfel des vorstellbaren Stresses angelangt. Dann klingen Unterhaltungen ungefähr so: »Lena, schrei mich nicht so an, sag mal, kriegst du deine Regel?« Lena schreit zurück: »Du bist doch aggressiv, nicht ich, ich glaube, du kriegst deine Regel!«

Werner freut sich schon darauf, Hektik und Verantwortung loszulassen, und ärgert mich damit, dass er ständig von der Zeit träumt, da wir zwei wieder allein sein werden. Ich stecke zwischen Erleichterung, allmählich Verantwortung und Arbeit abzugeben, und Wehmut, meine Aufgabe als Mutter loszulassen. Die Angst davor ist fast dieselbe, die ich vor eben dieser Aufgabe hatte. Mutterschaft ist zeitlich begrenzt, ich habe es immer geahnt. Jetzt habe ich es wirklich verstanden.

Dienstag, 8. 5. 01

Ich bin 39 Jahre alt. Aber etwas scheine ich grundsätzlich noch nicht kapiert zu haben. Ich habe ein Problem mit Pünktlichkeit. Und kein kleines. Gerne schiebe ich die Schuld auf Werner oder die Kinder. Aber wie oft habe ich früher schon meinen Schulbus verpasst! Ich saß noch beim Frisör, als unsere Hochzeitsgäste bereits im Hof standen. Als ich in Heidelberg arbeitete, jung und kinderlos, musste ich jeden Morgen zum Bahnhof rennen, um den Zug noch zu erwischen. Jeden Morgen. Und ich war immer die letzte Mutter, die ihr Kind vom Kindergarten abholte. Ich komme immer drei Minuten zu spät in den Buchladen. Abgehetzt. Ich könnte mit Lena sagen: »Das ist meine Geborenheit.

Ich kann nichts dazu. Ich bin eben so.« Aber ich will so nicht bleiben. Vielleicht ertrage ich in meinem hohen Alter auch die Atemlosigkeit weniger.

Mit dem Gedanken, dass ich morgen früh um 8.56 Uhr am Bahnhof stehen muss, um nach Kassel zu fahren, schlief ich gestern ein. Schweißgebadet versuchte ich die halbe Nacht im Traum, fertig zu werden mit dem Packen meiner Tasche. Ich packte und packte, aber ich kam einfach nicht voran. Und dann verpasste ich, noch in der Unterwäsche, meinen Zug um drei Minuten. Gewarnt trat ich den Tag an. Das sollte mir auf keinen Fall passieren. Ich plane: Um 8.30 Uhr muss ich das Haus verlassen, um gemütlich mit dem Rad zum Bahnhof zu fahren. Abfahrt des Zuges ist 8.56 Uhr.

Um 8.30 Uhr renne ich zwischen Bad und Schlafzimmer hin und her, probiere verschiedene Ohrringe und BHs, bügle noch mal meine Bluse, suche eine Feinstrumpfhose, falls ein Temperatursturz kommt, teste zwei Paar Schuhe – alles in der verhängnisvollen Gewissheit, dass ich Pufferzeit eingeplant habe (Minuten!). Als ich das nächste Mal auf die Uhr sehe, stelle ich entsetzt fest: Es ist 8.46 Uhr. Himmel! Und dann fängt alles wieder von vorne an. Hektisch alles in die (zu klein gewählte) Tasche stopfen, jetzt könnte ich noch Vati fragen, ob er mich fährt, aber ich bin in der Eile unfähig, Entscheidungen zu treffen. Und so radle ich in Lichtgeschwindigkeit den kürzesten Weg gen Bahnhof. Das ist der, den Lena neuerdings fährt, die stillgelegte Straße über die Bahngleise. Jetzt erst merke ich, wie kriminell das ist, was Ronja Räubertochter da treibt. Wegen meiner hohen Absätze scheitere ich fast am Sandhügel. Ein Blick auf die Uhr und zwei Fußgänger, die mich mit streng tadelndem Blick beobachten, setzen Reserven frei – geschafft! Ich rase durch die Stadt in meinem elegantesten Outfit und fahre im Schweiße meines Angesichts gleichzeitig mit dem Zug ein ... Nur noch durch die Unterführung rennen ... geschafft! Schweißgebadet lasse ich mich in ein Abteil fallen, in dem ein Platz frei ist, und schnaufe wie ein gehetztes Walross noch Minuten später vor mich hin. Der freie Platz – das stellt sich bei der Fahrkartenkontrolle heraus – ist deshalb frei, weil ich die erste Klasse erwischt habe ...

Ich weiß, was mein Jahresthema 2002 sein wird. Ich befürchte, dass es gar nicht so viele Jahre wie Lebensthemen gibt, die ich angehen sollte.

Donnerstag, 10. 5. 01

Habe wieder zwei Tage Teamsitzung hinter mir, Kopf und Herz angefüllt bis an den Rand. Das hätte ich im Traum nicht gedacht, was Gott da mit mir macht. Erwische einen früheren Zug, lasse meine Platzreservierung sausen, nehme in Kauf, zwei Stunden zu stehen. Werner wird sich freuen. Während ich fahre, reitet er. Vati holt mich vom Bahnhof ab. Ich laufe mit dem Hund durch den Wald, bewege meine vom Stehen schmerzenden Knochen. Bin gespannt, wie es hier gelaufen ist, Werners Reiten, Annas erste Party, Jans Fahrradprüfung. Dann will ich versuchen, ihm von meinen zwei Tagen zu erzählen. Als Werner kommt, sagt er ein paar Mal, dass er noch gar nicht mit mir gerechnet hat. Ich weiß nicht, dass er sich den Abend schon ganz anders vorgestellt hat. Fußball will er sehen, Bayern München spielt. »Erzähl, erzähl«, ist sein Kommando und ich kann gar nicht so schnell erzählen, ich bin noch gar nicht richtig angekommen. Lena und Jan unterbrechen mich ständig.

»Bring doch erst mal Jan ins Bett, der wartet schon den ganzen Abend auf dich«, sagt Werner. Als Jan liegt, sitzt Werner vor dem Fernseher. Ich setze mich in den Garten, frage mich, was ich hier soll, und eine Welle von Traurigkeit bricht über mich herein.

Wozu bin ich früher nach Hause gekommen? Habe ich überhaupt jemandem gefehlt? Der Abend ist gelaufen. Weder kann ich reingehen und sagen, was in mir vorgeht – es ist zu demütigend und nicht einmal Erfolg versprechend –, noch kommt Werner auf die Idee, nach mir zu sehen. Ich fliehe. Laufe zwei Stunden durch die Stadt und frage mich wieder, was ich hier soll. Ich hatte mich so auf das Heimkommen gefreut. Vorfreude hat immer dieses Potenzial von Verletzlichkeit in sich. Werner hatte sich offensichtlich auf Bayern München gefreut und noch nicht mit mir gerechnet ... Ich bin verletzt. Oh, ich bin so empfindlich.

Als ich heimkomme, kommt die abgestandene Frage: »Was ist denn?« Ich weigere mich, das zu erklären, weiß er es nicht? Warum ignoriert er mich so? Ist es wirklich nur des Fußballspiels wegen? Oder ist es mein Weggehen? Ärger darüber, dass er einen Teil meines Lebens nicht teilt? Trotz oder weil er hier einen kleinen Teil meiner Arbeit übernommen hat? Ab 30 lernt man nicht mehr aus Erfolgen, sondern aus Niederlagen, habe ich gestern gelesen. Was kann ich lernen? Wie kann ich das kleine enttäuschte Mädchen in mir trösten? Warum fühle ich mich immer so schnell allein gelassen?

Mittwoch, 16. 5. 01

Hoch des Tages? Die Stunde auf dem Rücken von Gräfin, als mein Körper zu ahnen beginnt, wie man mit dem Rhythmus des Pferdes schwingt, statt darauf herumgeworfen zu werden! Eine Einheit zu werden mit diesem muskulösen, sensiblen Tier – das ist mein Traum. Hinterher das Erfolgserlebnis, als es mir gelingt, ihr das Stallhalfter anzuziehen, bevor sie sich auf ihren Futtertrog stürzt. Ihren schweißnassen, glänzenden Körper mit Wasser abzuschwämmen. Ihr zum Schluss leise ein Lied vorzusummen, während ich sanft ihren Rücken entlangstreiche – welch ein sinnliches Erlebnis. Zuerst will sie mir ausweichen, aber als ich nicht lockerlasse mit Summen und Streicheln, wendet sie mir ihre nach hinten gespitzten Ohren zu und verfällt in eine Art Trance. Das rührt mich sehr. Ich habe großen Respekt vor diesen Schulpferden, die tagaus, tagein ihre Arbeit tun ohne feste Bezugsperson, ohne Weidenausgang, mit mehr oder weniger guten Reitern auf dem Rücken. Draußen donnert es. Schweißnass stehe ich im Gewitter und fange den Regen mit offenem Mund auf – er schmeckt süß. Eine herrliche Abkühlung.

Als wir vom Reiten heimkommen, hat Lena den Wäscheständer unter das Dach geräumt, alle Fenster geschlossen, den Hund getröstet. Und Jan war ohne Werner kicken mit den Männern der

Gemeinde, hat sich von Günther abholen lassen. Das ist es, was ich meine, wenn ich denke, dass die Kids selbständig werden!

Es ist schön, dass Anna zurück ist aus Frankreich. Die Woche ohne sie war ein Vorgeschmack auf eine Zukunft ohne meine Große. Noch eine kleine Weile darf ich sie bei mir haben. Es ist so lustig mit ihr. Wir haben heute Reiterhosen für sie gekauft. Die erste Hose, die sie anprobierte, passte. Und kostete genau so viel wie der Gutschein, den sie zum Geburtstag bekommen hat. Unkompliziert wie der Kindsvater.

Freitag, 18. 5. 01

In einem Küchenschrank hängt ein Cartoon von Hägar dem Schrecklichen, worauf Helga elf Szenen lang melkt, hackt, fegt, schleppt, wischt, schlachtet, kocht, putzt wie eine wilde Stammesmutter, um in der zwölften hintenüber wie tot in ihren Sessel zu plumpsen mit dem letzten Satz auf den Lippen »Ich hab's geschafft! Ich bin mit allem fertig!« Just in dem Moment kehrt Hägar von der Schlacht heim und meint lakonisch: »Hast du dir's heute gemütlich gemacht, Liebling? Gescheit, sehr gescheit ...«

Ich kenne Helgas Gefühl. Es ist wie wenn ich vormittags in der Buchhandlung arbeite, mittags Lena zum Reiten und Jan zum Spangenarzt fahre, dazwischen drei Maschinen Wäsche versorge, vier Arbeitsgänge Haushalt einschiebe, koche, einkaufe, es noch schaffe durchzusaugen, und gerade den PC einschalte, um zu sehen, ob ein E-Mail gekommen ist, als Werner nach Hause kommt und fragt: »Schreibst du schon wieder?« Oder: Ich versorge zehn Maschinen Wäsche an einem Tag inklusive Betten beziehen. Am Ende sitzt alles gefaltet und gebügelt in fünf Schränken. Dann kommt Werner und sagt: »Hast du gesehen, wie schmutzig die Treppe draußen ist?« Werde in Zukunft das Schreiben VOR die Hausarbeit legen. Ertappe mich jetzt öfter dabei, dass ich mich, kurz bevor Werner kommt, in die Hausarbeit stürze.

Seit wir deswegen einige Reibereien hatten, lautet der Vorwurf neuerdings, pädagogisch wertvoll versteckt: »Sehen die

Kinder nicht, dass sie die Treppe versauen mit dem ganzen Dreck, den sie reinschleppen?« Jahrelang war unsere Debatte »Nein, ich werfe dir überhaupt nichts vor, klar sehe ich, was du den ganzen Tag geleistet hast, fühl dich doch nicht gleich angegriffen«, aber dann ertappte ich ihn wieder dabei, dass er davon träumte, Hausmann zu sein und »auch am Vormittag Kuchen mit der Nachbarin zu essen« ... Das hat sich erst gelegt, als ich mit Jan im Krankenhaus war und er mich eine Woche vertrat. Danach sagte er (verblüfft wie die Männer, die manchmal so emanzipiert von der Kanzel runterloben: »Meine Frau ist ja jetzt in der Kur, ich soll euch alle von ihr grüßen, und nun muss ich mal ein Lob auf die Frauen loswerden, das ist der reinste Managerjob, was die jeden Tag leisten«): »Wahnsinn ist das zu Hause! Man kommt zu nichts! Ich habe nur den Wasserhahn repariert und mit Anna Mathe-Hausaufgaben gemacht. Ich weiß nicht, wie du das alles schaffst.«

Jedenfalls habe ich viel zu tun und gehe mit Schwung dran, weil wir nächste Woche in die Toskana fahren. Ich weiß nicht, wie viele Jahre ich mir schon wünsche, die Toskana zu sehen, in der sich »der alte teutonische Traum vom süßen Leben unter südlicher Sonne verdichtet zur Erwartung, im langen Schatten der Zypressen das einfache, allumfassende Glück aus Rotwein, Brot und schöner Aussicht zu finden« (so ein Prospekt).

Samstag, 19. 5. 01

Wir sind zum traditionellen jährlichen Grillfest bei Freunden eingeladen. Anna will nicht mehr mit. Draufgängerisch ist sie nicht gerade, sie fragt vorsichtig: »Muss ich da mit oder darf ich stattdessen die Sandra besuchen und das Pferdegestüt dort ansehen?« Wir wollen keinem unsere Gesellschaft aufzwingen. Sie weiß auch schon, wie sie die zwanzig Kilometer dorthin schaffen will: mit dem Zug. Anna ist noch nie allein Zug gefahren. Werner bringt sie zum Bahnhof und schaut ihr nach, bis man nichts mehr von ihr sieht. Da läuft sie, ahnungslos, mit allmählich immer fraulicheren Formen, sehr figurbetont gekleidet, eine blondlockige, fragile Erscheinung. Wunderschön. Am liebsten würde er ihr nachlaufen, um zu sehen, ob sie die richtige Fahrkarte löst und in den richtigen Zug steigt und ob die Pfiffe ihr gelten und sie belästigt wird von all den Jungs, die da rumhängen. Aber er fährt ab.

Hinterher erfahren wir, dass alles reibungslos geklappt hat. Wer weiß, wie viele Engel sie begleitet haben. Muss das eine Mutprobe für sie gewesen sein!

Sonntag, 20. 5. 01

Sonntag. Werner singt für Anna aus dem Bett mit Kopfstimme:

»O Anna, o Anna,
du bist mein größtes Glück,
und wenn ich dich nicht hätte,
wär' ich schon längst verrückt!«

Lena kriecht an die Luke ihres Dachzimmers und guckt müde runter. Werner: »Lena, ich sing dir auch ein Liebeslied, warte mal ...« Lena kreischt: »Nein, nicht, ich komme freiwillig!«

Jan hat in seine Spalte unseres Familienkalenders an der Küchenwand für jeden Mittwoch und Sonntag »Fußball« eingetragen. Dass die Männer mittwochs kicken, weiß ich ja, aber was hat Fußball mit dem Gottesdienst zu tun? »Mama, manchmal spielen die Jungs auch sonntags Fußball! Nach der Gemeinde!« Spricht's und schlüpft in seine niegelnagelneuen Kickschuhe. Eine Schleife kann er allerdings noch nicht, die muss Lena binden. Er hat so hoffnungsvolle Erwartungen an das Leben. Jan fühlt sich angenommen. Heute wird seine Kindergruppe den musikalischen Vorspann im Gottesdienst gestalten. Sein Blick fällt auf die Hühner und er fragt: »Warum haben wir immer nur Hühnerfrauen und keine Hühnermänner?«

Nach dem (für Jan) überaus erfolgreichen Gottesdienst kommt Helen zu mir und sagt: »Ich möchte dir für deinen Sohn danken!« Ich bin perplex. Das hat jetzt auch noch keiner gesagt.

Ich kann mir gar nicht vorstellen, was er für sie getan haben könnte. Aber Jan hat gar nichts getan, sie fühlt sich durch seine Persönlichkeit beschenkt: »Ich bin durch deinen Jan so reich beschenkt. Er blickt ja beim Vorsingen seiner Gruppe immer auf den Boden und man ahnt nicht, was in ihm vorgeht. Er kriegt kaum das Wort phänomenal raus, aber du kannst dir nicht vorstellen, wie ich mich freue, wenn ich sehe, wie die Musik in ihm wirkt, wie sie ihn durchströmt und ihn mitreißt, während die anderen teilnahmslos rumstehen ...«

Ich weiß, was sie meint, und es tut mir gut, dass mein Augenmerk wieder auf Jans Persönlichkeit gelenkt wird, denn zur Zeit ist das Leben mit ihm anstrengend. Ich sage, dass diese Besonderheit in einer Gruppe gesunder Kinder halt auffällt. Sie meint: »Behinderte werden der Öffentlichkeit entzogen. Wir sind arm an Behinderten, und das ist eine große Armut!« Keine fünfzehn Punkte im Bio-Leistungskurs hätten mir so viel bedeuten können wie diese Worte meiner ehemaligen Lehrerin. Der Tag mit Jan ist heute noch ziemlich anstrengend, aber am Ende bleiben diese Worte in mir.

U 20 Brasilien gegen Deutschland. Jan darf die erste Halbzeit sehen. Morgen früh muss er wieder zur Schule. Jan schimpft in den Fernseher: »Morgen will ich hören, dass ihr gewonnen habt!« Die Gespräche mit Jan werden tiefschürfender ... Im Bett sagt er, er werde mal mit Jesus reden, dass der den Tag länger mache, vielleicht so dreißig Stunden, weil es schon wieder an der Zeit ist, ins Bett zu gehen und er das Gefühl hat, eben erst aufgestanden zu sein ...

Montag, 21. 5. 01

Als ich vom Buchladen nach Hause fahre, kommt mir ein hübsches Mädchen mit dem Fahrrad entgegen, das mir winkt. Ein schönes, dynamisches, neugierig blickendes, lebenshungriges Mädchen. Freude durchzuckt mich wie ein Blitz, als ich sie Bruchteile einer Sekunde später erkenne: Lena. Dann fällt mir ein, wohin sie da so fröhlich radelt und der nächste Blitz ist ein

Schmerz. Sie will »sich selbst ein Bild machen« vom HdB, dem »Haus der Begegnung«, einem Treffpunkt der Stadtverwaltung für Jugendliche, den es schon »zu meiner Zeit« gab. Sie hat um die Erlaubnis gebeten, mit einer Freundin zusammen hinfahren zu dürfen. Ich musste meine zwanzig Jahre alten Vor- und Nachurteile zur Seite legen, was mich Kraft gekostet hat, und erlaubte ihr, sich selbst ein Bild zu machen. Ich hätte mich nie dorthin gewagt im zarten Alter von 13. Dort wurde geraucht, getrunken, geknutscht, laut gelacht, und alle schienen irgendwie stark und maskiert.

Lena ist viel neugieriger als ich es war. Gefährdeter? Sie lehnt sich an ihre Klassenkameradin, die sich an ihre große zungengepiercte Schwester und deren Clique lehnt. Ich bange um sie und bin gleichzeitig stolz auf sie. Ein zerbrechliches Gefühl. Ich scheue mich, ihr zu verbieten, dort reinzusehen. Druck könnte sie umgehen, und womöglich würde sie es dann heimlich tun. Ich verstehe, dass sie sehen muss, was dort abgeht. Herr, jetzt bist du dran. Jetzt muss das Fundament halten, das wir gelegt haben, jetzt kann ich nur noch wenig tun im Vergleich zu den vergangenen Jahren. Die Werte, die wir versucht haben, ihr zu vermitteln, müssen nun tragen. Ich kann sie immer weniger behüten, muss ihr zutrauen, dass sie selbst ihre Grenzen findet und verteidigt. Sorgen helfen ihr nicht weiter. Ich versuche, sie sachlich zu informieren über Rauchen, Drogen, Sex, Alkohol, Gruppenzwang. Seit einiger Zeit versuche ich immer wieder, über diese Dinge zu reden, aber Lena ist das eher peinlich.

Lena fand es total cool im HdB. »Die sind alle voll nett zu mir gewesen, haben mich zum Abschied rechts und links geküsst, das ist wie eine große Familie, ich will dort wieder hin.« Sofas zum »Abhängen«, Tischtennis, Billard, wo sie die fünf Mark von Opa gleich umgesetzt hat, Internet-Chatten – wie viel Freiheit erträgt Lena? Alle haben geraucht. Ich hoffe, dass ihre Angst vor Versehrtheit sie mitschützt. Dass sie persönlich stark genug ist. Und dass unsere Beziehung trägt, dass sie im Notfall, im Ernstfall Vertrauen zu uns hat.

Dienstag, 22. 5. 01

Werner ist auf einer dreitägigen Freizeit. Ich genieße die zeitlich befristete Distanz, die Ruhe, die Zeit für mich ganz allein. Ich packe für unsere Fahrt in die Toskana. Vielleicht ist es das letzte Mal, dass beide Mädchen mitkommen. Scharf sind sie nicht mehr darauf und wir merken, dass das, was jahrelang funktioniert hat, allmählich auf der Kippe steht. »Schon wieder Urlaub!«, stöhnen sie, würden lieber bei ihren Freunden bleiben.

Entstanden ist unsere Urlaubskultur aus einer Krise heraus. Mit 22 habe ich geheiratet. Mit wehenden Fahnen und romantischen Vorstellungen. In meinem Zukunftstraum sah ich ein allein stehendes Häuschen inmitten grüner Wiesen mit Obstbäumen, unter denen zahlreiche Kinder fröhlich miteinander spielten. Sie sahen alle aus wie die Kinder von Bullerbü. Ein braunhaariger Hund mit lieben Augen bewachte sie, derweil Werner in einer Ecke meines Traumes Drachen steigen ließ, die ich von der Hängematte aus bewunderte, eine Rose im Mundwinkel, mit der linken Hand anmutig eine Wiege wiegend.

Das Unternehmen Partnerschaft nahm seinen Lauf. Der Alltag holte mich ein und nagte schnell an meiner rosa Wolke. Nie hätte ich gedacht, dass es so schwer sein könnte, mit dem Mann meiner schlaflosen Nächte tausendundeine Nacht unter einem Dach zu leben. Keiner hatte mir gesagt, wie unterschiedlich Männer und Frauen sind. Nie hatte ich etwas davon gehört, dass man in eine gute Partnerschaft unaufhörlich investieren muss, nichts hatte ich gelernt über Kommunikation, Erwartungen abstimmen, Bedürfnisse aussprechen. Innerhalb von zwei Jahren bekamen wir zwei Kinder. Unsere Karten wurden noch einmal neu gemischt. Und wieder: Nie hätte ich gedacht, welche Kämpfe nötig sind, um in unsere neuen Rollen als Eltern zu wachsen, und wie sich Mann und Frau durch die Geburt von Kindern noch einmal verändern.

Anna war ein Traumbaby, weswegen mir alle Leute anerkennend auf die Schultern klopften. Lena war das Kind, das Allroundservice verlangte. Die Schulterklopfer gingen auf

Beobachtungsposten, um zu sehen, wie wir mit dieser Herausforderung klarkommen würden ... Fünf Kinder waren mein kühner Traum. Nach der Geburt des zweiten träumte ich kleiner: Zwei genügten! Wir waren mehr als vollauf beschäftigt. Zwei Kinder bekam man hin und wieder ganz gut unter. Ich hatte zwei Hände, an die zwei Kinder passten, auf meinen Schoß passten zwei Kinder und Werner und ich konnten uns unterwegs gut um zwei Kinder kümmern. Wir hatten zwei Kinderzimmer und zwei Kindersitzplätze im Auto. Wir träumten nun von gemeinsamen Kanufahrten und Bergwanderungen. In meinem Heimatort bekam ich die Leitung der Bibliothek angeboten. Werner und ich brauchten wieder dringend mehr Zeit füreinander.

Dann kam die Geschichte mit »Meine Gedanken sind nicht eure Gedanken«. Gottes Pläne waren nicht unsere Pläne. Mitten in die Zeit der angegriffenen Nerven hinein wurde ich zum dritten Mal schwanger. Schon die Schwangerschaft war reine Nervensache. Nach Jans Geburt war dann nichts mehr, wie es vorher war. Jan war behindert, Jan war lebensbedrohlich krank. Innerhalb von wenigen Monaten geriet unsere Beziehung wieder aus dem mühsam errungenen Gleichgewicht. Wir rieben uns auf zwischen der Verantwortung für drei kleine Kinder und hatten nun gar keine Zeit mehr für uns selbst. Die Erwartungen an den Partner waren größer als seine Kraft. Rückblickend habe ich mich manchmal gefragt, wie wir das ausgehalten haben. Wir steuerten in eine Krise, als zu Hause Stress pur herrschte und Werner (unbewusst) lieber in seinen neuen Job mit vielen interessanten, entspannten Kollegen investierte. Als wir uns bewusst wurden, dass wir im Begriff waren zu scheitern, bekamen wir einen heilsamen Schreck, der einen Neuanfang einläutete. Wir durchliefen einen schmerzhaften Prozess, der insgesamt Jahre dauerte, aber hier begann: Wir entschieden uns noch einmal ganz neu füreinander und für unsere Liebe. Vermutlich hat Gott seine Hände mit im Spiel gehabt. Wir haben es geschafft. Es hätte auch schief gehen können.

Der erste Eckstein unserer Ehereform war Werners Mut zum Karriereknick. Bewusst entschied er sich zu kleinen Brötchen und gab mir und den Kindern den ersten Platz in seinem Leben. In den nächsten Jahren lehnte er etliche Aufstiegsmöglichkeiten ab, weil sie mit größerem Zeitaufwand verbunden gewesen wären. Das gab mir Vertrauen in sein Ja zu uns. Werner blieb sich treu und war seither abends ab 16.30 Uhr in der Familie präsent. Wir nahmen uns neu ernst und suchten, als es Jan besser ging, aktiv nach Möglichkeiten der Entlastung. Eine Zeit lang wanderte jede übrige Mark in die Hände zuverlässiger Babysitter und wir lernten die Lokale der Umgebung und unsere Herzen neu kennen.

Wir begannen, nach den Fixpunkten zu suchen, an denen sich unsere zwei Geraden überschneiden. Die wollten wir ausbauen. Was war es, was uns gemeinsam Spaß machte, worüber freuten wir uns beide, wonach sehnten wir uns, was waren unsere Träume?

Damals, als unser Unternehmen Familie fast zu scheitern drohte, haben wir ganz neue Kapitel in unserem Leben aufgeschlagen. Zuerst zaghaft, nur mit einem kleinen Hoffnungsschimmer im Herzen. Dann immer mutiger. Der Wohnwagen war das erste davon. Wir haben unsere alte Leidenschaft zu reisen wieder aufgegriffen und nach langer Pause eine Form gefunden, die mit den Kindern vereinbar war. Urlaub bekam wieder eine Schlüsselfunktion in unserer Lebensgestaltung. Der Wohnwagen half uns, zum Preis einer normalen Urlaubsreise mehrmals im Jahr für einige Wochen dem Alltag zu entfliehen. Diese Bastion »Urlaub« verteidigen wir wie die Löwen. Wir erlebten uns immer wieder entspannt außerhalb der gewohnten Umgebung mit ihrer Routine, ihren Sachzwängen, dem Zeitdruck, den Terminen und Eindringlingen wie Telefon und E-Mail.

Diese Auszeiten sind uns bis heute sehr wertvoll. Wir sind ständig miteinander konfrontiert, müssen uns auseinander setzen, können stressfrei reden, haben Zeit, uns aneinander zu reiben, uns wieder neu aufeinander abzustimmen, zu erkennen, dass die Chemie immer noch stimmt.

Der Gipfel an Genuss kommt im Herbst: Da verstauen wir die Kinder bei Großeltern, Tanten und Freunden und verbringen ein ganzes, riesenlanges Wochenende nur zu zweit. Wir wandern stundenlang, reden in Ruhe miteinander, essen, wann wir wollen, und machen überhaupt, was uns beliebt. Und das Beste: Keine Kinder! Keine Forderungen, kein Streit, keine Bedürfnisse vor unsere stellen. Diese Stille! Tut uns das gut! Urlaub von den Kindern. Abstand gewinnen von dem nervenzerreißenden Getümmel. Verantwortung abgeben. Aus dem Bauch raus leben, ausgiebig frühstücken, abends essen gehen, reden, reden, reden. Und ganz natürlich ist Raum für weitere Annäherung, ohne Timing, ohne Hetze, ohne Müdigkeit, ohne Störung.

Was bleibt: Ich habe keine Angst vor der Zeit, wenn die Kinder uns einmal verlassen werden. Ich weiß wieder: Wir haben uns etwas zu sagen jenseits von Kindern, Küche, Karriere. Wir sind uns vertraut und dennoch fremd genug, um uns anzuziehen. Es ist und bleibt interessant miteinander. Man könnte sich fast daran gewöhnen ...

Dann haben wir uns einen gemeinsamen Kindheitswunsch erfüllt: einen Hund. Charly war ein Glücksgriff. Dieses große, treue, fröhliche, bewegungsfreudige Tier verhalf uns zu abendlichen Gesprächszeiten in der freien Natur und zu vielen ganztägigen Familienausflügen. Wandern wurde zu einer beliebten Wochenendbeschäftigung. Wir alle lieben Tiere und Natur. Es hat Spaß gemacht, seine Entwicklung vom Welpen zum erwachsenen Hund zu beobachten und ihn zu erziehen. Wir haben schon oft gelacht wegen Charles, dem Großen, und uns oft beschützt oder geborgen gefühlt bei ihm.

Heute haben wir einen Fundus an Gemeinsamkeiten, das macht die Jahre immer schöner miteinander. Langweilig ist mir mit Werner nicht. Uns verbinden die Liebe zur Natur, unsere Erwartungen an das Leben, an uns als Partner, an unsere Kinder, wir haben die gleiche Einstellung zu Erziehung und vielen Lebensfragen. Wir sehen unseren ersten Platz innerhalb unserer Familie. Wir haben uns darauf besonnen, unsere Beziehung zu pflegen, und damit Kommunikation, Zärtlichkeit, Romantik, Sexualität, Spaß miteinander. Ich bin davon überzeugt, dass unsere Kinder davon profitieren, dass uns unsere Ehe wichtig ist.

Donnerstag, 24. 5. 01

Ätzende Fahrt durch Staus und Hitze. Wir quälen uns durch eine reichlich unattraktive Landschaft, topfeben und mit viel Industrie – das soll die viel bedichtete Toskana sein? Da keiner dieses Jahr eine Vorstellung hatte, wohin er reisen wollte, hatte ich Ziel und Campingplatz ausgesucht, meine geballte Zivilcourage in eine Waagschale geworfen und alle überzeugt. Nun lastet die Verantwortung auf meinen Schultern, weil sich alle frustriert fragen, wozu sie so weit gefahren sind.

Plötzlich, fünfzehn Minuten vor dem Ziel, erheben wir uns aus der Ebene in hügeliges Land. Wir fahren in Serpentinen auf den Montalbano, einen waldigen Berg, wo ein schattiger Campingplatz liegt, mit Rundumblick über die Toskana. Wir finden einen starken Platz abseits des Rummels, wo Jan schreien und Anna zelten kann – sie will nicht mehr bei uns im Wohnwagen schlafen. Wir haben es geschafft! Leichter ist es gewiss, mit Vorfreude an ein bekanntes Ziel zu reisen; das hier ist Pionierarbeit und mit Kindern allemal ein Wagnis. Mein Ziel: Wandern in der Toskana abseits vom Touristenrummel und zwei, drei schöne mittelalterliche Städte besichtigen. Dieses Gefühl des ersten Tages gehört zu den schönsten meines Lebens: eben erst angekommen zu sein, am Anfang einer großzügig bemessenen Zeit, in einer Gegend, die es noch zu entdecken gilt, den frisch geputzten Wohnwagen voll sauberer Kleidung, ungelesener Bücher und Lebensmittelvorräte – klasse! Pioniermut haben wir mitgebracht. Vorerst freue ich mich an der Stille hier – kein Geräusch außer den Vögeln, Anna, Lena und Jan. Sie haben sich auf einen stressfreien Geschwistererholurlaub eingestellt. Dieses Herunterschalten will mir zu Hause nicht gelingen. Ich organisiere und organisiere, aber ich nutze die gewonnene Zeit immer nur für weitere Aktivitäten.

Freitag, 25. 5. 01

Ich kann noch nichts lesen. Ich bin einfach. Beobachte die Kinder. Die Tatsache, in welch rasendem Tempo sich die

Mädchen verändern, erinnert mich stark an ihre Kleinkindphase, als ich auch mit offenem Mund zusah, was sich da ohne mein Zu tun abspielte. Anna und Lena sind sehr lebenshungrig. In kurzen wippenden Röcken schlendern sie über den Markt, kaufen Haarspangen und bemerken nicht die Blicke ganzer Gruppen italienischer Jungs. Dafür legt Werner seinen Bodyguardgang rein mit einem Blick hinter der Sonnenbrille, der genügt, seine drei Frauen vor einer ganzen Gang sizilianischer Mafiosi zu schützen.

Anna und Lena entfalten sich wie Schmetterlinge. Schön waren sie schon immer, jetzt werden sie umwerfend. Zu dritt standen wir heute vor einem Spiegel und ich konnte kaum fassen, was ich sah. Ihre Wirkung nimmt zu, meine ab. Ich freue mich über diese Ästhetik, die mich umgibt. Werner reagiert leicht alarmiert auf diese Tatsache.

Samstag, 26. 5. 01

Jan entdeckt zu unserem Riesenerstaunen den Pool. Er zieht Runde um Runde durch das halbhohe Becken und wird mit dem bisher so verhassten Element vertraut. Er verliert die letzte Angst und wird süchtig danach. Stunde um Stunde hüpft und tänzelt er mit erhobenen Ellbogen durch das Wasser – Lena geniert sich, Anna amüsiert sich, wir sind stolz auf ihn. Ich trage tief in mir die Überzeugung, die wichtigste Aufgabe meines Lebens vollbracht zu haben, wenn alle meine Kinder schwimmen gelernt haben. Wir amüsieren uns über den italienischen Bademeister, der in großer Selbstaufopferung täglich zehn Stunden lang darauf achtet, dass niemand in seine heiligen Wasser steigt ohne – Bademütze. Diese unumstößliche Regel, die sich jeder Teenagerlogik widersetzt, überwacht er mit braun gebrannter, gleichmütiger Autorität. »Baddekapp!!!«, ruft er schallend, wenn jemand sich dem Pool ohne diese Kopfbedeckung nähert und springt, ansonsten die Gutmütigkeit in Person, behände in Badeschlappen auf den Übeltäter zu, der dadurch augenblicklich zu einer Person des öffentlichen Interesses wird. Anfangs weigern sich Anna und Lena strikt, dieses entwürdigende Gebot zu befolgen, und verzichten lieber auf das Baden, aber nach zwei Tagen bei 30 Grad im Schatten ist ihr Stolz gebrochen und sie bitten auf Knien um das Geld für diese alberne Kopfbedeckung, zumal sich kein einziger weiterer Jugendlicher hier die Ehre gibt. »Diskutier das mit dem Bademeister« wird zum geflügelten Wort.

Sonntag, 27. 5. 01

Es gibt wirklich weit und breit keine anderen Jugendlichen hier. Sind wohl alle 100 Kilometer weiter gereist – ans Meer. Langeweile macht kreativ. Ich winke mit einer Prämie von 10 DM für den, dem es gelingt, Jan das Binden einer Schleife beizubringen. Lena winkt ab. Anna spürt die Herausforderung und übt eisern mit ihm. Jan beugt sich willig – und schafft es! Was ich in jahrelangen halbherzigen Versuchen nicht erreicht habe, bringt sie in zwei Stunden zur Vollendung. Anna löst den Knoten in seinem Gehirn und Jans Finger lernen, den Windungen des Schnürsenkels zu folgen.

Werner ist morgens schon der Gegend überdrüssig. Zum Wandern ist es ihm zu heiß. Die Mädchen wollen nicht in eine Stadt. Was soll ich tun? Sie werden sich zusammenraufen müssen. Mir tut schon der Weitblick vom Pool aus in der Seele gut. Keine Mauern, keine Grenzen. Ich habe Abstand von PC, Buchladen, unserem Heimatort Forst, der Gemeinde. Anna, Lena und Jan, die sich nun mit dem Schwimmbad arrangieren, zu beobachten, gefällt mir, ich fühle mich auserwählt, sie als Kinder zu haben. Wenn nur nicht die bedeckte Stimmung des Gatten wäre, der meine Freude nicht so recht teilen will.

Montag, 28. 5. 01

Abends, wenn wir Rommee spielen und uns fast totlachen über Lenas Esprit und Annas Charme oder mittags am Pool, wenn Werner mit allen dreien im Wasser rumtobt, kann ich mir nicht vorstellen, je wieder zu zweit zu verreisen. Aber wenn wir eine Stadt besichtigen, wäre ich lieber mit Werner allein im Urlaub. Der Widerstand beginnt auf dem Rücksitz (»Mir ist schlecht«) und geht in der Stadt weiter (»Ich will ein Eis. Mir ist heiß. Wisst ihr noch, wo das Auto steht? Müssen wir noch lange so laufen? Die Läden haben ja zu. Gefällt euch das jetzt?«). Zu zweit würden wir uns immer wieder mal in ein Restaurant, eine Straßenkneipe setzen.

Dienstag, 29. 5. 01

Ich finde es wunderschön hier. Die Bauern der Toskana haben im Lauf der Jahrhunderte aus der Hügellandschaft und ihren Gehöften, Weinbergen, Olivenhainen, Wiesen und Äckern ein echtes Kunstwerk gestaltet! Fast ständig liegt Dunst über den sanften Hügeln und löst die Konturen der Zypressen, Ölbäume, Weinstöcke und Stadtsilhouetten wie mit einem Weichzeichner auf. Die Luft ist geschwängert von süßem, schweren Akazien- und Ginsterduft und glitzert silbern bis zum Horizont. Ich weiß jetzt, warum die Abbildungen in den hundert Toskanabildbänden, die ich in den letzten fünfzehn Jahren betrachtet habe, immer dunstige Landschaften zeigen. Weil es hier meistens dunstig ist. Was macht Italien eigentlich so anziehend? Vielleicht, dass die Italiener auszuleben scheinen, was bei uns so oft zu kurz kommt: die Freude am Genuss, Lebensunbekümmertheit, Schlampigkeit und jene Dosis Chaos, die uns ordnungsgewohnte Menschen wohlig erschauern lässt. Ich glaube, dass die Italiener mit dem Leben leichter zurechtkommen. Sie beherrschen die Kunst, sich zu arrangieren und haben deshalb ein schöneres Leben! Das sieht man doch schon am Essen. Aus einfachen, aber frischen Zutaten zaubern die Mammas Italiens herrliche Gerichte.

Aber trotz all dieser Herrlichkeit um uns herum kriegen wir es diesmal nicht so richtig gebacken. Irgendetwas ist anders.

Wandern scheiterte bisher an der Hitze. Heute wagen wir bei bedecktem Himmel eine Rundwanderung, aber der Himmel klart auf und wir verirren uns. Fünf Leute um 13 Uhr einsam unter der stechenden Sonne auf schattenlosem Asphalt kurz vor dem Hitzestich – das ist keine lustige Sache. Die Gegend ist wunderschön, silbrige, sanft hügelige Olivenhaine, aber die Hitze ist unerträglich und das Gejammer von Anna und Lena auch. Als wir endlich daheim sind, löschen wir uns alle im Pool.

Wandern in der Toskana dürfte hiermit abgehakt sein. Vor sechzehn Uhr ist an keine Unternehmung außerhalb des schattigen Campingplatzes zu denken. Da dieser auf der Spitze des Montalbano liegt, genieße ich eben das unendliche Panorama vom Pool aus über die Ebene – monumental! Am Pool wird der Tag endlich schön. Hier weht immer ein Wind. Als sich in der goldglühenden Abendsonne mein Blick über den leuchtenden Olivenhainen verliert, habe ich das Gefühl, daheim zu sein. Tiefe Ruhe senkt sich auf mich. Das Gefühl möchte ich am liebsten einschweißen und mit nach Hause nehmen ... Abends machen wir eine Panoramafahrt mit dem Auto nach Vinci, wo Leonardo herkommt. Noch nie habe ich so einen weiten Rundblick gehabt wie hier. Und noch nie so ein Gequäke auf der Rückbank (dreifaches »Mir ist schleeeecht«). Auf der Fahrt wird Werner von einem gelbschwarzen toskanischen Insekt gestochen. Er schreit, flucht und fuchtelt. Dann brennt es furchtbar auf seinem Oberschenkel. Heroisch biete ich ihm an, den Stich auszusaugen. Er akzeptiert. Ich sauge auf Verdacht, sehen kann ich nichts. Vermutlich wird der symbolische Trost größer sein als der reale. Auf die Idee, das nicht Sichtbare auszuspucken, komme ich nicht. So kommt es, dass Werner augenblicklich Linderung erfährt. Dafür beginnt es in meinem Mund wie Feuer zu brennen, und daran ändert auch ein nachträgliches Ausspucken nichts mehr ... Den restlichen Abend laufe ich rum, als wäre ich frisch vom Zahnarztstuhl gestiegen.

Jan kriegt ein T-Shirt mit dem Aufdruck »Sono un genio« – »Ich bin ein Genie«. Nachts nach der obligatorischen Rommeerunde sitzen wir stundenlang unter dem klaren Sternenhimmel, beobachten die Glühwürmchen und atmen tief die zum Schneiden klare Luft ein.

Mittwoch, 30. 5. 01

Es wird schwieriger, unsere Interessen mit denen der Mädchen zu vereinbaren. Sie lassen ihrem Unmut freien Lauf, denken nur an sich. Streit mit Werner, als er nach einem unruhigen Frühstück sagt, er versuche, die tausend Kilometer Fahrt irgendwie zu rechtfertigen. So ein Reinwürgsatz.

Es ist schwierig, in der Hitze mit den Kindern die Zeit zu gestalten. Die Landschaft interessiert sie nicht, der Pool langweilt sie, die Städte sind ihnen zu heiß. Und um uns herum gibt es nur Rentner.

Ätzenderweise haben wir vierzehn Tage gebucht, zudem gefällt es mir hier eigentlich. Wir haben wieder einen ruhigen, windigen Badetag, wofür Werner keine tausend Kilometer hätte fahren müssen. Weshalb er lieber einen ausgiebigen Mittagsschlaf macht. Währenddessen er schon keinen ärgern kann.

Ich weiß gar nicht, inwieweit das auch auf Werner zutrifft, aber meine Gefühlslage ist immer noch stark von seiner abhängig. Ich rudere oft dagegen an, aber sie scheinen mit einem unsichtbaren Gummiseil verbunden zu sein. Stimmungen sind extrem ansteckend. Wenn Werner gut drauf ist, ist meine Stimmung meist gut, ist er muffig, kann ich mich nur selten abgrenzen.

Jan rettet den Abend, indem er die endlose Diskussion darüber, ob wir essen gehen sollen oder nicht, mit Autorität beendet. »Eine Frage, Mama«, ruft er. »Willst du heute Abend noch kochen? Also! Dann gehen wir essen!« Ich hatte eigentlich gar nicht vor zu kochen, aber es ist umwerfend süß, wie er dabei mit der flachen Hand patriarchalisch auf den Tisch schlägt, keine Gegenrede mehr erwartend. Jan liebt es, essen zu gehen. Sein »Also« überrumpelt mich, es klingt so schlüssig. Lena möchte nicht mitgehen, sie mag Restaurants nicht. Jan bestellt Tortellini und der Kellner macht große Augen, als er die blonde Anna in der Abendsonne sieht.

Freitag, 1. 6. 01

Urlaub ist die Zeit, sich Gedanken um Dinge zu machen, die normalerweise untergehen. Beim Frühstück heute Morgen fragt Anna: »Jan, welche Marmelade soll ich nehmen?« Jan entnervt: »Nimm die Erdbeer. Oder frag mich nicht, ich bin doch nicht der Bademeister! Ich hab zu tun!« Spricht's und geht Müll leeren, seine Lieblingstätigkeit. Jan blüht mal wieder auf. Nur nicht, wenn er Geschirr spülen muss. Heute Morgen ist Anna zur sanitären Anlage marschiert mit einer Wanne schmutzigen Geschirrs und einem heulenden Bruder im Schlepptau. Ein gebrochener Mann. Wir lachen viel wegen ihm. Anna schreibt an Oma und Opa: »Hier in der Toskana ist es total heiß. Wir können also ganz oft ins Schwimmbecken springen. Mit Werner sind wir auch schon wandern gegangen. Ihr wisst ja, was das heißt.« Lena ergänzt: »Die Städte sind interessant, wenn man nicht durchlaufen müsste. Hier ist es schön. Bis dann.« Ich liebe es, durch sie zu laufen. Abends mit Jan in Lucca – eine der schönsten Städte, die ich je gesehen habe. Umbaut von einer intakten, zehn Meter breiten, von Bäumen bewachsenen Stadtmauer, auf der Italiener joggen, radeln, spazieren gehen. Eine autofreie Innenstadt voller Plätze und Gassen, schöner Läden, eleganter Italiener und Motorroller. Jan kauft ein Trikot von Giovane Elber, ich ein wunderschönes Tagebuch.

Samstag, 2. 6. 01

Werner ist frustriert von den Mädchen und die Mädchen sind frustriert von Werner. Das Gemecker umzingelt mich. Anna langweilt sich. Vorbei die Zeiten, als sie und Lena sich tagelang kichernd zu zweit vergnügten. Da es Anna vorzieht, im Zelt zu schlafen, denkt Werner darüber nach, den Wohnwagen zu verkaufen. Abschied um Abschied. Wir sind in unserer Eltern-Kind-Beziehungskiste in eine neue Phase gerutscht (»getreten« wäre schöner gewesen, aber so feudal verlief das nicht). Drei

Kinder über zehn, zwei davon pubertierend – wie jede größere Veränderung im Leben geht das nicht ohne Krisen ab. Meine heißt »Loslassen«, und mittendrin in dem Prozess erkenne ich, welchen wertvollen Schatz ich da im Begriff bin zu »verlieren«.

Alpträume, Opfer, Streit, Versöhnung, Liebe, Stolz, Fragen, Diskussionen, Rücksicht nehmen bestimmen mehr als gewohnt unseren Alltag. Am Ende des Urlaubs sind wir nicht mehr an der gleichen Stelle wie am Anfang.

Anna hat sich einen großen Schritt von uns entfernt, im Kopf und ganz praktisch. Ich genieße zutiefst diese Gegend hier und das Klima, aber Annas Langeweile nimmt uns einen Teil der gewohnten Urlaubsfreude, die immer darin bestand, dass alle zusammen glücklich darüber waren, in Urlaub zu sein. Nachts schläft sie allein unter freiem Himmel, tagsüber schreibt sie lange Klagebriefe an ihre Freundin. Der Lauf der Dinge erfüllt mich doch mit Wehmut. Ein Teil dessen, was den Urlaub immer so interessant machte, wird wegfallen: die Kinder im Miteinander und in ihrer Entwicklung zu beobachten. Miteinander lachen.

Dennoch: Die Opfer, die Werner und ich bringen, damit sie zufrieden sind, sind auch enorm. Spontaneität, unbeschwerter Sex – gerade jetzt, wo wir Zeit hätten, kommen wir nicht aneinander ran. Alles müssen wir auf die Bedürfnisse der Kinder abstimmen. Hier würden wir wandern, ganze Tage in Städten verbringen, essen gehen. Stattdessen spielen wir Rommee oder gehen einkaufen. Vielleicht ist dies ein ganz normaler Prozess der Ablösung? Vielleicht wird es auch enorm schön sein, eines Tages nur noch mit Werner zu verreisen?

Sonntag, 3. 6. 01

Über uns, akustisch günstig, hat ein junges Ehepaar sein Zelt aufgeschlagen. Heute Morgen erwache ich ungewohnt früh. Um 6.30 Uhr höre ich ununterbrochen ein Baby und ein Kleinkind schreien, krakeelen, jodeln, lachen, quietschen in Frequenzen, die ich nicht mehr gewohnt bin. Im Halbschlaf empfinde ich den Lärm als Zumutung. Ich wundere mich über die Fröhlichkeit und Geduld der Eltern, die kaum weniger leise kichern, singen, trösten, nonchalant, zufrieden. Frage mich, woher sie die Kraft nehmen. Würde mich spontan außerstande fühlen dazu. Vielleicht haben die Kids besser geschlafen als befürchtet und die Alten sind schon dankbar über einige kleine Stunden Schlaf am Stück.

Als ich mich seufzend und leicht verstimmt aufrapple zu dem morgendlichen Kraftakt, Brötchen bei der Bäckerei oben auf dem Hügel zu holen, sehe ich die junge Familie vor ihrem Zelt. Morgentoilette und Frühstücksschlacht schon erfolgreich bewältigt, die Kids marmeladeverschmiert mit schon wieder reichlich bodenlastigen Windelpos. Alle gut gelaunt, Vater und Mutter jung und gut aussehend. Sieht aus wie ein Werbespot für Margarine. Aber ich lasse mich nicht blenden. Mein Gedächtnis funktioniert noch und ich weiß, was ich mir geschworen habe nach meinem ersten Campingurlaub mit unserem ersten Baby: Nie wieder Campingurlaub mit einem Kind unter zwei. Mir wird wieder bewusst, was für eine Belastungsprobe dieser Wechsel in die Elternrolle für eine junge Partnerschaft bedeutet, und fünfzehn Jahre alte Szenen tauchen vor meinem inneren Auge auf. Was ich in der nächsten Zeit mitbekomme, kommt mir sehr bekannt vor: Das Paar hat kaum Zeit füreinander, muss statt Romantik Teamgeist zeigen und ist zu zweit voll damit beschäftigt, die Ausnahmesituation »Camping« zu bewältigen. (»Urlaub« kann man das noch nicht nennen.) Wie kann eine noch nicht »eheerfahrene« Liebe eigentlich solch einen Klimawechsel überleben? Ich weiß noch gut, welche Arbeit in dieser Krisenbewältigung steckt. Was für ein Projekt!

Und plötzlich kriege ich die Kurve und mir wird bewusst: Bis hierher hat Gott uns schon gebracht! Wir sind heil aus dieser heißen Phase rausgekommen und Gott will uns als »Alteltern« auch heute genug Kraft geben, in diesem letzten Spießrutenlauf den Atem nicht zu verlieren. Gott ist immer noch derselbe, er kann uns auch heute noch durch Krisen helfen. Wir haben unsere Beziehung auf Jesus gebaut und dieses Fundament hat getragen. Warum zaudere ich heute? Ich will mit neuer Zuversicht weitergehen. Wenn wir »aller Anfang ist schwer« überlebt haben, werden wir mit demselben Treibstoff auch den Endspurt schaffen. Und meine Angst, dass wir als Übrigbleibende uns miteinander langweilen könnten ohne die mittlerweile gewohnte Herausforderung, ohne die Teamarbeit, ist höchstwahrscheinlich unbegründet. Gott wird uns wieder als Paar zusammenfügen, wie wir es vor den Kindern bereits waren, aber wir werden gereift und geläutert sein. Nicht mehr dieselben. Gott ist für Familie, für Ehe, für Liebe. Er hat nicht gesagt, dass es leicht wird oder dass es nicht weh tut, aber er gibt uns eine Zutat, die uns die Zumutungen des Familienlebens tragen lässt, und schleift in jahrelanger Arbeit mit weichem Wasser an uns harten Brocken Geduld und Liebe hervor. So kann ich akzeptieren, dass ich nicht mehr der Dreh- und Angelpunkt aller Dinge bin, sondern »meinen« Kindern immer mehr erlauben, ihr Leben selbst in die Hand zu nehmen. Gewinnen durch loslassen – werde ich das am Ende darunter schreiben können?

Abends zieht ein Gewitter auf. Die junge Familie hat sich ins Zelt verkrümelt. Ich beneide sie jetzt nicht. Charly Angsthase sitzt höchst alarmiert im Auto, alle Sinne hellwach. Anna sitzt bei ihm und übt Deutsch. Was mich wiederum alarmiert. Jan kann jetzt Kniffel und Rommee! Er rechnet und denkt total strategisch. Sehe seine Zukunft gesichert, Stammtischzocker mindestens.

Mittwoch, 6. 6. 01

Seit Tagen spielen wir Rommee, wenn Jan schläft. Der Sieger hat einen Wunsch frei, alte Tradition. Lena wird Rommeekönigin – und wünscht sich, dass wir zwei Tage früher abreisen – an den Lago Maggiore. Das tun wir dann auch. Es ist wie nach Hause kommen, alle fünf sind wir euphorisiert – diese klare Luft, der blaue See, die Berge, alles strotzend grün – schön! Die Kids sind sofort unterwegs, eine himmlische Wohltat, nachdem sie zwölf Tage an uns klebten. Wir waren noch nie um diese Jahreszeit hier, es ist wie eine Mischung aus extrem vertraut und frisch gestrichen. Anna trifft eine Brieffreundin aus Emmendingen und sitzt bis 24 Uhr auf Steinen am Fluss und erzählt ... Dann schläft sie unter freiem Himmel, ohne Zelt.

Donnerstag, 7. 6. 01

Das Ende einer zwölftägigen frühkindlichen Depression: Anna holt Brötchen. Anna geht mit dem Hund fort. Jan verschwindet auf dem Spielplatz und spielt mit fremden Kindern. Lena kauft Tomaten beim Italiener. Jan kauft die Bildzeitung wegen der Fußballergebnisse. Wir fassen es nicht. Haben wir einen Fehler gemacht? Wir wollten in diesem Urlaub mal mehr auf unsere Bedürfnisse achten. Aber der Preis war hoch, die Opferbereitschaft unserer Kinder minimal. Die alte Wahrheit, dass Urlaub für Eltern dann beginnt, wenn die Kinder Urlaub haben, bestätigt sich immer noch. Ich lasse mich mit der Luftmatratze auf dem Cannobino treiben, würde gern noch ein paar Tage bleiben, aber nun ist die Zeit um.

Donnerstag, 14. 6. 01

Ich glaube, ich fahre einfach wieder zurück zu den Olivenbäumen. Noch keine Woche daheim, zittere ich innerlich. Aber vielleicht hängt es auch nur mit gestern Abend zusammen. Häuser hat sich was Neues ausgedacht. »Och, wir haben jetzt jahrelang die Pferde nie draußen reiten lassen, wir könnten es doch mal wieder wagen. Nehmen wir am ersten Tag gleich mal die Family Bleier dazu, und geben wir der Madame Bleier doch mal ein neues Pferd.« Vezir.

Also bin ich nach drei Wochen Reitpause zum ersten Mal im Leben in der Reitanlage im Freien geritten. Ohne die gewohnte Umgrenzung der Halle fühle ich mich so ausgeliefert. Beim Rausführen habe ich gebetet. Jedes Pferd ist anders. Man muss sich hineinfühlen, und dabei kann einem eigentlich kaum jemand helfen. Eine Stunde lang kämpfte ich gegen das sensible Pferd und verstand erst am Ende der Reitstunde, was es braucht.

Vezir ging immer wieder mit mir durch. Ich führte wilde, unfreiwillige Galoppaden vor und hielt mich lange tapfer. Aber als ihm plötzlich Werner im Weg war, machte er einen fliegenden Galoppwechsel, indem er seinen Körper blitzschnell in die andere Richtung warf. Man kennt das aus Cowboyfilmen. Da erlag ich der Zentrifugalkraft. In der Luft noch war ich verblüfft. Ich vermute, dass zwei Engel mitgeritten sind. Ich bin unversehrt geblieben, aber in mir drin bin ich doch verletzt. Ich habe noch nie so ein schnelles, wildes Gefühl unter mir gehabt. Hinterher war ich total erschöpft, konnte nur noch debil lächeln und würde am liebsten die ganze Reiterei hinwerfen.

Ich bin so resigniert. Eigentlich hatte ich vor, in Holland auszureiten, aber jetzt weiß ich nicht mehr, ob ich dem gewachsen bin. Ich habe noch stundenlang weiche Knie und nachts sehe ich ständig dieses Pferd vor mir, wie es gegen mich kämpft.

Freitag, 15. 6. 01

Es soll ja Männer geben, die ihre (selbst geputzten) Schuhe vor der Arbeit morgens erst anziehen, *nachdem* sie ihrer Frau in der Küche einen Abschiedskuss auf die Wange gehaucht haben. Nun will ich nicht undankbar darüber sein, unfrisiert und im Bademantel für kusswürdig empfunden zu werden, aber diese Lehmspuren ... Nun ja, auch dieses PMS geht vorüber.

Dienstag, 19. 6. 01

Ich telefoniere mit Lenas Lehrer. Sie kommt uns so unausgeglichen vor. »Unrund«. Ich frage ihn, ob ihm Lena zur Zeit irgendwie auffällt, ob sie sich verändert hat. Ich weiß nicht, was zur Zeit in ihr vorgeht, welchen Einflüssen sie ausgesetzt ist. Er hält Lena für sehr intelligent und viel zu klug, als dass sie mit dem Rauchen anfangen würde. Sie habe sich von Klassenkameraden zurückgezogen, von denen sie spürte, dass sie kein guter Umgang waren. »Die macht ihren Weg.«

Er meint, durch Stadtbahn und Internet hätten die Kids heute

Zugang zu Welten, die es ihnen noch schwerer als uns damals machen, sich auf dem Weg zum Erwachsenwerden zurechtzufinden. Er hat Recht. Es ist kein Wunder, wenn ein Mädchen wie Lena, neugierig, intelligent und hormongebeutelt wie sie ist, mal unausgeglichen wirkt. Wir sprechen noch kurz über Anna, aber zu ihr weiß er nicht viel zu sagen. Er steht offensichtlich auf temperamentvolle Kinder. »Mängel im Ausdruck, beteiligt sich kaum im Unterricht, unscheinbare Art, geht eher unter.« Zurückhaltendere Menschen werden auf den ersten Blick oft nicht wahrgenommen. Ich erlebe es auch beim Reiten. Herr Häuser vergisst manchmal, überhaupt eine Schlussbemerkung zu ihr zu machen, obwohl sie gut und immer besser reitet. Nun ja, es muss ja auch nicht jeder so auffallen wie Lena ...

Ich bin froh um die Gemeinde, die allen drei Kindern einen so familiären Rahmen gibt, wo jeder beachtet und geschätzt wird. Anna hat große Stärken. Sie ist vergnügt, dankbar, praktisch begabt, ruht in sich, mit minimalem Ansatz zum Jähzorn. Lena scheint mir gefährdeter.

Das Gespräch über Lena war gut, aber nachdem ich den Hörer aufgelegt habe, überfällt mich eine große Hilflosigkeit, und ich fange an zu weinen. Ich denke: »Gib sie Gott, du kannst sie nicht retten. Die wilde Lena nicht und die scheue Anna nicht.« Ich schluchze: »Herr, ich kann sie nicht halten! Halte du die beiden. Das ist so ein Schmerz mit dem Loslassen. Herr, bitte sag was!« Und Gott antwortet, ganz klar und ruhig: »Liebe du sie. Ich halte sie! Ich kann sie halten. Liebe du sie nur.« Ich schluchze noch mehr, aber diesmal vor Erleichterung und Freude, dass Gott mir wieder so nah getreten ist.

Ja, sie hassen Kontrolle, Argwohn, Verbote. Sie brauchen Vertrauen, Ermutigung, Rückendeckung, das Gespräch mit mir, wenn sie es suchen. Unser Vorbild, unsere Chauffeurdienste, unsere Zeit, unsere Liebe. Gott tritt immer gerade rechtzeitig aus seiner Unsichtbarkeit heraus und macht sich spürbar. Willegis verglich das neulich mit einer »Jojo-Spinne« – diese kleinen Spinnen, die eben noch am Ellbogen hingen und, mit einer Handbewegung scheinbar weggefegt, plötzlich hinterm Ohr wieder auftauchen, immer an einem unsichtbaren Faden baumelnd. Gott zieht uns auch immer wieder an einem unsichtbaren Faden zu sich hoch.

Mittwoch, 20. 6. 01

Stunde um Stunde ist meine Nervosität vor dem Reittermin heute Abend gewachsen. Meine Sicherheit hat beim letzten Mal einen Sprung bekommen. Heute bekommt Werner Vezir und ich Amsella, das Pferd, das er zur Zeit immer hat und von dem alle stöhnend sagen, wie schwer es sich antreiben lässt. Ich habe Angst, dass ich sie gar nicht vorwärts bekomme, was dann das genaue Gegenteil meiner letzten Reitsituation wäre.

Bei Werner und Vezir läuft alles reibungslos, er ist hinterher nur begeistert. Ich bin stolz und neidisch zugleich auf ihn, kann ihm diesen Erfolg fast nicht gönnen. Ich komme mir so klein vor daneben. Während Werners Sicherheit wächst, in Holland zu reiten, sinkt meine immer mehr gegen Null. Ich mache viel langsamere Fortschritte, es ist so mühsam. Werner gelingt alles viel müheloser. Er verlässt sich fast ausschließlich auf seinen Körper – zu Recht. Mir stehen Kopf und Herz im Weg. Ich kriege nicht so tolle Rückmeldungen von meinem Körper. Zu schwache Muskeln, zu schlechte Zusammenarbeit von Beinen, Armen, Rücken, Bauch, zu viel Tierliebe. Aus Angst, das Fluchttier zu verängstigen oder es im Maul zu zerren, lasse ich mich leichter zum Narren halten von so einem »armen« Halbtonner (der mühelos einen Satz zur Seite macht wegen eines Vögelchens). Ich kriege Amsella besser vorwärts als erwartet, doch bin ich innerlich lange verspannt vom Sturz letzte Woche. Wieder sind wir im Freien geritten, es hat auch Abwürfe gegeben und Amsella hat gescheut, aber sie ist an meiner Hand geblieben. Allerdings habe ich wirklich das Gefühl, einen Zementklotz anzutreiben, ich drücke und drücke mit den Schenkeln nach innen, und sie schleicht im Schneckentempo über die Bahn. »Mehr Fleiß, Frau Bleier«, ist genau das, was man noch braucht, wenn man bei Häuser vorbeikommt. Erst nach dem

Galopp fängt das Reiten auf Amsella an, Spaß zu machen. Beim Reinführen in den Stall übertrete ich mir den Fuß, knicke kraftlos zusammen und falle mit dem Oberkörper in den Futtertrog.

Danach sitze ich heulend vor Erschöpfung auf dem Boden und frage mich wieder, ob ich das wirklich noch will oder ob ich es nur noch Werner zuliebe durchziehe. Ich komme nicht dahinter. Werner ist mein Motor. Aber ich will nicht nur ihm zuliebe reiten, und Werner will das auch nicht. Er fordert mich heraus, mich durchzubeißen, aber meinetwegen, nicht seinetwegen. Kaum etwas hasst er mehr, als wenn ich etwas nur ihm zuliebe tue. Klar sagt er aber, was er vorhat: Auf jeden Fall dranbleiben. Das treibt mich weiter. Er hofft, dass ich durchhalte, und das motiviert mich, nicht aufzugeben. Aber ich habe Angst davor, in Holland auszureiten. Trotz allem habe ich heute einiges gelernt. Vielleicht braucht man zum Reiten einen besonders langen Atem.

Ich abonniere eine Reiterzeitschrift. Mein Selbstwertgefühl steht und fällt mit der Qualität meiner Leistungen. Dass ich beim Reiten das schwächste Glied der Familie bin, baut mich nicht gerade auf.

Donnerstag, 21. 6. 01

Lena ist das Kind, das zur Zeit am meisten Aufmerksamkeit braucht, Widerspruch leistet, Wünsche hat, leidet. Es behagt mir nicht, sie ins »Haus der Begegnung« gehen zu lassen, aber ich vertraue ihr, dass sie in der Lage ist, zwischen Gut und Böse zu unterscheiden. Ich will die Sache nicht durch ein Verbot interessanter machen. Loslassen und Verantwortung stoßen aneinander. Ich hoffe und bete immer wieder, dass sie ein starkes Fundament hat.

Können wir wirklich darauf vertrauen, dass die Summe von Liebe, Zeit, Gesprächen und widrigen Umständen, Fehlern, Vernachlässigung und Fehlschlüssen für unsere Tochter unterm Strich positiv ausfällt? Und wenn, genügt das, ihren Rücken so zu stärken, dass sie unbeschadet diese bedrohlich wirkende Phase überstehen wird?

Wenn wir sie ließen, würden wahrscheinlich mehrere Ohrringe und Tätowierungen ihren hübschen Körper zieren. Zur Zeit liebt sie obskuren Schmuck (Skorpione, Totenmasken), Skelette, hat ihre Wand tapeziert mit Postern von stahlharten Boygroups, telefoniert täglich stundenlang mit Freundinnen, verfolgt Seifenopern im Fernsehen. Klassischer kann man nicht Teen sein, sie stellt Anna darin noch in den Schatten. In der Gruppe ist sie tonangebend. Wie kann ich ihr helfen, dass sie sich zu Hause und in ihrer Haut wohl fühlt? Noch glaubt sie an Gott. Ich hoffe, dass sie das durchträgt.

Täglich besucht sie Frau Wagner, und vermutlich ist sie die Einzige ihrer Schule, die so eine Beziehung pflegt. Sprache ist Lenas Medium. Sie braucht ständig Geld, hat tausend Wünsche. Anna ist genügsamer und hält ihr Geld eisern zusammen. Lena will ein Saxophon, Reitklamotten, einen Fotoapparat, ein Handy, CDs, Inliner, coole Klamotten. Herr, zeig mir, wo mein Mädchen Wurzeln und wo Flügel braucht.

Freitag, 22. 6. 01

Ich habe es im Gefühl, meine Periode müsste demnächst kommen. Nach so vielen Zyklen kennt man sich aus in seinem Körper. Ich kann mich gar nicht erinnern, wann ich sie zum letzten Mal hatte. Wahrscheinlich bin ich deshalb heute auch so schlecht drauf. Ich sehe in meine Zyklustabelle – huch?!? Normalerweise habe ich eher kurze Zyklen, so um die 26 Tage. Nun schon der 29.??? Ich bin nervös. Sofort. Mein Körper erinnert sich. Die Situation hat sich eingebrannt. Dreimal. Ich sollte längst Vorblutungen haben, diese unangenehmen Botschafter, die sich eine Woche vorher bei mir einstellen. Ein leidiges Thema – jetzt sehne ich mich fast danach. Na ja, ich nehme neuerdings Johanniskraut, um meinen Zyklus zu stabilisieren. Vielleicht hat es schon eingeschlagen? Allerdings nehme ich es mehr als unregelmäßig. Vielleicht muss man es so unregelmäßig nehmen, damit es wirkt? Ich verdränge das Ganze wieder.

Aber nachts um vier Uhr wache ich auf. Mir fällt siedend heiß ein, dass der 30. Tag begonnen hat. Dreimal in meiner Frauengeschichte habe ich diesen Tag überschritten. Ich habe meine Periode nicht. Zwei Stunden liege ich schweißgebadet wach, grüble bis zur endgültigen Sicherheit: Ich bin schwanger. Was nicht sein sollte, ist geschehen: Wir bekommen ein Baby. Einen Nachzügler. Ich bin eine Spätgebärende. Eine Risikoschwangere. Stundenlang spiele ich alles durch, ohne mich dagegen wehren zu können: Abtreibung? Kein Thema. Wohin mit dem Bett? Meinen Beruf kann ich aufgeben, den Wohnwagen verkaufen. Meine Figur wird endgültig ruiniert sein. Und damit meine Ehe. Vielleicht ist es behindert. Wird Werner es lieben können? Meine Mutter kann mir nicht mehr so unter die Arme greifen wie bei den ersten Kindern. Vielleicht helfen Anna und Lena? Wir werden wieder einen Sandkasten im Garten bauen, wo ich mich schon darauf freue, Jans Fußballrasen bepflanzen zu dürfen.

Das größte schwarze Loch ist die Geburt. Ich sehe mich wieder nackt im Kreißsaal, mit riesigem Bauch und voller Schmerzen. Ich mag das alles nicht mehr erleben. So wehmütig mich die Loslösung von Anna macht, es kommt kein Funke Freude auf bei dem Gedanken, noch einmal von vorne zu beginnen. Ich werde einen Termin bei meiner Frauenärztin ausmachen müssen, um Gewissheit zu bekommen. Dabei will ich es noch gar nicht wissen. Aber das ertrage ich auch wieder nicht. Es ist der reine Horror.

Nach stundenlangem Kopfkino wache ich morgens aus gereiztem Halbschlaf auf und nehme gerädert noch einmal meinen ganzen Mut zusammen, um einen letzten Blick in den Zykluskalender zu werfen und mir die letzte Sicherheit zu holen. Es war Annas Zyklustabelle!!! Ich blättere weiter und sehe in meiner, dass ich noch eine ganze Woche Zeit habe ...

Samstag, 23. 6. 01

Samstagsdienst im Buchladen. Ein grimmig aussehender Mann

mit buschigen Brauen baut sich vor mir auf und sagt mit gedämpfter Stimme: »Es soll ein Buch hier geben, ›Die Stickerin‹.« Ich gehe mit gemischten Gefühlen ans Regal und bestätige das. »Geben sie mir das?« Klar, kann ich ihm gern geben. Das ist glaube ich genau meine Aufgabe. Irgendetwas ist anders an ihm. Ich frage besorgt: »Brauchen Sie eine Tüte?« Er zeigt seine leeren Handflächen und brummt: »Ja, so kann ich es ja nicht nehmen! Packen Sie es in etwas Neutrales!« Irritiert frage ich: »Was ist neutral?« »Na ja, dass man nicht sieht, woher es kommt.« Mir verschlägt es für einen Moment die Sprache. Dann antworte ich patziger als ich möchte: »Na ja, es wird sich nicht vermeiden lassen, dass der Name der Buchhandlung draufsteht.« Er: »Dann trage ich es eben so, dass man es nicht sieht.« Ich quäle ihn: »Och, Sie dürfen gern etwas Werbung für uns machen!« »Nein, ich bin nur geschickt worden!«, bricht es aus ihm heraus, bevor er fluchtartig diesen peinlichen Ort verlässt, als hätte er sich gerade dazu bekannt, regelmäßig im Sexshop einzukaufen.

Sonntag, 24. 6. 01

Ich liebe den Hochfrühling. Er ist ein einziges Aromaerlebnis, angefangen vom Duft der sonnenwarmen Erdbeeren. Eine Schüssel dunkelroter Himbeeren steigern dieses Hochgefühl, das beim herzhaften Biss in saftige Al-dente-Kirschen seinen Höhepunkt erreicht! Die erste Zucchini ist klasse. Die nächsten tausend sind epidemieartig, aber die erste ist ein Fest. Wir sind heute einfach auf dem Acker gesessen und haben Urlaub gespielt.

Montag, 25. 6. 01

17 Uhr. Werner kommt und damit das Auto. Anna und Lena haben nur darauf gewartet. Jetzt gehen wir drei Frauen einkaufen. Es fehlt mal wieder an Kleidung. Anna kauft sich ein sehr elegantes, sehr eng anliegendes, sehr kurzes Kleid in Champagner.

Ich frage mich, woher sie schon diesen klaren Stil hat. Sie weiß immer genau, was ihr steht. Im Gegenteil zu mir.

Lena braucht eine »normale« Jeans (leichter Schlag, enger Sitz, keine Sterne, Nieten, Blümchen, Fransen, Löcher). Nach der fünfzehnten Hose ist sie der Verzweiflung nah. »Mann, es gibt nicht nur Magersüchtige!« Ich muss ihr Recht geben. Wo sind die Hosen für die normalen weiblichen Figuren? Es gibt doch nicht nur diese dürren Girlies, oder? Die sechzehnte passt und der Preis ist mir inzwischen egal. Nichts wie weg hier. Je länger ich mit den unbarmherzigen Boutiquespiegeln und all den glattbäuchigen Mädchen konfrontiert bin, umso mehr Probleme bekomme ich wieder mit meinem Älterwerden.

Der prüfende Blick in den Spiegel wird kritischer. Immer noch nach all den Jahren frage ich mich erstaunt: Das soll ich sein? Ich sehe überhaupt nicht so aus, wie ich mich von innen anfühle. So ganz eins bin ich nie geworden mit meiner Hülle. Und das wird nicht besser, je älter ich werde. Ich sehe mich selbst ja am seltensten, bin mich am wenigsten gewöhnt. Wenn ich Frauen betrachte, vergleiche ich: Älter? Grauer? Langweiliger? Aufmerksam werde ich, wenn da eine älter und grauer ist, aber ihre Lebensfreude größer ist als ihre Furcht. So will ich leben, meine Freude soll größer sein als meine Furcht. Das ist schon eine Gelegenheit zur Selbstprüfung, mit heranwachsenden, unverbrauchten Schönheiten in die Stadt zu gehen ... Ich seufze über meine verpassten Chancen. All die Jeansjacken, bunten Fransenröcke ...

21 Uhr. Der Garten ist gewässert, nun ist der Acker dran. Das macht Werner, während ich Jan ins Bett bringe. Ich mache die erste Pause des Tages. Lege mich auf den Liegestuhl und blicke in den Himmel. Ein Storch fliegt, mit riesigen Flügeln laut schlagend, über mich hinweg. Zwanzig Spatzen streiten um den besten Platz im wilden Wein. Kaum geben sie Ruhe, fangen die Junikäfer an zu trudeln. Die Katzen gucken aus den Fenstern in der Hoffnung, Spatzen zu angeln. Die Mädchen angeln die Katzen und gehen schlafen.

Um 22.30 Uhr ist es noch so hell, dass ich lesen kann. Werner kommt zurück, strahlend und ausgeglichen. Der weite Horizont auf dem Acker tut seinem Cowboyherzen immer gut. Fledermäuse fliegen über uns hinweg. Plötzlich ist es doch dunkel. Werner zündet Kerzen an. Der Mond steigt über dem Schornstein von Frau Wagners Haus hoch und wir stellen fest, dass wir beide den »kleinen Häwelmann« gelesen haben. Es ist still und sehr mild. Werner schläft in der Hängematte ein. Ich betrachte ihn grinsend. Werner ist ein Sympathieträger. Hin und wieder weint eine Frau, weil sie nicht so einen tollen Mann hat, der redet, Kissenschlachten macht und mit den Kindern schmust. Ich öffne ihr dann die Augen, dass ihrer das Frühstück ans Bett bringt, mit ihr zusammen die gleichen Bücher liest, den Lohnsteuerjahresausgleich erledigt und den Nachtisch zubereitet – jeder Frau den Mann, den sie gewollt hat. Ich wollte den Typ »Bauchmensch« und muss auch das ganze Paket verkraften. Wer sich den intellektuellen Typ wählte, hat jetzt zwar den Mann mit Überstunden, der nie mit den Kindern auf der Wiese rumkugelt, nicht weiß, wo Norden ist und die Waschmaschine nicht reparieren kann, aber einen In-den-Mantel-Helfer, ein eigenes Auto, tolle Klamotten, hochwertige Möbel und keinen Stress mit der Gebäudeversicherung. Unser Geld fließt in Traktorreparaturen, Reiten und Urlaub.

Mein Mann baut Möbel, ein anderer schreibt Predigten. Jeder ist auf seine Weise okay. Werner macht Wasserschlachten innerhalb einer gesitteten Grillgesellschaft mit den sich langweilenden Teens und denkt: Endlich was los hier. Er ist der Einzige, bei dem die Jungs es wagen, ihm einen Kübel Wasser ins Genick zu kippen, während der Mann neben ihm nur darauf achtet, dass die Tischdecke nicht nass wird. Meiner macht das Chaos und die Kids lieben ihn dafür. Die Männer gucken irritiert und die Frauen (außer der Gastgeberin) denken: »Was für ein Mann!« – aber in Wahrheit wollten sie keinen, der nie Geschirr spült, seine Socken immer irgendwo linksrum fallen lässt und ihnen sagt, dass sie groß genug sind, um sich den Mantel selbst anzuziehen und sich um die Haftpflichtversicherung zu kümmern.

Dienstag, 26. 6. 01

Irgendwann habe ich damit aufgehört, Frauenzeitschriften zu lesen. Früher freute ich mich auf jede neue Ausgabe und studierte in der Hängematte jede Seite. Ich ließ mich davon unterhalten, liebte die Cartoons, verschlang psychologische Themen à la »Wenn die Eltern alt werden« oder »Was die Männer denken beim Schweigen« und ließ meine Sinne ansprechen. Mode, Farb- und Stilberatung, Einrichtungs- und Deko-Ideen, Rezepte, Reisereportagen – all das inspirierte meinen Alltag. Ich pinnte die schönsten Klamotten an die Wand, schnitt Frisuren für den Friseurbesuch aus, sammelte in einem Ordner Hunderte von Rezepten.

Irgendwann hat mich das Leben überholt, war die Vorfreude auf die nächste Ausgabe dem Eindruck gewichen, dass es sich nicht mehr lohnte und ich mich irgendwie verkauft fühlte. Vielleicht haben sich meine Interessen geändert. Neue Mode, aufwändige Rezepte, Diäten fesselten meine Aufmerksamkeit nicht mehr wirklich. Die schnelllebige Saisonmode ist eher für Anna und Lena interessant. Heute stehe ich dazu, dass Kochen kein schöpferischer Akt für mich ist, sondern dem Überleben der Familie dient.

Heute lese ich Frauenzeitschriften nur noch in Wartezimmern, weil mich die Märchen darin von dem drohenden Bösen ablenken – die Schönen und die Reichen und die Gesunden in den schönsten Gegenden der Welt mit den schönsten Kleidern, Frisuren, Autos, Häusern, Gärten, Tischen, Geschirren, Mahlzeiten ... Die Mädchen, die die neueste Mode präsentieren, bleiben immer gleich jung, während ich mich verändere. Während sie sich permanent an den traumhaftesten Urlaubsorten herumtrieben und nie schwanger wurden, bekam ich eins, zwei, drei Kinder, hielt mich in Krankenhäusern auf, baute mit meinem Mann zusammen in mühevoller Kleinarbeit ein altes Haus um, pflanzte Möhren. Besaß ich je einmal ein modernes Kleidungsstück, das den Vorgaben des Laufsteges nahe kam, war es morgen schon der Schnee von gestern, meine Traumfrisur blieb bei meinen Haargenen schlicht ein Traum. Die Rezepte waren zu exotisch und aufwändig für Kleinkinder, die Reiseziele für den Geldbeutel einer fünfköpfigen Familie ebenso ungeeignet wie die eleganten, topmodernen Gestaltungsideen für Wohnungseinrichtungen. Auch meine Werte haben sich gewandelt. Es ist eine andere Denkweise, die diese Zeitschriften durchzieht, ein Geist von Unabhängigkeit, Perfektion, Ästhetik, Selbstbestimmung, ewiger Jugend, Snobismus – hier herrscht die Hauptsache-glücklich-Philosophie.

All diese Frauen mit den blutjungen, verwechselbaren Gesichtern, flachen Bäuchen und ohne Hautprobleme, die sich in der neuesten untragbaren Mode lümmeln, gestern noch japanisch, heute in indischen Klamotten, in der stilvoll passenden Umgebung, dazwischen jede Menge Werbung – wo sind eigentlich die Kinder auf diesen Fotos? Keine zerschlissenen Socken, keine Speisereste, keine Fettflecken. Nie habe ich so eine gedeckte Tafel, wenn Gäste kommen, nie solche Stillleben in jeder Ecke meines Hauses. Ich bestehe nicht nur aus Angst vor Cellulitis und Gesichtsfalten. Ich bin es müde, mein Leben nach solchen Maßstäben messen zu lassen. Seidenrosenblätter in der Badewanne, beim Mann muss der Ziegenbart weg, da nicht mehr trendy, im Wohnzimmer die Wände abtapezieren und den italienischen Wandanstrich in Terracotta aufschwämmen – man kommt gar nicht nach.

Das ist nicht das Leben, das ist ein Pseudoleben. Ich will unabhängig sein. Selten fühlte ich mich nach der Lektüre wohler in meiner Haut als vorher. Das ist nicht meine Welt. Meine Welt besteht nicht ausschließlich aus perfekt kombinierbarer moderner Kleidung, erotischer Unterwäsche, sexy Sportklamotten, täglicher Bauchmuskelgymnastik, exquisiter Kochkunst, strahlender Stadtwohnung in weißen Leinenstoffen, englischem Garten hinterm Haus, Allererste-Wahl-Porzellan. Das Blättern in diesen Zeitschriften erzeugt eher Bedürfnisse und Komplexe, als dass es Selbstwert und Lebensfreude stärkt: Warum kriege ich es nicht fertig, so dazustehen, so auszusehen, so einen Stil zu entwickeln?

Ich glaube, ich befinde mich in einer Umbruchphase. Mutter zwar – aber nicht mehr ausschließlich. Seit mein jüngstes Kind eingeschult ist, weht ein ganz neuer Duft von Freiheit um meine Nase. Die Kinder sind größer und kosten immer noch Kraft und Zeit. Dennoch werden die Anteile, die sie an meiner Zeit beanspruchen, allmählich geringer. In manchem werden die Kinder selbständiger und ich entdecke kleine Freiräume. Ich habe keine Lust, die mit immer mehr Haushalt zuzubaggern. Die Kinder werden ihr eigenes Leben leben und ich muss sie wieder loslassen, sie gehören mir nicht. Die Zeit der täglichen Wespenstiche im Sandkasten ist vorbei. Die Jungs, die heute im Flur stehen und nach den Hausaufgaben fragen, sind im Stimmbruch und haben Flaum unter der Nase. Auch ich kann vorsichtig wieder an mein eigenes Leben denken.

Neuorientierung. Das leere Haus morgens ist ein Hochgenuss. Aktuelle Wohnzimmermöbel und die Haut um 30 interessieren mich nicht mehr. Ich frage mich, was ich mit den ersten grauen Haaren mache. Ich will wissen, wie ich Beruf und heranwachsende Familie unter einen Hut kriege, wie frischen Wind in meine Ehe, deren Bestandsdatum großräumige zweistellige Zahlen annimmt. Wenn ich etwas lese, möchte ich Lust auf das Leben vermittelt bekommen, das ich in seiner ganzen Bandbreite spüren will. Ich will mein Frausein gestalten, auch heute in der Mitte meines Lebens. Ich glaube, dass jede Frau ein großes Potenzial in sich hat, das sie im Lauf ihres Lebens bergen kann, und das über die Fragen in den Frauenzeitschriften weit hinausgeht.

Freitag, 29. 6. 01

Anna, Lena und ich machen uns gleichzeitig im Bad zurecht. Aus den Augenwinkeln staune ich über die unverbrauchte, glatte Schönheit meiner Töchter, die mit sich selbst nicht weniger kritisch sind als ich. Hier etwas wegbügeln, dort etwas ins rechte Licht rücken ... Ich beobachte zärtlich, was da an Fraulichkeit aufkeimt.

Lena leiht sich bei Anna Klamotten aus. Obwohl die Jüngere, ist manches etwas eng, sie hat einen athletischen Körperbau. Entsetzt fahre ich zusammen, als die herablassend gütige große Schwester der kleineren sagt: »Wahrscheinlich passt mir die Caprihose hinterher eh nicht mehr.« Ich versuche Flurschaden zu vermeiden und sage warnend: »Anna! Was willst du damit sagen?« Lena ruft: »Siehst du, immer sagt sie, ich bin dick!« Ich: »Du bist nicht dick!« Anna: »Die hat so breite Schenkel!« Wie viel können Schwestern anrichten? Was kann ich dagegensetzen? Jahrelang konnten die beiden prima miteinander spielen aufgrund des geringen Altersunterschiedes. Genau der könnte jetzt eine gefährliche Konkurrenz hervorrufen.

Samstag, 30. 6. 01

Lenchen, die das Reiten weniger aus eigenem Antrieb denn aufgrund der Ermutigung ihres Vaters angefangen hat, stellt sich alles andere als dumm an. Beim Putzen und Satteln benimmt sie sich noch ziemlich hölzern, und rechte Begeisterung fürs Pferd ist keine zu erkennen, so dass ich mich immer noch manchmal frage, ob das etwas wird. Aber heute hat sie ihre erste Abteilungsstunde. Ich habe Angst um sie. Ich kann mir mein schnelles, ungeduldiges Kind nicht so recht vorstellen beim eigenständigen Reiten. Was, wenn ihr Pferd und Nerven durchgehen? Da habe ja ich schon zu kämpfen, um ruhig zu bleiben. Ich mache mir Sorgen, dass sie panisch reagiert, wenn sie sich selbst überlassen ist. Ich weiß nicht, wer mehr Bauchweh vor Aufregung hat – sie oder ich. Sie ist wortkarg bis mürrisch. Ich erkläre ihr auf der Hinfahrt, worauf sie achten soll.

Aber Lena will keine guten Ratschläge hören, schlägt sie alle in den Wind und reitet einfach los. Mutig und selbständig. Und gar nicht schlecht. Sie meistert es sogar ziemlich souverän! Tabea, die Reitlehrerin, ist verblüfft. Was mache ich mir eigentlich immer noch für Gedanken um sie? Ich bin stolz auf meine große mittlere Tochter – ein Initiationsritual erster Sahne!

Montag, 2. 7. 01

Samstag, 7.30 Uhr. Jan: »Mama, darf ich mal gucken, ob für mich was kommt? Samstags kommt immer so ein lustiger Film!«

Darunter, dass Jan trotz seiner Sprachbehinderung den ganzen Tag wirklich ununterbrochen redet, leidet am meisten Lena. Gleichzeitig empfindet sie Konkurrenz und Mitleid. Die beiden kämpfen wieder viel miteinander. Wenn Lena samstags den Ofen putzt, Holz reinschleppt und das Feuer anmacht, eine schöne Tischdecke auflegt und das Frühstück richtet, ist sie zutiefst frustriert, wenn Jan laut ist und wegen irgendetwas rumheult. Seine Zwanghaftigkeit ist schwer zu ertragen. Er hat kein Problem damit, Regeln einzuhalten. Er hat eins, wenn es Ausnahmen gibt ...

Dienstag, 3. 7. 01

Jan durfte nachmittags mit der Mutter seiner Zwillingsfreundinnen zum Heidesee. Ich war ihr unendlich dankbar und empfand den Mittag im Buchladen trotz schönen Wetters als blanke Erholung. Seit Tagen schiebe ich Jan zur Seite, wir Frauen sind alle genervt von seiner Unruhe, seinem Gelangweiltsein und seiner Lautstärke. Er ist nicht ausgelastet, seine Spielmöglichkeiten vergrößern sich gar nicht. Seine Einfachheit im Denken macht mir zu schaffen. Ich habe keine Geduld für ihn.

Nichts liegt mir ferner als zur Ruhe zu kommen. Ich bin ein Marthatyp. Ich lebe in einer Marthawelt. Ich spüre, dass ich wie Maria sein müsste, die Jesus zuhört, und ich weiß genau, dass ich wie Martha tue, als gäbe es jetzt gerade Wichtigeres als mich Jan hinzugeben, seine Einsamkeit zu vertreiben, seine Stereotypie zu durchbrechen. Ich fühle mich mies und ändere doch nichts.

Lenas unbändige Lust am Leben hält mich auf Trab. Ständig muss ich mir eine Meinung bilden, meine Verantwortung wahrnehmen, überlegen, ob lange oder kurze Zügel dran sind. Sie ist erst dreizehn, Himmel, und benimmt sich manchmal wie fünfzehn. Sie hat so viele Wünsche, Sehnsüchte, Bedürfnisse. Mir liegt viel an einer guten Beziehung zu ihr, ich liebe sie so sehr und weiß so gut, was in ihr vorgeht. Dieses unbändige Streben nach Freiheit und Selbstbestimmung, ich kenne es. Ich weiß, wie ich mich als Teenager gegen Fesseln gewehrt habe, mich nicht verstanden gefühlt habe. Ich will auf ihrer Seite sein, sie verstehen, ich möchte in ihr Boot steigen, um zu sehen, was in ihr vorgeht. Aber ich muss der Steuermann bleiben, zumindest noch eine Zeit lang. Und es wird ihr unangenehm sein.

Lena würde sich gern piercen lassen. Ächz. Sie geht Billard spielen im Jugendhaus und trifft sich mit Freundinnen in der Bibliothek. Am Freitag schläft sie bei einer Freundin, deren allein erziehende Mutter selbst ein zungengepiercter, tätowierter, hardrockhörender Möchtegernteen ist. Ich weiß nicht mehr, wann Loslassen dran ist und wann das uncoole »Nein« ihr weiterhilft. Ich traue Lena zu, dass sie ihren eigenen Weg geht. Bin ich leichtsinnig? Wie ist das mit den Wurzeln und Flügeln, wann ist der enge Rahmen dran und wann muss man sie aus dem Nest schubsen? Ich finde es einen ganz schönen Balanceakt, der all meine Sinne und meinen Verstand fordert, ein gutes, freundschaftliches Verhältnis zu meinen heranwachsenden Töchtern zu haben und gleichzeitig die Verantwortung für ihr Leben noch nicht wegzuwerfen.

Vor lauter Harmoniebedürfnis und bei der Erinnerung an meine eigene Pubertät, meinem Ärger über enge Grenzen, laufe ich Gefahr, von der anderen Seite des Pferdes herunterzufallen. Ich gebe eher zu schnell nach aus Angst, uncool und altmodisch zu sein. Warum fällt mir ein Nein schwer? Weil ich Angst vor der Power der kleinen Lady habe? Oder weil ich selber früher mit Begrenzungen nicht klarkam? Ich muss mich richtig rüsten für die Ablehnung meiner Tochter. Wie viele Grenzen müssen wir noch stecken? Wer sagt uns, welche die richtigen sind? Wird sie verstehen, dass dahinter Liebe und Fürsorge stehen?

Wenn ich es erreiche, dass Grenzen die ich setze, diskutierbar sind und nicht willkürlich scheinen, will ich lernen, ein Nein zu setzen und auszuhalten. Wir müssen doch alle immer wieder lernen, Ja zu den Neins des Lebens zu sagen.

Mittwoch, 4. 7. 01

Ich bin wieder gestürzt. Amsella ist das größte Pferd im Stall, schwer anzutreiben, aber schreckhaft wie ein Eichhörnchen und blitzschnell, wenn sie zur Seite springt. Als mir Werner in die Quere kommt, galoppiert Amsella los. Ich bin noch dabei, dem Schwung ihrer ersten Bewegung zu folgen, und bei ihrer abrupten Wendung hebt es mich aus dem Sattel. Ich falle im wahrsten Sinne des Wortes von der anderen Seite des Pferdes ... Ich bin so überrascht, dass ich noch nicht einmal überlegen kann, wie ich am geschicktesten lande, obwohl der Flug wegen der Höhe ziemlich lange dauert. Ich falle flach auf den Rücken, zwar in den Sand, aber es genügt, mir den Atem zu nehmen und den Mut, noch einmal aufzusteigen. Die restliche Zeit und Kraft verwende ich darauf, dieses ca. 800 kg schwere, schwarz glänzende, eigenwillige Tier in der Pferdeschwämme abzuspritzen (was Amsella nicht mag) und abzusatteln, bevor es an den Futtertrog stürzt.

Donnerstag, 5. 7. 01

Sortiere mit Lena eine Stunde lang ihren Kleiderschrank und fördere eine Maschine Wäsche zutage und gleich wieder unter Tage in den Keller. Dabei haben wir ein gutes Gespräch.

Lena hat sich sehr verändert in den letzten Monaten, nicht so schleichend wie Anna. Sie trägt völlig andere Kleider, nicht mehr oversized jungenhaft, sondern körperbetont weiblich. Anna fördert ihre Schwester jetzt überraschend großzügig. Sie scheint Lenas Älterwerden zu genießen. Die steht ihrer zwei Jahre älteren Schwester in kaum etwas nach. Wo Lena ist, ist

Lena spürbar. Sie hat genauso viel Sinn für Inneneinrichtung und Ästhetik wie für volles Leben und Chaos. Lena ist in allem radikaler. Neugieriger, interessierter an Jungs, wilder auf Musik, schärfer auf Fernsehen, aufbrausender, ungeduldiger, manipulativer. Jetzt erzählt sie mir im Rahmen einer »Ich hab viel zu wenig Taschengeld«-Beschwerde, dass Billard spielen im Haus der Begegnung nicht umsonst sei und chatten in der Bibliothek schließlich zwei Mark die Stunde koste.

Mir stockt der Atem. Seit einem Jahr geht sie regelmäßig in die Bibliothek, um »Mathe zu üben mit Lisa«. Gelogen? Am liebsten würde ich ihr sofort verbieten, im Internet mit wildfremden Menschen Kontakte anzubahnen. Aber wie kann ich das kontrollieren? Welcher Schaden ist größer, chatten lassen oder Lena an die Kandare nehmen? Ich bremse mich und frage sie erst einmal, warum sie denn so gerne chattet. Sie erzählt mir begeistert, wie das abläuft. Ich habe das Gefühl, dass sie einen Riesenspaß an Kontakten hat und am unverbindlichen Flirtspiel wahrscheinlich auch. Ich mache mir Sorgen um sie. Das Geld zerrinnt ihr unter den Fingern. Bin ich präsent genug? Ich glaube immer mehr, dass sie noch wenig Loslassen braucht und viel Unterstützung. Lena könnte mich belügen, wenn es ihr nötig erschiene.

Das hält mich von strengen Verboten zurück, weil ich damit rechne, dass sie umgangen werden. Wie viel Vertrauen habe ich eigentlich? Ich ertappe meine Kinder nicht beim Lügen, aber ich habe Angst, zu naiv zu sein. Ich will keine Subkultur fördern. Ich will ihnen zutrauen, dass sie sich bewähren, Fehler verkraften und daraus lernen. Es kommt nur so früh bei Lena, früher als bei Anna. Aber wenn ich Werners Biografie mit meiner vergleiche, liegen auch Welten dazwischen. Ich war ängstlich, vorsichtig, schüchtern, nachdenklich. Werner war ein Körper- und Sinnenmensch und hat früh die Welt erobert, hat in Kontakten gebadet, war selbstbewusst und aktiv.

Muss man Psychologie studiert haben, um Kinder heutzutage zu erziehen? Darf man auf seinen Instinkt vertrauen? Ich fühle mich oft so hilflos. Wenn ich Orientierung suche bei Familien, die schon ältere Kinder haben, erlebe ich viel Widersprüchliches, gerade in christlichen Elternhäusern. Teens werden mit klaren Regeln an Zügeln gehalten. Wir sehen, wie sie mit züchtigen Kleidern aus dem Haus kommen, um bei Freundinnen das Sweatshirt zu deponieren und bauchfrei in die Schule zu fahren. Es gibt Teens, deren Eltern nicht wissen, dass sie täglich eine Schachtel Zigaretten rauchen, hin und wieder betrunken sind, eine Tatöwierung tragen. Bisher sind wir bei unseren Kindern immer ohne Strafmaßnahmen ausgekommen. Ich habe den Eindruck, dass das gut gelaufen ist. Wir reden viel miteinander und die Mädchen sind dafür sehr empfänglich. Sie wissen, dass andere Eltern Hausarrest, Taschengeldentzug, Fernsehverbot etc. verordnen. Sie erleben aber auch, dass diese Eltern sagen, nein, mein Kind raucht nicht, trinkt keinen Alkohol, mein Kind war zu Silvester bei einer christlichen Veranstaltung. War es nicht, es war bei seinen Klassenkameraden und hat harten Alkohol getrunken.

Ich hoffe, dass unser wachsendes Zutrauen in die Fähigkeiten unserer Mädchen, gepaart mit ihrer zunehmenden Verantwortung in der Familie, uns durchtragen. Dass sich die Dinge so rasant entwickeln könnten, damit habe ich nicht gerechnet.

Sonntag, 8. 7. 01

In Lenas Beziehung zu Gott verändert sich etwas. Heute Abend sagte sie zu mir: »Ich habe Dieter heute Morgen im Gottesdienst gesagt, dass ich zur Zeit keine Lust mehr hab, in der Bibel zu lesen. Da geht gar nichts ab in dem Buch und man versteht überhaupt nichts. Dieter antwortete: ›Du gefällst mir. Du sagst wenigstens, wie es wirklich ist mit dir. Ich kann das gut nachvollziehen. Mit dreizehn war ich auch so. Mit fünfzehn ist es dann wieder anders gewesen. Wichtig ist jetzt, dass du versuchst, das umzusetzen, woran du wirklich glaubst.‹«

Sie braucht dieses »Du bist okay«. Dieters Antwort hat ihr gefallen.

Manchmal ahnt man gar nicht, welche Bedeutung einige Sätze für andere Menschen haben können. Diese hier waren wichtig. Ich bin ihm sehr dankbar dafür.

»Darf ich morgen ins ›HdB‹? Die Lisa hat Geburtstag.« Ich habe wirklich Angst, einen Fehler zu machen. Immerhin fragt sie noch. Es kostet mich viel, ihr zu vertrauen, dass ihre Urteilskraft ausreicht.

Welchen Weg muss sie gehen, um bei Gott anzukommen? Wie viel zählt ihre Entscheidung für Jesus, die sie mit acht getroffen hat? Bisher erzählt sie mir alles arglos und vertrauensvoll. Habe ich mit dreizehn in der Bibel gelesen? Ehrlich gesagt habe ich mich immer gewundert, dass sie es so oft getan hat bisher. Wirft sie alles weg? Nein, sie testet mich, sie testet ihren und meinen Glauben und ihr Horizont erweitert sich, sie wird kritischer, und sie muss ihren bisherigen Frömmigkeitsstil hinter sich lassen, wenn sie wachsen will. Was ist meine Aufgabe nun? Ob sie noch offen dafür ist, mit mir zusammen in der Bibel zu lesen? Ich glaube nicht. Angst kriecht meinen Nacken hoch. Bin ich dafür verantwortlich, dass Lena ein Christ wird? Kann ich es »machen«?

Ich denke an Oma, die bei uns zu Hause gewohnt hat. Eine tief gläubige Frau. Sie hat miterlebt, wie ich meinen Kinderglauben hinter mir ließ und ohne Gott lebte. Sie hat mich nur einmal darauf angesprochen, aber sie hat nie aufgehört, für mich zu beten und mit Gott zu leben. Sie war für mich ein entscheidendes Licht bei meinem Tappen im Dunkeln auf der Suche nach Gott.

Vertrauen, das in sie gesetzt wird, stärkt Lena, sie will beweisen, dass es gerechtfertigt ist. Ich will den Menschen in ihr sehen, der sie werden kann und sie nicht entmutigen.

Dienstag, 10. 7. 01

Interesse, Neugier, Sensationslust und Geltungssucht liegen nah beieinander.

Ich ärgere mich darüber, dass ich immer wieder in Tratsch reinrutsche, obwohl ich es eigentlich gar nicht will. Wie kann ich das nur stoppen? Neulich habe ich eine Frau kennen gelernt, die mir erzählte, dass sie mit ihren Freundinnen einen Pakt geschlossen hat, nicht mehr mitzuspielen bei diesem Lästerspiel. »Wir reden nicht mehr schlecht über uns selbst und nicht über andere. Und wenn es einer doch passiert, kontern wir: Derjenige wird seine Gründe haben. Frag ihn doch mal selbst! Oder: Du darfst nicht mehr schlecht über dich reden, wir haben einen Pakt geschlossen.« Ich schließe mit mir selbst einen Pakt: »Ich möchte nicht mehr mit anderen Negatives über Dritte reden.« Bin gespannt, ob das hilft. Ein Willensakt, gepaart mit einem Gebet um Hilfe. Ich möchte nicht mehr mitspielen in der Abwärtsspirale. Ich will, dass Gott mich hier verändert.

Viele Frauen leiden unter mangelndem Selbstbewusstsein und wünschen sich mehr davon. Andererseits werden gerade selbstbewusste Frauen argwöhnisch beäugt und für arrogant gehalten.

Merkwürdige Diskrepanz. Frauen, die nicht devot auftreten, machen sich verdächtig, werden von Frauen niedergemacht, hinter deren Rücken. Wir wünschen uns einen aufrechten Gang, sind aber äußerst skeptisch, wenn wir eine Frau aufrecht gehen sehen. Ist es Neid? Ich arbeite eigentlich gern mit starken Frauen zusammen, angstfreien Frauen, die sich nicht permanent spiegeln und nervös auf ihren Wert, ihre Wirkung achten. Für mich ist es die pure Erholung, in ihrer Gegenwart stark sein zu dürfen und auch schwach, wie es gerade kommt. Ich habe keine Lust mehr, mich zu verteidigen, wenn ich etwas kann. Ich möchte auch nicht mehr alles dransetzen, dass die anderen endlich erkennen, »dass ich lieb bin«. Das ist fast ein weiblicher Instinkt, die Sehnsucht danach, geliebt zu werden, die Angst davor, für arrogant gehalten zu werden.

Mittwoch, 11. 7. 01

Vor dem Reiten war ich schon den ganzen Tag nervös. Aber als ich höre, dass ich Vezir bekomme, steigert sich meine Nervosität zu einer leichten Form von Panik, die sich in Durchfall und Gebet auf der Toilette äußert. Aber ich reiße mich zusammen und führe Vezir auf die Bahn. Die anderen reiten schon. Ich steige allein hoch, was ich noch nie getan habe, und reite los. Der Reitlehrer sieht, dass meine Steigbügel zu kurz sind. »FRAU BLEIERRR, NACH INNEN!« Ich will Vezir nach innen lenken, aber er reagiert nicht.

Panik. Das ist das Pferd, das mir nicht gehorcht. Das Pferd, das mich abwerfen wird, sobald ich ihm lästig bin. Ich versuche, ruhig zu bleiben, und reite erst einmal noch eine Runde. Aber mich verfolgt der Sprechchor von Reitlehrer und Tabea, die mitreitet: »Bianka, bist du taub? Soll die Eva dir die ganze Bahn nachlaufen, um dir zu helfen? Lenk dein Pferd nach innen!« Ich glaube, ich höre nicht richtig. Meine Nerven liegen blank und hier schreien mich zwei Leute an, als wäre ich wieder sieben. Bezahle ich nicht für diese Stunde? Muss ich mir so einen Ton gefallen lassen? Kann sich hier niemand in meinen Kampf reinfühlen? Als Tabea neben mich reitet und mich noch einmal ärgerlich zurechtweist, fahre ich aus der Haut. Verzweifelt rufe ich: »Mensch, Tabea, ich komme doch überhaupt nicht zurecht, merkst du das nicht? Ich habe Angst! Vezir hat mich schon einmal abgeworfen, und danach hatte ich eine ganze Woche lang Schmerzen. Ich kämpfe hier ums Überleben!« Sie hält inne und versteht endlich, in welcher Lage ich stecke. Sie bietet mir an, mit Werner zu tauschen. Jetzt durchzuhalten wäre falscher Stolz, und ich übernehme dankbar die sanftmütigere Amsella.

Wenn ich es je schaffen soll, brauche ich Einfühlsamkeit, Ermutigung und sachliche Korrektur. Nach fünf Minuten bin ich schweißgebadet, fünfzigmal fährt Amsella mit dem Kopf auf den Boden, was mich plötzlich in die Möglichkeit versetzt, auf ihrem Hals wie auf einer Rutschbahn herunterzurutschen.

Ich bekomme zwar den ein oder anderen Tipp, wie ich damit umgehen kann, werde dann aber damit allein gelassen. Obwohl ich sie nun kontinuierlich im Maul beschäftige, damit sie nicht maultot wird, und obwohl ich ihre Zügel vorne locker lasse, damit ich sie nicht einsperre, hört sie nicht auf damit. Sind es die Fliegen, die sie stören? Erst als Tabea neben mir reitet und mich beobachtet, empfiehlt sie mir, Amsella beim nächsten Mal mit einem kräftigen Ruck strafend ins Maul zu reißen. Sofort wird sie zum Lamm. Ich hätte mich eher durchsetzen müssen ... Ich muss endlich aufhören, diese massigen Tiere wie Schmetterlinge zu behandeln. Sie wollen nicht gehätschelt werden, sondern sich unterordnen unter einen starken Reiter. Mein Mitleid ist hier jedenfalls absolut fehl am Platz.

»Frau Bleier, Gesäßknochen in den Sattel drücken. Gesäßmuskeln nie anspannen. Kreuz anspannen. Tief im Sattel sitzen. Knie an den Sattel. Gerade wie ein Maibaum sitzen. Schultern und Oberarme zurück, entspannt fallen lassen. Unterarme, Handrücken und Zügel in einer geraden Linie, Fäuste geschlossen. Ellenbogen an den Leib. Kopf hoch. Absätze tief. Hände ruhig halten, aber federnd im Takt mitschwingen. Locker in der Hüfte bleiben!« Klingt doch ganz einfach ...

Donnerstag, 12. 7. 01

Lena bekommt Amsella. Ich fasse es nicht. Normalerweise arbeitet man sich da ein halbes Jahr drauf zu. Und? Klappt alles prima. Sie kapiert, dass Amsella stinkfaul ist und man viel Beinarbeit machen muss. Sie ärgert sich über das Runterreißen auf den Boden und klatscht ihr wütend auf den Hals, beim zweiten Mal. Sie fasst sie so an, wie sie es braucht. Wo ist mein Instinkt? Lena wird mir am Strand davongaloppieren. Und wenn sie fällt, wird sie vermutlich »Wusch« sagen, aufsteigen und weiterreiten. Ohne sich wehzutun. Während sie ihre anfängliche Angst überwunden hat, nimmt meine zu.

Welche Achtung ich vor Anna im Nachhinein habe! Zwei Jahre lang ist sie ohne uns geritten und hat dabei einen Teil ihrer

Schüchternheit abgebaut. Erst seit ich selbst reite, weiß ich zu schätzen, was sie aufbringen musste an Mut, Motivation, Ehrgeiz, Kraft. Aber ich sehe, wie viel ihr das Reiten gegeben hat an Selbstbewusstsein und Freude. Sie geht mit den Tieren gut um und darf inzwischen jedes Pferd reiten, kennt die Eigenarten der Tiere und kommt gut zurecht. Ich lese einen Wälzer über Pferdepsychologie, Anna reißt kurz am Zügel und stemmt ihre Ellbogen in die Hüfte. Mit dem gleichen Erfolg.

Dienstag, 17. 7. 01

Lena: »Voll cool, wenn man durch die Stadt laufen kann mit einem coolen Rucksack, auf den jeder sieht!« Lena hat endlich dieses »Teil« gekriegt, das sie seit Jahren will. Viel getragene Marke, 89 Deutsche Mark, das Kind glücklich. Ob es richtig war, weiß ich immer noch nicht, aber mein Kind ist glücklich ...

Ich habe auch Anna die Erlaubnis gegeben, sich einen Rucksack zuzulegen. Sie kam mit einem zurück, der haargenau aussieht wie Lenas, aber »Best Way« hieß: »Der ist genau gleich, sogar die Reißverschlüsse sind super Qualität und wir haben vierzig Mark gespart. Und Best Way ist ja der beste Weg ...« Ein wahrhaft cooles Kind.

Mittwoch, 18. 7. 01

Wer hat eigentlich Teenager zu Monstern erklärt? Gewarnt werden wir seit Jahren. Das ging eigentlich gleich los kurz nach der Geburt des ersten Kindes. Ich kann nicht sagen, ich wäre nicht gewarnt worden. Im Gegenteil. Von allen Seiten. Also habe ich mich gewappnet. Mit dickem Fell, Erziehungsbüchern und Liebe. Was sich gelohnt hat. Es wird noch schlimmer als in der Trotzphase, hieß es. Kaum vorstellbar also, was da auf uns zukommen würde. Probleme, die da sind, werden sich verschärfen, hieß es. Allerdings warte ich heute noch darauf. Langsam fange ich an, mich endgültig zu entspannen. Ich bin längst mittendrin – und es ist stark!

Ich finde, sie sind wundervolle, kooperative Menschen mit erstaunlichen und anhörenswerten Gedanken. Jede Entwicklungsphase meiner Kinder war spannend – die Zeit mit diesen heranwachsenden Menschen genieße ich besonders. Obwohl sie immer dieses Schild um sich hängen haben: »Ich will behandelt werden wie ein Erwachsener!«, brauchen sie noch viel Anteilnahme, die sich auch in einer deftigen Auseinandersetzung ausdrücken kann. Wir reden viel, werden viel kritisiert, bekommen ihre Launen ab, haben aber immer wieder schöne Zeiten miteinander und empfinden, dass wir gerade jetzt wieder sehr wichtig sind für Anna und Lena. Zu pubertieren haben die Mädchen am selben Tag begonnen, seither nennt Werner sie »das doppelte Hormönchen« ...

Was ist schön an einem Leben mit Teenagern? Wir lachen gern. Wir lachen jetzt mehr denn je. Jedes Mädchen hat einen ganz speziellen Sinn für Humor entwickelt, und wir kommen voll auf unsere Kosten. Sie sind noch unbeschwert und für jeden Blödsinn zu haben, anders als die meisten Erwachsenen. Sie sind spontan und begeisterungsfähig.

Ich genieße gerade diese Phase, unabhängig von den Pubertätsbegleiterscheinungen, für die ich viel Verständnis habe, weil meine Pubertät schließlich auch erst vorvorgestern war. Leicht ist er nicht, dieser Schnitt, wenn wir unsere Kindheit und unsere Arglosigkeit verlieren und in die Welt der Erwachsenen eintreten, der Rollen und Masken, der Verantwortung und der Leistung. Ich habe diese Zeit, unterstützt durch das Tagebuchschreiben, sehr intensiv erlebt und eine lebendige Erinnerung daran.

Klar ist es eine besondere Etappe, der Energiebedarf ist auf beiden Seiten groß, die Verantwortung der Eltern enorm und falsch machen kann man wie immer viel, aber es kommt auch von den Kindern viel zurück. Damit machen wir gute Erfahrungen: Eigenverantwortung unterstützen, in Familienpflichten einbinden, zusammen viel unternehmen. Das Gesetz »Man erntet, was man sät« gilt tatsächlich – die jahrelangen Investitionen an Zeit und Liebe machen sich bezahlt.

Die Gespräche werden interessant, wenn man seinen Kindern Entscheidungsfreiräume, das Recht auf eine eigene Meinung und auf das Wort »Nein« gewährt. Ich liebe es, mit ihnen zu reden. Sie suchen das Gespräch genauso wie ich. Ich bin froh, dass der Kommunikationsfaden noch nicht abgerissen ist. Und wenn ich mit allen Menschen dieser Erde verkracht bin, habe ich immer noch die beiden, und die sind wirklich klasse. Anna findet es »cool«, dass sie mit mir über alles reden kann. Sie ist zurückhaltender damit, ihr Innenleben preiszugeben, und manchmal braucht sie erst eine entspannende Nackenmassage, damit der Knoten platzt. Lena strömt über und braucht viele Zuhörer. Ich glaube, das Geheimnis ist zuzuhören, ohne gleich zu werten. Zurückfragen, im Gespräch bleiben, zum Weiterdenken anregen ist hilfreich.

Sie gehen nicht mehr immer mit, wenn wir etwas unternehmen, und wir nehmen sie auch nur noch mit, wenn sie es möchten. Aber dann führen wir Gespräche, die ich genieße. Essen gehen kann man mit ihnen jetzt wie mit Dreisterneküchen-Testerinnen. Das Feinste ist gerade interessant genug und wird neugierig und ängstlich bestellt. Es ist schöner, mit Anna oder Lena ins Kino zu gehen, als mit Werner. Unsere Liebe zur Natur haben sie übernommen. Beim Wandern machen wir jetzt vor ihnen schlapp. Charmant konnten sie schon immer sein, jetzt muss man sie fast schützen. Vor allem die Großväter wissen nicht, wie ihnen geschieht, und fallen hoffnungslos auf den Jungmädchencharme rein.

Es ist faszinierend zu erleben, wie sie sich zu Persönlichkeiten entwickeln. Die Mädchen haben andere Begabungen als ich und verfügen jetzt schon über Kenntnisse und Fähigkeiten, die wir nicht haben. Ich schätze Annas Geduld, Gelassenheit und Muße. An Lena bewundere ich ihren Ehrgeiz und ihre Fähigkeit, mit Menschen umzugehen. Sie spielt angstfrei vor großem Publikum Saxophon und Theater. Anna geht intuitiv gut mit Kindern um, ohne je ein Erziehungsbuch gelesen zu haben. Sie ist begehrt als Babysitterin, während ich vor ihr noch nie ein Baby auf dem Arm hielt. Anna kocht irgendwann besser als ich und backt jetzt schon konditorreife Torten. Je größer die Mädchen werden, desto kleiner können wir werden. Wir ergänzen uns.

Manchmal fühlt sich unsere Familie wie ein Puzzle an, das sich immer mehr zusammenfügt. Das Rad wendet sich, wir beginnen, von ihnen zu lernen.

Freitag, 20. 7. 01

Ich kaufe Pferdezeitschriften, lese Pferdebücher, höre auf jedes Wort, das der Reitlehrer spricht, beobachte die anderen Schüler, die es richtig machen, und diskutiere mit Werner nach dem Reitunterricht über meine Fehler. Ich reite nun seit zehn Monaten und habe das Gefühl, mich auf der Stelle zu bewegen. Dass ich zum zweiten Mal gestürzt bin, macht mir zu schaffen. Wo ich doch dachte, ich stürze nie, einfach weil ich es absolut nicht will. Ich dachte, Stürzen hat etwas mit Überzeugung zu tun. Den halben Tag habe ich wieder Angst vor der Reitstunde. Mache Entspannungsübungen in der Sonne, um wieder ruhiger atmen zu können. Meine Güte, wie ich mich reinsteigere.

Das Lernen geht nicht mehr intuitiv wie als Kind, sondern über den Kopf – und das zähflüssig. Erleichterung pur, als ich Primer kriege. Primer ist ein gutmütiges Pony mit breiten Nerven, das keinen Mucks macht, wenn ein Vogel vor seinen Hufen landet oder eine Grille im Gras zirpt. Falls man fällt, fällt man nicht tief. Nur der Galopp klappt nicht so richtig. Ich purzle auf ihm herum wie auf einem kleinen Gummiball. Lieber auf einem Presslufthammer reiten als auf einer Pershing. Es klappt super, ich arbeite an meinem tiefen Sitz und meinen ruhigen Händen und bin zufrieden mit mir. Es macht sogar wieder Spaß, und meine Angst schwindet langsam.

Häuser meint zum Abschluss: »Frau Bleier? Mit dem Rechtsgalopp hat es noch nicht geklappt. Gemerkt?«

Aber ich bin zufrieden wie ein Schweizer Käse. Mein angeschlagenes Selbstvertrauen wächst vorsichtig. Ich freue mich auf Holland. Und ich werde reiten!

Samstag, 21. 7. 01

Tabea testet Lena, gibt ihr jedes Mal ein anderes Pferd, und sie kommt jedes Mal einfach damit zurecht. Heute gibt sie Lena zum ersten Mal Primer und sie macht ihre Sache gut, viel souveräner, als ich erwartet habe. Lena galoppiert. Eine Runde nach der anderen. Sie scheint andere Instinkte in Beinen und Po zu haben als ich. Lena hat ein Gefühl für Pferde. Sie sitzt ruhig und tief, schwingt mit und hat eine ruhige Hand, ist dominant, angstfrei, geduldig. Sportliches Kind. Die Anerkennung steigert ihr Interesse am Reiten gewaltig. Als ich sie sehe, fühle ich ganz Verschiedenes: unbändigen Stolz, Schadenfreude mir selbst gegenüber, weil ich sie so unterschätzt habe, und Frust über mein eigenes Körpergefühl.

Ich bin das Schlusslicht der Familie. An der Sache mit den Synapsen im Gehirn, die sich irgendwann langsamer bilden, scheint wirklich etwas dran zu sein. Dass Hans sich schwerer tut als Hänschen. Bianka schwerer als Lena ...

Sonntag, 22. 7. 01

Ich gehe kleine Schritte auf dem Weg, nicht mehr über andere zu reden. Langsam trage ich meinen Pakt (»Ich rede nicht mehr Negatives über andere und mich«) nach außen. »Frag sie doch selbst, vielleicht hat sie ihre Gründe.« »Keine Ahnung, warum sie das sagt oder tut, ich würde sie einfach mal fragen.« »Und was gedenkst du dagegen zu tun?« Ich ziehe mich aus dem Tratschspiel zurück. Ich habe keine Entzugserscheinungen. Ich habe Ruhe. Wo über nichts anderes geredet werden kann als über Dritte, schweige ich lieber. Das auszuhalten ist ein Lernprozess. Man merkt erst, welche Beziehungen hauptsächlich vom Gespräch über Dritte leben. Es kann gelingen: Die schwere Last loswerden, dauernd etwas Wichtiges sagen zu müssen. Ich möchte Friedensstifter sein, kein Stimmungsmacher. Ich möchte dabei sein, wenn der Kreislauf der üblen Nachrede und selbstmitleidigen Nabelschau durchbrochen wird. Mit Gottes Hilfe.

Montag, 23. 7 .01

Ich reite Primer. Jedes Mal ist der Reitunterricht anders. Mal ist das Pferd anders drauf, mal der Reiter. Heute ist es endlich mal wieder nur schön. Endlich klappen Rechts- und Linksgalopp, die Steigbügel bleiben zum ersten Mal an meinen Füßen, meine Absätze tief. Endlich wieder Fortschritt. Des Reitlehrers Abschlusswort »Mit Ihnen war ich heute sehr zufrieden!« hallt noch den ganzen Abend in mir nach. Das macht Mut, gerade rechtzeitig für Holland.

Dienstag, 24. 7. 01

Der 62er ist ein guter Jahrgang! Der wird die Welt verändern, und zwar mit dem passenden Outfit! Im Briefkasten lag ein Prospekt. Graumelierte Dame in rosé Strickpulli mit Kurzarm, Perlenkette, strahlende Eleganz. Text: »Sie haben andere Ansprüche: zeitlos-elegante Mode, die Ihnen entspricht und in der Sie eine gute Figur machen. Endlich Mode, die passt für die Dame ab 40! Die schönsten Kleider und Ensembles der Saison, figurgerecht und passformgenau in den Maßen für die reife Frau.« Das soll ich sein? Wissen die nicht, dass die 40-Jährigen so nicht mehr aussehen und solche Sachen nicht anziehen wollen? Und warum sollen wir alle vollschlank sein?

Pubertät ist die Zeit, in der man in die Welt hineinwächst. Ich sehe das täglich an Anna und Lena. Es ist eine Riesenherausforderung, mich anzunehmen, wie ich bin und werde, fast wie eine zweite Pubertät, eine zweite kritische Spiegelphase.

Wie in der Pubertät suche ich erneut nach Vorbildern, Menschen, die mir auf dem Weg voraus sind. Zum Beispiel bin ich nachhaltig beeindruckt von der sechzigjährigen Autorin Margarete Dennenmoser. An ihr ermutigt mich die Perspektive, dass jenseits der Vierzig noch etwas ganz Neues beginnen kann. Ich sehe an ihr, wohin mein Glaube wachsen kann, wenn ich die Zeit dafür in Anspruch nehme. Dass altern heißen kann zu reifen. Oder Anneliese, die 52 ist und neu im Buchladen mitarbeitet. Sie verheißt mir überzeugend, dass die schönste Zeit jetzt kommt, auch für die Ehe, die davon profitiere, dass viele Konflikte durchstanden sind. Anneliese sagt auch, ich dürfe aufhören, mich nach der maßgeschneiderten Figur einer Zwanzigjährigen zu sehnen. Von ihr kann ich das annehmen. Vielleicht kann ich es mir doch vorstellen, gern eine reife Frau zu sein.

Mittwoch, 25. 7. 01

Drei Wochen Holland sind eine lange Zeit. Mein Mutter- und Nesttrieb konkurriert mit Werners Sicherheitsbedürfnis. Soll ich die zwei Kilo Kartoffeln verkommen lassen oder dort verbrauchen? Die knapp dreißig Zucchini, all die Tomaten und Paprika – soll ich die in Holland aus dem Gewächshaus kaufen oder meine vom Acker mitnehmen? Mit jedem Wäschekorb, den ich in den Wohnwagen trage, sinkt Werners Laune. »Wenn die Polizei uns anhält, kannst du die Hälfte wegwerfen!« Jedes Jahr derselbe Spruch. Das soll die Polizei mal wagen.

Ich rieche schon das Meer, höre die Möwen, fühle den Sand, sehe das Glitzern der Sonne, die im weiten Wasser versinkt und mit den Farben spielt.

Habe heute Nacht geträumt, dass ich einen Tapir reite. Sein Bauch war nur fünfzig Zentimeter vom Boden entfernt und ich wusste beim besten Willen nicht, wohin ich mit meinen Beinen sollte. Als ich ihn trensen wollte, biss er mich und floh und ich musste ihn suchen gehen, weil ich Angst vor dem Reitlehrer hatte. Der sagte, wenn ich dieses harmloseste seiner Pferde nicht nehmen wolle, müsse ich eben in der Halle reiten. Ich war sauer und blamiert. Sehr entlarvend ...

Donnerstag, 2. 8. 01

Wir haben es getan: Wir haben unseren ersten Ausritt gemacht. Eine Stunde ruhigen Waldritt haben wir gebucht statt des großen Strandausritts mit Galopp. Ich hatte keinen Tapir, sondern Kim, ein braves, ruhiges Großpferd mit einem überaus harten Sattel.

Wir ritten die ganze Zeit im Schritt über schmale Waldwege wie eine Karawane und als ich begriff, dass sich das nicht ändern würde, war mir fast langweilig. Ich hörte ständig Reitlehrer Häusers Stimme in meinem Ohr: »Madame Bleier, mehr Fleiß«, oder: »Unsichtbare Hilfen geben, nicht an den Pferdeleib hämmern«, oder: »Das Wichtigste sind Takt, Anlehnung und Losgelassenheit!« Als der Reitlehrer, der hinter mir ritt, aus Langeweile ein Liedchen pfiff, fiel mir ein, dass ich von der Musikalität der Pferde gelesen hatte, und ich fing an zu summen. Hätte ich geahnt, dass Werner zwei Pferde hinter mir das auch noch hörte, hätte ich es bleiben lassen ... Die senil summende, fast 40-jährige Reitanfängerin, meine Güte, wie lächerlich.

Dienstag, 7. 8. 01

Es regnet. Ich fröstle und sehne mich nach Spanien. Lena fragt, ob wir ans Meer fahren. Ich zögere halbherzig: »Es ist halt schon ungemütlich.« Lena meint: »In mir ist es total gemütlich! Du müsstest mal meinen Körper haben, um zu fühlen, wie ich das Leben fühle! Und um zu spüren, wie das ist, egal, bei welchem Wetter, in den Wellen zu baden!«

Mittwoch, 8. 8. 01

Sturmwarnung. Schwerer Regenguss den ganzen Tag. Wir kaufen mehr Heringe, um unser Vorzelt zu befestigen. Das Hoch des Tages fällt eindeutig auf den Moment, als der Himmel aufreißt, der Abend plötzlich sonnig wird und wir ans Meer gehen. Und das ist gigantisch. Sturmwanderung bei Windstärke 8. Ich bewege mich in Werners Windschatten, um überhaupt vorwärts zu kommen. Welch eine Naturgewalt. Wir sind wirklich völlig allein mit dem tobenden Meer, dem Wind und den Möwen. Der Kampf lohnt sich. Was ist Spanien gegen so ein Erlebnis? Werner meint glücklich: »Das hier rechtfertigt drei Wochen Holland!«

Montag, 13. 8. 01

Das Wetter hat sich wieder beruhigt. Wir machen einen zweiten Waldausritt. Ich bekomme Alexa, eine rossige Schimmelstute, die sehr nervös ist wegen eines mitreitenden Hengstes. Sie ignoriert mich völlig und lässt meinen neu aufgekeimten Mut wieder gegen Null sinken. Werner gibt mich nicht auf, tröstet und ermutigt mich und bucht einen Spezialausritt mit Scout am Strand, zugeschnitten auf meine Bedürfnisse. Nur der Reitlehrer, Werner, Anna und ich. Oh, bin ich herausgefordert.

Jedes Mal im Urlaub erlebe ich, dass mich der Mensch an meiner Seite wieder neu fasziniert, dass er in der Zwischenzeit wieder Gedanken und Ziele entwickelt hat, von denen ich nichts bemerkt habe. Wahrscheinlich ist das Desaster in allen Partnerschaften dasselbe. Zu Beginn einer Beziehung fragen wir aus tiefem Interesse am anderen, wir hören zu und teilen uns mit. Wer wir sind, was uns ausmacht, wohin wir wollen, wie wir denken. Und wenn wir meinen, auf dem Gipfel der Vertrautheit angekommen zu sein, verlieren wir das Interesse aneinander. Wir meinen, den anderen nun in- und auswendig zu kennen, und erwarten kein Neuland mehr. Ein folgenschwerer Irrtum. Wir entwickeln uns auseinander. Kommunikation ist immer der Schlüssel zu neuer Nähe und größerer Intimität.

Mag sein, dass wir in den ersten zwei Tagen noch über das Geschäft, die Gemeinde, die Schule, unsere Freunde, unsere Eltern reden. Aber dann reden wir über uns. Am Ende, wenn alles gesagt ist, reden wir über das Meer, über den Sand, den Wind, beobachten gemeinsam die »Einheimischen«. Und dann schweigen wir miteinander. In diesen Zeiten kann es passieren, dass sich uns neue Horizonte erschließen. Dass neue Visionen entstehen, wie es mit unserem Leben weitergehen soll. Hier, im Abstand von Alltag und Beziehungen, in völliger Unerreichbarkeit, beginnt oft etwas ganz Neues. Wenn wir so weit sind, freuen wir uns wieder auf zu Hause, können wir Altbewährtes wieder schätzen, haben neue Kraft geschöpft.

Wir machen eine Nachtwanderung zum Leuchtturm. Heute ist die Luft mild wie an der Costa Brava. Das Meer ist unglaublich, fast surreal, der Himmel von Sternennebeln übersät. Auf dem Boden bewegen sich Tiere, die man den ganzen Tag nicht zu Gesicht bekommt. Die Wellen schwappen leise an den Strand. Unvorstellbar, in wenigen Tagen wieder um den kleinen See zu Hause zu radeln.

Mittwoch, 15. 8. 01

Frühstücksamok. Um 9 Uhr haben wir den Strandausritt gebucht. Werner und ich haben kaum geschlafen und Durchfall. Ich bekomme Belle, eine schöne, grau melierte Stute – und alles wird gut. Zuerst machen wir einen ruhigen Ritt unter blauem Himmel durch Wald, Dünen, am Meeressaum entlang. Morgens um neun ist der Strand noch leer bis auf ein paar Möwen, die sich zum Frühstück treffen. Es ist, als ob ich träume. Das war es, was ich mir immer unter Reiten vorstellte. Kein nervöses Tier, sondern ein unerschrockenes, königlich-niederländisches Warmblut. Beim gefürchteten Galopp habe ich damit zu tun, meine Steigbügel, das Pferd und die vor mir hergaloppierenden Leute nicht zu verlieren. Wir reiten nur kurze Galoppstrecken, die allerdings im vollen Tempo. Meine Sitzhöcker schmerzen und ich habe eine wunde Stelle am Steißbein – aber ich habe es geschafft! Ich bin so stolz und erleichtert. Letztes Jahr um diese Zeit habe ich noch Anna bewundert und sie beneidet um ihren Strandausritt – jetzt habe ich es selbst getan! Ohne Werners Hartnäckigkeit hätte ich das nie erlebt. Es war so etwas Besonderes, da angekommen zu sein, wohin ich seit Jahren wollte. Auch wenn sich die Realität anders anfühlte als ich sie mir vorgestellt hatte. Ich flog nicht schwerelos auf dem Rücken eines Pferdes dahin, träumend, verschmelzend mit Sonne und Meer, sondern war hoch konzentriert, brauchte viel Kraft und mein ganzes Körpergefühl, um mitzukommen, ohne runterzufallen. Ich weiß wieder, dass ich noch lange nicht gut reiten kann, aber ich bin so glücklich! Es ist so herrlich, Angst zu überwinden.

Abends beginnt die Wehmut. Ich laufe an dem gigantisch blauen, wellenaufgewühlten Meer entlang, allein mit den Möwen. Zum letzten Mal für eine lange Zeit. Die Luft ist kristallrein und die Farben sind unglaublich klar. Das Grün des Riedgrases, das Blau von Wasser und Himmel, der beige Sand – das sind meine Farben! Ich kann mich kaum trennen. Ich liebe das Meer mit großen Gefühlen. Da kommt tief in mir etwas zum Klingen, das ich gar nicht beschreiben kann.

Plötzlich fange ich an zu weinen, ohne zu verstehen, warum. Ich bin doch kein kleines Mädchen mehr, das weint, weil etwas Schönes zu Ende geht, oder? Ich weine in den Wind, bis ich ruhiger werde. Ich fühle mich so allein. Da höre ich über dem Meeresbrausen Gottes leise, tiefe Stimme, die sehr liebevoll sagt: »Mein Kind, komm!« Jetzt fange ich erst richtig an zu weinen, aber diesmal weil ich das Gefühl habe, nach Hause zu kommen, auch wenn ich diesen schönen Ort hier verlassen muss. Das Beste kommt ja noch. Manchmal macht Gott das. Nicht gerade oft, aber dann, wenn ich es brauche. Zu spüren, dass Gott mich wirklich liebt – Sternstunden meines Lebens.

Samstag, 18. 8. 01

Lena ist oft mit einigen Jungs unterwegs und flößt ihnen Respekt ein mit ihrer unbeeindruckten, fröhlichen Sprache und ihrer Art, sich im Wasser so unerschrocken zu bewegen. Ihre scheinbare Arglosigkeit, die die Jungs ermutigt, ruft Werner auf den Plan, machtvoll, verärgert, wachsam – ich bin dankbar, dass er ihr einen klaren Rahmen steckt, auch wenn das immer wieder Ärger bedeutet. Das gute Verhältnis mit uns ist ihr sehr wichtig, und wenn Werner zu ihr sagt: »Lena, ich habe jetzt zum zweiten Mal eine Abmachung mit dir getroffen und du hast sie nicht eingehalten, ich weiß gar nicht, wie weit ich dir noch vertrauen kann«, ist das schlimm für sie. Am Ende des Urlaubs sagt uns unser Instinkt, dass wir Lena nicht mehr länger ins Haus der Begegnung lassen können. Das ist eine Reizüberflutung, der sie nicht gewachsen ist.

Sonntag, 19. 8. 01

Anna und Lena fahren ins Ferienlager. Gewichtskontrolle der Rucksäcke für den Zweitagesmarsch – mehr als zehn Kilo dürfen sie nicht wiegen, sie müssen 25 Kilometer laufen! Bei unseren Ausflügen schleppen sie freiwillig nicht die Hälfte. Thema des Lagers dieses Jahr: Kanadische Goldgräber. Die Teilnehmer werden entlaust (Mehlbestäubungsanlage), müssen auf einem Floß einen See überqueren und werden dort an einer Reling von kanadischen Auswanderern »Welcome in Canada« fahneschwenkend begrüßt, um sich anschließend bei denen einzureihen. Anna und Lena sind elektrisiert. Das gibt ein zehntägiges Abenteuer!

Ich bin fast neidisch. Jan und ich werden die nächsten zehn Tage viel Zeit haben.

Dienstag, 21. 8. 01

Mit Jan allein zu sein ist eine Herausforderung. Ich möchte mich ihm nicht entziehen. Wenn ich mich auf ihn einlasse, habe ich weniger Stress. Wir machen es uns so schön wie möglich. Ich überlasse es ihm, den Speiseplan zusammenzustellen, und das Kind wählt froh Schupfnudeln, Pfannkuchen, Maultaschen, Tortellini, Gnocchi, Spätzle, Milchreis. Schwäbisch-italienisch ... Abends stürze ich mich mit Werner auf Steak, Zucchini und Tomatensalat.

Mir wird immer klarer, dass ich mich aus dem Buchladen etwas zurückziehen muss. Gott muss mir widersprechen, wenn das unrecht ist. In den verbliebenen drei Wochen Ferien bin ich zehnmal im Laden!

Ich will wieder mehr Zeit für die Kinder haben, sie brauchen alle drei noch intensiv einen Menschen neben sich, der ihnen nah steht. Als Frau ist es nicht leicht zu erkennen, wie man seine Kräfte aufteilen soll.

Mittwoch, 22. 8. 01

Ich kaufe mir eine Frauenzeitschrift für Frauen ab vierzig. Ich erhoffe mir schillernde Frauen, die trotz (!?) ihres Alters auf irgendeine geheimnisvolle Weise anziehend und attraktiv sind. Aber da Attraktivität in diesem Alter viel mit Ausstrahlung und nur noch wenig mit Haut und Haaren zu tun hat, werde ich enttäuscht. Still betrachte ich Krähenfüße, mollige Schenkel, faltige Hälse. Ehrlich ist diese Zeitschrift, das muss man ihr lassen. Sie nimmt uns die Illusion, dass wir immer noch so aussehen wie die Models normaler Frauenzeitschriften. Wahre Schönheit kommt von innen. Es ist eine ständige Herausforderung für mich, mich anzunehmen, wie ich bin und werde, wo ich doch noch nie meinen Körper besonders mochte.

Montag, 27. 8. 01

Jan schläft bei Oma. Werner und ich machen eine Radtour. Meine Gefühle schwanken zwischen Genuss der einfachen Zweisamkeit und Verlust an turbulentem Leben. Heute vermisse ich die Mädchen zum ersten Mal körperlich.

Mittwoch, 29. 8. 01

Ich komme vom Buchladen zurück. Die Mädchen empfangen mich am Hoftor mit verweinten Augen. Lena: »Ich mag wieder zurück. Das war viel zu kurz. Ich kenne alle! Jeden! Alle kennen mich!!!« Ausgehungert, braun gebrannt, verschmutzt, glücklich erzählen sie stundenlang von Erfahrungen mit Gott, neuen Freunden, Jungs, Predigten, handwerklichen Tätigkeiten, Tagestouren, dem Leben unter einfachen Bedingungen, jungen Gruppenleitern mit Charisma. Sie schreiben die ersten Briefe. Abends klingelt das Telefon heiß für Lena, nur männliche Stimmen, und sie kriegt jede Menge SMS ... Lena hat in der Menge gebadet.

»Ich hab viermal eine unauffällige Belehrung wegen unerwünschtem Austausch von Zärtlichkeiten bekommen! Nur weil ich Arm in Arm mit einem Jungen durchs Lager gelaufen bin oder mich der Heiko massiert hat, weil ich so verspannt war vom Rucksacktragen!« Ihre Isomatte ist voller Namen und Zuneigungserklärungen. »Wir haben so tolle Sachen gemacht! Basketball, Volleyball, Wettlauf, Baden im Fluss!« Mittags ruft der Erste an, ob er morgen vorbeikommen könne, skaten mit Lena, er sei gerade in der Nähe (30 km), sein Vater würde ihn fahren.

Anna wirkt älter, schöner, reifer, selbstbewusster. Stundenlang erzählt sie von geistlichen Erlebnissen, die ihr auf dem Herzen brennen. Ich kriege eine Gänsehaut nach der anderen. Sie singt Lieder und träumt von den vergangenen zehn Tagen. Nächstes Jahr wollen sie wieder hin. Dass sie zweimal eine Zweitageswanderung machen mussten, konnte sie genauso wenig abschrecken wie dass sie das ganze Lager selbst aufbauen mussten – Bäume fällen, Bänke schnitzen, Hängebrücke, Flussstege, Essplätze, Flöße.

Muss das eine Atmosphäre sein, wenn 170 Jugendliche eine Mischung aus unglaublich kreativem Programm, körperlicher Beanspruchung, geistlichem Input voll Esprit, Handwerk und klaren Regeln erleben! Sich zusammen mit vielen anderen jungen Leuten seine eigenen Gedanken über den Glauben zu machen, das ist schon eine Powerladung an Gotteswerk, die da abgeht. Nun leben sie im Zustand des Kulturschocks, daheim ist es sterbenslangweilig und es fehlt ihnen die Gemeinschaft. Sie fallen in ein tiefes Loch von Schwermut und Heimweh, das ihnen niemand füllen kann. Ich kann sie nicht trösten, und da ich mitten im PMS stecke, bin ich todtraurig mit ihnen ...

Freitag, 31. 8. 01

Waren das zehn ruhige Tage! Jetzt sind Power, Schmutz, leerer Kühlschrank und Dauergespräch wieder Tagesordnung. Seit Lena zu Hause ist, klingelt das Telefon, quillt der E-Mail-Briefkasten über und verstopft der normale Briefkasten – fast nur Jungs!

Einer ist siebzehn! Lena ist immer noch dreizehn. Ich kann es kaum fassen. Sie verdreht ihnen mit ihrer fröhlichen Art den Kopf. Ich habe Angst, dass sie vor lauter Neugier und Lebenslust in etwas reinrutscht, was ihr schadet.

Lena hat keine Ahnung davon, was in einem Jungen vorgeht. Werner ist auch leicht alarmiert. Ich halte mich immer noch an Gottes Zusage, dass er sie halten wird. Ich hoffe, dass sie uns vertraut und der Faden zwischen uns nicht abreißt. Seit ich Kinder habe, kann ich Gott viel mehr verstehen. Alle Grenzen, die er uns setzt, sind gute Grenzen. Wie Gott muss ich es ertragen, dass meine Kinder eigene Entscheidungen treffen und die Folgen tragen, auch wenn sie Fehler machen.

Sonntag, 2. 9. 01

Seit ich gelesen habe, wie das ist mit den Männern, wenn die abends von der Jagd heimkommen, verstehe ich alles viel besser. Ihr Bedürfnis, nach anstrengendem Beutefang zur Ernährung der Familie vor dem Lagerfeuer zu sitzen und in die Flammen zu starren, ist genetisch manifestiert. Man muss sie dabei in Ruhe lassen, sonst geht alles schief.

Heute Abend kommt ein entscheidendes Fußballspiel. Werner und Jan freuen sich gleichermaßen darauf. Werner sagte heute Morgen zum Abschied: »Jan, da wird es ein ganz besonderes Essen geben! Für mich Pizza und für dich wahrscheinlich Tortellini! Und Cola und Bier! Und alle werden uns in Ruhe lassen und wir zwei werden nur dieses Spiel ansehen!« Na, da bin ich ja mal gespannt, wer das zubereiten soll. Vorhin erinnere ich ihn an seine Versprechen: »Werner«, sage ich, »du wirst Pizza und Tortellini einkaufen gehen müssen und kochen, damit sie rechtzeitig vor dem Spiel fertig sind.« – Einen Versuch ist es zumindest wert. Nonchalant kommt die Antwort: »Das lasse ich alles bringen!« Oh, meine Güte, er steht zu seinem Versprechen und lässt sich doch von mir nicht in Verlegenheit bringen. Schwester Dagobert, der Geizkragen, reagiert blitzschnell: »Nein, das brauchst du nicht, ich mach euch das.« Und die alte

Rolle des Höhlenweibchens, das seine Männer nach der Rückkehr bewirtet, manifestiert sich.

Dienstag, 4. 9. 01

Lena, meine klitzekleine Dreizehnjährige, die noch mit Puppen spielen sollte, wird überhäuft mit SMS, E-Mails, Briefen und Besuchen. Allabendlich ruft ein Siebzehnjähriger an, um ihr Gute Nacht zu sagen, und weckt unsere sämtlichen Beschützerinstinkte. Wenn er nach Lena fragt, habe ich das Gefühl – äh, ich weiß nicht welches. Jedenfalls ein Gefühl, das ich noch nie im Leben hatte. Total überrumpelt, unbedingt höflich und – fassungslos. Was will dieser halbe Mann von meinem Kind? Das Kind indes testet alle Kosmetik und allen Schmuck des Hauses an sich aus, ist reizbar, hungrig blickend, vorwärts strebend.

Ich sitze trübe vor dem PC mit einer Mischung aus Zeitdruck, einen Artikel fertig zu stellen, Schnupfen und Krankenhausnachdepression (war mit Jan den ganzen Morgen in der Kopfklinik). Anna ist wieder weg, bei einer Freundin vom Sommerlager, hundert Kilometer entfernt, Lena bekommt täglich drei, vier Anrufe, zehn SMS oder E-Mails von Jungs. Meine Periode ist so schlimm wie noch nie, ich habe zehn graue Haare und meine Haut wird schlaffer. Draußen ist nasser Herbst und die zwei Katzen pinkeln ständig auf den Sessel in meinem Zimmer. Ich bin froh, wenn am Montag die Schule beginnt. Ich habe keine Lust mehr, Jans Freundin zu sein und mit ihm zu spielen und dauernd ein schlechtes Gewissen zu haben, wenn ich Jan oder den PC sehe. Heute war kein guter Tag und ich gehe jetzt ein bisschen weinen. Ich schreibe Tante Maria aus Afrika, das genügt schon, sie muss mich nicht trösten, ich bin schon reichlich froh, dass es sie überhaupt gibt, sie wird für mich beten. Sie ermutigt mich wegen Lena. Ich will nur hören: Ihr schafft das! Dann kann es wieder weitergehen. Ich bringe Lena jeden Tag vor Gott, dort ist sie gut aufgehoben.

Aber ich will mich nicht in frommen Phrasen verlieren, ganz praktisch musste ich ihr heute aus Überzeugung verbieten, mit dem Zug am Freitag nach Pforzheim zu reisen, um Patrick, sympathische Bassstimme, zu treffen – und ihre Reaktion aushalten. Mein Kopf weiß, dass meine Probleme relativ sind und dass ich ein reicher Mensch bin.

Freitag, 7. 9. 01

Jetzt ist dieser halbe Erwachsene zu uns gekommen, mit Rucksack! Ich weiß nicht einmal, ob Lena das unbedingt wollte, jedenfalls hat sie nicht nein gesagt, sich dann aber ziemlich Gedanken gemacht, was sie den ganzen Tag mit ihm anfangen soll. Und dann hat sie ihn am Bahnhof abgeholt und uns völlig vergessen, ist kurz im Buchladen aufgetaucht (»Hi, hab den Geldbeutel vergessen, können wir ins Kino? Ich hab ganz vergessen, dass du Mittagessen daheim hast«, charmantestes Lächeln). Der Typ neben ihr grinst nur schief, kann mir nicht in die Augen sehen. Und der will heute Nacht mit mir unter einem Dach schlafen? Er sieht aus, als sei er von Lenas Posterwand gestiegen: mittelgroß, dunkles, volles, halblanges Haar, Stirnband, rehbraune Augen, Bassist. Meine Alarmglocken läuten. Ich fühle mich überrumpelt. Es war falsch, ihm zu erlauben, bei uns zu übernachten. Ich bin ratlos. Meine Töchter sind keine Kinder mehr. Ist etwas für immer vorbei? Ich habe geahnt, dass es schnell gehen wird, und bin doch überrascht. Stunden später – Ruhe im Haus – überkommt mich der große Katzenjammer. Lasse ich Lena im Stich? Lässt sie mich im Stich? Sind wir alle überfordert? Mir ist die Verantwortung eine schwere Last.

Dieser komische Knabe, der die Unschuld meiner Tochter mit seinem Stille-Wasser-Gehabe bedroht, macht mich wütend. Unser beider Beschützerinstinkt ist hellwach. Wenn ich schon dieses obercoole Stirnband sehe. Darauf wäre ich auch reingefallen. Und wie er Besitz ergreifen will von meinem Kind, ohne auch nur die geringste Höflichkeitsform einzuhalten. Dauernd denke ich dran, wie sie ein Baby war – und dauernd denke ich an Mutti, wie sie mich hergeben musste. Ich liebe Lena so sehr und ich bin stolz auf sie ...

Samstag, 8. 9. 01

Mein Leben ist so unruhig, seit die Mädchen vom Ferienlager zurück sind, und doch möchte ich nicht ohne sie sein. Ich denke daran, dass sie früher oder später hier ausziehen werden, denke an mein Altwerden. Wenn Kinder Teenager werden, können sich die Eltern von der eigenen Jugend verabschieden. Die Ereignisse um Lena überrollen sich so, dass ich kaum noch mitkomme. Sie muss gar nicht aktiv werden und hat doch tausend Kontaktmöglichkeiten. 40 Briefe hat sie seit dem Lager bekommen! Täglich landen etliche SMS auf Werners Handy – sie hat seine Nummer weitergegeben. Ich habe noch nicht damit gerechnet, weil ich nur auf Anna geblickt habe, die Ältere.

Die ganzen restlichen Ferien versuchen wir, Lenas Füße zu erreichen und sie auf den Boden zurückzuziehen, ihre Energie auf Reiten, Saxophonspielen, Frau Wagner, Schule, Haushalt umzuleiten. Ich glaube, dass Lena selbst mit der Situation überfordert ist und manchmal lieber wieder ein kleines Kind wäre. Dass Strenge eine Form von Liebe sein kann, ist für mich besonders schwer zu leben. Wobei ich erlebe, dass Lena manchmal dankbar reagiert auf klare Grenzen und sich darunter stellen kann. Jede Mutter hat ihre eigene Historie, bei mir redet das kleine Mädchen noch mit, das mit Strenge schlecht umgehen konnte. Es dauert wohl ein ganzes Leben, erwachsen zu werden.

Dienstag, 11. 9. 01

Terrorakt in den USA. Drei entführte Passagierflugzeuge stürzen in das Word Trade Center und das Pentagon. Was ist der Mensch ... Für mich ist das eine Mischung aus Babel und Apokalypse und das ganz real um die Ecke. Mir steckt ein Kloß im Hals und dieses Gefühl, ich weiß, ist nichts gegen das, was die Menschen dort durchmachen. Das ist Krieg, so plötzlich und unvorhersehbar war das für meine Oma bestimmt auch. Welche Illusion wir pflegen in unserer westlichen Welt, wenn wir denken, wir könnten solche Häuser, solche Bankenviertel und solche Flugzeuge bauen und alles sei überschaubar. So nah war Krieg noch nie für mich. Ich habe das Gefühl, eine Bombe hat in meiner Nähe eingeschlagen und mich nicht getroffen. Ich bin bei den Überlebenden, die den Treppenausgang erreicht haben. Das Böse ist so unheimlich. Ein Selbstmordkommando unbezwingbar. Wenn jemand schon vor dem Tod keinen Respekt hat ...

Mittwoch, 12. 9. 01

Johannes Rau sagt, Friede sei eine Frucht der Gerechtigkeit. Heute Morgen las ich in der Bibel: »Haltet euch an meine Ordnungen und sorgt für Gerechtigkeit!« (Jesaja 56). Wie kann ich, nicht nur der Politiker weit weg, für Gerechtigkeit sorgen? Auf welche Ungerechtigkeit, auf welches Ungleichgewicht habe ich Einfluss? Materielles – wenn ich mein Geld zusammenkratze, um unsere Windschutzscheibe wegen eines Sprungs für 1200 DM erneuern zu lassen, sollte ich dann nicht auch 120 DM aufbringen können für Menschen, die nicht einmal ein Auto haben? Zeit – finanziell abgesichert habe ich Zeit für meine Familie, Haus, Gaben, Ehrenamt. Habe ich genügend Zeit für Einsame, Unattraktive? Für Freunde? Für meine Eltern? Glück – widme ich mich unglücklichen, anstrengenden, belastenden Menschen? Liegt es an uns, ob uns Gott segnet? Wissen wir viel, tun wir zu wenig? Ich weiß nicht, wie sehr wir uns schuldig machen mit all unserem Wissen und unserer Verantwortung. Wie lange schon leidet Gott unter unserer Wohlstandsignoranz, wie gehen wir um mit unseren Talenten?

Alles dreht sich um die Situation in den USA nach dem Attentat. Selbst Jan ist fassungslos. Er erzählt: »Wir müssen in der Schule sagen, wenn wir Angst haben.« Ich frage: »Und, hast du Angst?«

Freitag, 14. 9. 01

Auf Werners Handy landet eine gemeine SMS für Lena. Seit sie großzügig seine Nummer verteilt hat, erhält er erstaunliche Botschaften. Alle enden mit »hdgdl – hab dich ganz doll lieb«. Diese hier ist allerdings alles andere als wohlwollend. Man könnte vermuten, dass Lena bei Jungs Erwartungen weckt, von denen sie nicht einmal etwas ahnt, und ihr Leben zur Zeit zwei Nummern zu groß lebt.

Samstag, 15. 9. 01

Werner sagt Lena, wie traurig ihn diese SMS macht. Dass er befürchtet, dass Jungs einen falschen Eindruck von ihr bekommen könnten und dass ihm das weh tut, weil er weiß, was für ein tolles Mädchen sie ist. Sie weint, wird laut und ruft ständig: »Was kann ich denn dafür? Was machst du mich deswegen so an?« Aber Werner bleibt ruhig und sagt ihr immer wieder, dass er sie liebt und sie schützen möchte. Sie türmt, angeblich Briefe zur Post bringen. Aber als ich rausgehe, sitzt sie im Garten.

Ich setze mich zu ihr und rede lang mit ihr. Über Jungs, ihre vielen Kontakte, ihr gutes Aussehen, ihre nette Art, ihre Beliebtheit. Ich sage: »All das zeigt mir, dass du kein Kind mehr bist. Du hast eine starke Wirkung auf Jungs und musst lernen, damit umzugehen. Zur Zeit machst du kaum noch Dinge, die dir früher Spaß gemacht haben. Du bist so ein kreativer Mensch, aber du verbringst deine Zeit nur noch vor viereckigen Geräten mit Stromanschluss. Ich hab dich wahnsinnig lieb, Lena, aber ich mache mir Sorgen um dich!« Ich sage all das, was mir schon lange auf dem Herzen liegt. Dann gehe ich frühstücken. Nach einer Weile kommt sie grinsend rein: »Ich hab die drei Briefe zerrissen. War eh unwichtig und die 3,30 DM nicht wert.« Dann nimmt sie uns in den Arm – und wir haben unsere Tochter wieder. Ich verbringe mit ihr einen der schönsten Tage unseres gemeinsamen Lebens. Den ganzen Tag hilft sie beim Holzmachen und führt sehr persönliche Gespräche mit mir, heiter, erleichtert, gelöst und vertraut. Mittags helfe ich ihr, ihr Zimmer wieder zu entmisten, stundenlang schaffen wir Ordnung in ihrem Dachreich und haben reichlich Gelegenheit, uns nah zu kommen. Abends liege ich noch eine Stunde in ihrem Bett und rede mit ihr.

Gott war ein realer Gott für mich heute. Er wirkt so konkret in meine Beziehung mit Lena hinein. Ich habe das Gefühl, dass Werner und ich endlich mal etwas richtig gemacht haben, etwas, das seit Wochen notwendig war – und dass Gott uns dabei mächtig geholfen hat.

Sonntag, 16. 9. 01

Lenas Erleichterung macht mich fassungslos. Die Erkenntnis, wie sehr so ein großes Kind noch Schutz, Grenzen, Unterstützung braucht, hat mich sehr getroffen, aber auch bestätigt in meiner weiteren Linie. Nein, Lena, du darfst in den Herbstferien nicht nach Konstanz zu Patrick. Nein, Lena, du darfst Werners Handy nicht mehr benutzen, das wird uns zu teuer. Lena, du kannst nur noch abends eine Viertelstunde E-Mails schreiben.

Sie muss nun mit Anna, Werner und mir reiten, nicht mehr allein nachmittags. Gestern hat sie zum ersten Mal seit Monaten freiwillig einen Sonntag mit uns verbracht. Auf Ulis Geburtstag (ihr Onkel wird 50) wird sie auf dem Saxophon vorspielen und übt täglich dafür. Sie besucht wieder ihre 84-jährige Freundin Frau Wagner und nimmt an deren Leben teil. Holt sich gesunden Menschenverstand bei ihr.

Montag, 17. 9. 01

Bin heute wieder wie jeden Montag losgezogen zum Einkauf. Ich wollte nicht bis abends warten, wenn das Auto da ist, also ab mit dem Fahrrad. Hatte die größten Satteltaschen aus Holland und zwei Reisetaschen dabei. Jeder Passant wird sich gefragt haben, was kommt denn da für eine? Ich hab für zweihundert Mark eingekauft und alles systematisch in die Satteltaschen verstaut – da war das Rad hinten so schwer, dass der Lenker vorne hoch ging. Die Sporttaschen waren so schwer, dass ich sie kaum vom Boden hoch bekam. Es regnete und ich war schon schweißgebadet, als ich den Parkplatz verließ, im Schneckentempo das Fahrrad schiebend. Das Ganze sah überhaupt nicht nach souveräner Survivalhausfrau aus, eher nach einer Obdachlosen, die zu viel Gepäck durchs Leben schleppt. Ich dachte ständig, ich breche zusammen oder kann das Rad nicht mehr halten, das immer ausbrechen wollte wie ein nervöses Pferd.

Da nahte Rettung in Form meines Vaters, der an der Ampel stand. Als er mich sah, schüttelte er nur den Kopf, lud meine Taschen in den Kofferraum und trug sie mir in die Küche. (Wenn ich ihn rechtzeitig frage, kann ich sein Auto haben, er wohnt um die Ecke, mein Lebensvereinfacher schlechthin, aber ich vergesse immer zu fragen.) Beim Kochen merkte ich, dass ich fünf kleine Dosen Tomaten gekauft hatte anstatt große. Zur Bank radeln, weil ich keinen Pfennig mehr hatte, mittlerweile waren die Mädchen da und das Essen noch nicht fertig, dann zum Supermarkt und noch mal fünf Dosen holen, fertig kochen (Was würde mein Vater sagen, wenn er mich jetzt sähe?) und in den Buchladen sausen – an manchen Tagen holt mich das Chaos wieder ein.

Dienstag, 18. 9. 01

Seit dem Unglück in Amerika ist vieles relativ geworden. Ich gehe durch meinen Alltag, der nach wie vor derselbe ist, und sehe vieles mit anderen Augen. Die Sorgen von letzter Woche bedeuten nicht mehr dasselbe. Und doch haben die Kids Fieber und Schulangst, ihre Lieblingshose hat ein Loch und sie wollen diese coolen Turnschuhe für 150 DM – das Leben tut, als wäre nichts geschehen. Das hat etwas Schockierendes und macht mich orientierungslos. Diese Woche habe ich so viele »wichtige« Dinge vergessen, dass mein Soll für ein Jahr eigentlich erfüllt wäre. Dass von einem Moment auf den anderen alles anders wird, ist nicht neu für mich. Aber jetzt hat es ein anderes

Ausmaß angenommen. Tief in meinem Innern war ich bisher überzeugt davon, dass ich und meine Kinder nie einen Krieg erleben würden. Dieses Netz mit doppeltem Boden hat ein Loch bekommen. Mein Glaube wird neu geprüft. Ich habe das Gefühl, jetzt wird es Ernst. Ich frage mich, was das neue Jahrtausend bringt. Ob jetzt alles umgewälzt wird. Ich bin dankbar für die fast vierzig Jahre Frieden, die ich erleben durfte, und sorge mich gleichzeitig um meine Kinder.

Ich empfinde dasselbe Entsetzen wie viele Menschen zurzeit. Dennoch glaube ich, dass es uns bei allem Mitleid in Wirklichkeit hauptsächlich um uns geht. Ist unsere Betroffenheit nicht vor allem die Angst vor unserer eigenen Verletzbarkeit? Warum sonst macht sich nicht dasselbe lähmende Gefühl in uns breit angesichts der Tatsache, dass jeden Tag eine weitaus größere Zahl von Menschen vor Hunger stirbt? Warum nicht jeden Tag Schweigeminuten für die Vierzigtausend, die wieder verhungert sind seit unserem gestrigen Frühstück? Wir haben uns gut an diese Statistik gewöhnt. Warum sonst gebe ich nicht mein letztes Hemd aus Betroffenheit für diese Menschen? Ist dieses Entsetzen, das uns seit letzter Woche lähmt, nicht vor allem das Entsetzen: Jetzt geht es an uns, an uns zivilisierte Menschen mit der scheinbaren Unverwundbarkeit Siegfrieds? Meine Technik- und Heileweltgläubigkeit hat einen Sprung bekommen. Ich kann die Bilder im Fernseher nicht mehr ertragen.

Noch immer steht das flüchtige Bild einer Dokumentarsendung über einen vergangenen US-Krieg vor mir: Menschen quälten einen gefesselten US-Soldaten mit verbundenen Augen, der sich am Boden krümmte wie ein Wurm. Ich kann damit nicht umgehen. Ich frage mich, wie Gott in seiner Allwissenheit damit umgehen kann. Wie kann er das verkraften?

Mittwoch, 19. 9. 01

Nach der Buchhandlung treffe ich Werner bei meinen Eltern, als ich Jan abholen möchte. Wir reden über die Ereignisse in den USA. Ich höre einen nervenden, hellen Piepston und frage, was das ist. Werner ist erleichtert, dass ich es auch höre, er dachte, das sei in seinem Ohr. Meine Eltern hören den Ton nicht und wir können ihn nicht orten. Mutti hat im Radio gehört, es gäbe zur Zeit ein Geräusch über Baden-Württemberg, weswegen viele Leute Kopfweh haben. Ich runzle die Stirn – was soll das denn wieder sein? Wir trennen uns, walten wieder jeder seiner Aufgaben: Werner fährt mit Anna zum Jugendkreis und Lena zu einer Freundin, wo sie übernachtet, ich bringe Jan ins Bett und schreibe. Als ich ins Bett gehe, höre ich den Piepston wieder. Er füllt das ganze Haus aus. Ich trete auf die Treppe draußen – er ist auch hier in der Luft. Der scheint tatsächlich über ganz Baden-Württemberg zu sein. Kopfweh spüre ich auch schon. Zuerst der Krieg in den USA und nun auch noch ein Piepston über Baden-Württemberg, was müssen wir noch alles akzeptieren, ohne uns wehren zu können? Ich will nicht mit einem Piepston leben, das mindert meine Lebensqualität beachtlich. Resigniert gehe ich hoch und stelle fest, dass er leiser wird, wenn ich die Schlafzimmertür schließe und das Fenster offen lasse – die fernen Autobahngeräusche scheinen ihn zu überdecken. Ich hätte nie gedacht, dass ich über sie mal noch dankbar sein könnte. Was wird das nur für eine Welt, auf die wir uns zubewegen? Als Werner und Anna um 2 Uhr heimkommen, sagen sie: Was ist denn das für ein Geräusch? Ich bin sofort hellwach und rufe: »Das ist jetzt überall! Meine Mutter hat doch erzählt, dass das jetzt über Baden-Württemberg ist. Vielleicht hängt das mit dem Krieg zusammen. Sabotage!« Mein Hirn muss völlig vernebelt sein. Werner sagt: »Das gibt's doch nicht!«, und macht sich auf die Suche nach der Quelle. Er findet Jans Hörgerät eingeschaltet in dessen Ranzen.

Wenn es nicht so zum Gruseln wäre, müsste ich mir fast eins abgrinsen darüber, welch subtile Auswirkungen Angst haben kann ...

Freitag, 28. 9. 01

Nachdem Anna sich in der letzten Reitstunde gelangweilt hat, bekam sie heute zum ersten Mal Le Grand, einen jungen Wallach, von dem sie bisher nur träumte. Sie ist ihn so fabelhaft geritten, dass Häuser hin und weg war – und das will was heißen! »Die tanzt den, Frau Bleier!«, rief er mir gut gelaunt zu. Wiederholt und ausschließlich lobte er Anna vor allen anderen über den grünen Klee. Das hat Lena ihren Platz zugewiesen und mich sehr stolz gemacht. Wenn jemand eins meiner Kinder lobt, ist das für mich, als würde ich ausgezeichnet. »ANNA! Uneingeschränktes Lob!«, brüllte er zum Abschied – und hob Annas Füße für den Rest der Woche zwanzig Zentimeter vom Boden. Ich fragte ihn, ob er mir auch was zu sagen habe und er begann gnädig: »Joa, mit Ihnen war ich heut zufrieden, Sie hatten einen schönen tiefen Sitz – aber Ihre Anna hat Ihnen allen heute den Rang abgelaufen! Ich kenne das Pferd, das sie geritten ist, und ich habe gesehen, WIE es geritten ist. Und das beim ersten Mal! Alle Achtung!« Annas Qualitäten reifen wie ein guter Wein. Je älter die Damen werden, desto eher kann ich sie mir als »fertige« Erwachsene vorstellen. (Wirklich fertig bin ich ja selbst noch nicht. Aber Grundzüge lassen sich erkennen ...)

Samstag, 29. 9. 01

Anna macht vor lauter Hochgefühl Kartoffelgratin und Salat, was Lena und mir gigantisch schmeckt, und wächst noch einmal ein paar Zentimeter, als Lena zufrieden schmatzend sagt: »Anna kann besser kochen als Bianka.« Seit dem Lager hat Anna irgendwie ein verändertes Lebensgefühl: »Ich trau mich mehr. Ich red immer mit. Das gefällt mir. Ich bin nicht mehr das stille Mäuschen.« Sie ergreift ihre Chance, an keine Rolle gebunden zu sein. Das macht sich auch in der neuen Schule bemerkbar. Das Lager war auch ein Meilenstein auf ihrem Weg zu einer mündigen Beziehung zu Jesus. Sie wächst stetig. Der Jugendkreis der Gemeinde ist ihre Heimat, hier kann sie ihre Gedanken, ihre Gaben, ihre sozialen Fähigkeiten und ihren Glauben erproben. Sie outet sich mit ihrem Glauben, mit dem sie allein dasteht, todesmutig im Religionsunterricht, und lernt, aufrecht dazu zu stehen.

Montag, 1. 10. 01

Um 14.30 Uhr muss ich die Buchhandlung öffnen.

Um 14 Uhr sage ich zu mir: »Bianka, heute wirst du pünktlich sein. Mach den PC aus. Nein, sieh nicht mehr nach, ob eine E-Mail gekommen ist, und beantworte auch nicht mehr geschwind eine.« Ich brauche exakt 15 Minuten zügige Radfahrt, um pünktlich zu öffnen. Ich gehe hoch, um mich umzuziehen. Heute werde ich pünktlich sein.

14.02 Uhr. Ich bin oben. Die Sinnlosigkeit dieses Aktes erschließt sich mir Gott sei Dank noch rechtzeitig. Was soll ich bitte um 14.17 Uhr in der Buchhandlung? Das Bad ist in einem desolaten Zustand. Ich werde noch schnell das Bad putzen! Wenn ich mich beeile, schaffe ich das gut in 15 Minuten. Ich putze das Bad in Lichtgeschwindigkeit.

14.15 Uhr. Jetzt müsste ich los, wenn ich pünktlich sein wollte. Aber der Boden ist noch nicht gewischt. Ich kann doch nicht ein halb geputztes Bad hinterlassen. Ich führe das hier zu Ende, koste es, was es wolle. Hauptsache, das Bad ist geputzt.

14.18 Uhr. Ich gehe mich umziehen.

14.21 Uhr. Ich sitze auf dem Rad und gebe mein Letztes.

14.35 Uhr. Ich öffne zwei schlecht gelaunten Kunden die Ladentür. Nehme schweißgebadet das erste Telefonat entgegen, während ich den PC hochfahre. Kann die Frage nicht beantworten, weil ich mich noch nicht in die Notizen des Vormittags eingelesen habe. Ich zittere noch eine halbe Stunde später. Ich habe ein Problem mit Pünktlichkeit. Werner hat Recht. Ich habe die Wahl und alle Chancen.

Anna holt mich in der Buchhandlung ab. Setzt sich in eine Ecke und liest in einem Buch, das sie hier letzte Woche angefangen hat, mit spitzen Fingern, damit man dem Buch nichts anmerkt. »Anna kann das«, denke ich wieder vergnügt. Ja ja, Anna kann das. Als sie meinen Preisauszeichner sieht, fragt sie, was damit los sei. Ich erkläre ihr, dass niemand von uns in der Lage ist, neue Etiketten reinzufüllen. Sie nimmt ihn lässig in die Hand und zwei Minuten später funktioniert er. Bin ihr sehr dankbar.

Finde sie eine Spur arrogant und bitte sie als Demutsübung, den Müllcontainer auf die Straße zu stellen. Sage ihr, dass er schwer ist und dass sie ihn im Hinterhof rückwärts die Haustreppe hochziehen muss und dann durch den Hausgang. Rechne damit, dass sie sich weigert. Die Tonne ist irrsinnig schwer, aber ich glaube, Anna kann das. Anna macht sich ohne Murren auf und als sie wiederkommt, fragt sie: »Ziehst du sie wirklich jedes Mal die Treppe hoch?« »Klar«, meine ich, »da kenne ich nichts.« Sie fragt verwirrt: »Und warum benutzt du nicht die Rampe daneben?« Ich denke, welche Rampe, gehe raus und entdecke zum ersten Mal im Leben, dass weiter hinten eine Rampe zur Tür hin ansteigt, über die man ganz lässig die Mülltonnen hochziehen kann, ohne Lärm und Anstrengung. Seit wann mag es diese Rampe geben? Warum sehe ich ständig vor lauter Wald die Bäume nicht?

Ich mache mich an den Kassenabschluss. Anna will helfen. Sie ist wie ein kleines Kind, wenn es Geld zu zählen gibt, will sie helfen. Anna kann das ... Es ist mir lästig, weil ich möchte, dass es schnell geht. Aber okay, Anna darf Geld zählen, das Kleingeld. Aber Anna sagt, sie zählt die Scheine, und so machen wir es auch. Als ich unsere beiden Beträge addiere, sind 80 Mark zu viel in der Kasse. Ich stöhne, recherchiere, kontrolliere die Kassenabgänge, aber es sind 80 Mark zu viel. Bis Anna die Rechnung überprüft und feststellt, dass ich nur die zwei Zahlen falsch zusammengezählt habe ... Sollte vielleicht nicht besser Anna den Laden übernehmen? Der Clou kommt, als mich Anna auf der Heimfahrt mit ihrem neuen Rad ständig überholt, sogar die Brücke hoch rast sie schneller als ich. Es gelingt mir beim besten Willen nicht, sie einzuholen. Bei 15 zu 39 Jahren kippt meine Gewissheit endgültig, dass ich meiner Tochter noch etwas voraushaben könnte.

Samstag, 13. 10. 01

Die Kids verlangen uns oft endlose Zeit und Energie ab. Es bleibt eine Gratwanderung, ihnen gerecht zu werden, ohne unsere Ehe zu vernachlässigen. Ausgehend davon, dass es ihnen auch lieber sein muss, wenn es nicht zur Scheidung kommt, bemühen wir uns, unsere Liebe am Leben zu erhalten. Wir sind die Bauherren unserer Familie. Das Band zwischen uns ist die Basis dafür, dass es den Kindern gut geht. Dafür müssen wir Raum erkämpfen.

Wir starten wieder in unser jährliches Wochenende zu zweit. Samstags wiederholen wir eine Wanderung, die wir vor fünfzehn Jahren mit Anna in der Rückentrage gemacht haben, zum Belchen, dem schönsten Berg des Schwarzwaldes. Der Gipfel verspricht Weitblick zu den Schweizer Alpen. Zweimal waren wir oben, umhüllt von dichtem Nebel. Heute haben wir Glück, es ist einer dieser goldenen Oktobertage. Anstrengend ist es allemal. Dünn besiedeltes Mittelgebirge, sanfte Hügel, liebliche Landschaft, sonnig wolkenlos. Die Hänge sind abgeweidet. Oben haben wir einen gigantischen Weitblick in unendlich scheinende Hügelketten, die sich in den Wolken auflösen. Schmetterlinge, Raubvögel, Gespräche, Nähe. Ruhe. Werner ist glücklich. Ich liebe diesen Mann. Hier und da wünschte ich ihn mir etwas ritterlicher, aber bei dem Paket »Werner« ist immerhin Ritterlichkeit im Bedarfsfall dabei, was beinhaltet, dass er mir seine Fleecejacke aufs Gras legt bei der Rast und sich selbst ins relativ feuchte Gras. Zurück im Wohnwagen: Klarer Sternenhimmel. Zukunftsvisionen, Abstimmung. Wenn wir uns körperlich nicht vernachlässigen, ist unser Liebestank voll, spart Werner nicht mit Komplimenten und Liebeserklärungen. Er sagt, er findet Nähe mit mir schön und immer schöner. Wer sich sicher fühlt, hat Ausstrahlung. Laut Werner hängt die Attraktivität einer Frau nur davon ab, ob sie lebensfroh ist und ein positives Verhältnis zu ihrem Körper hat. Das versöhnt mich mit dem Älterwerden, macht mich unabhängiger davon. Ich gebe ihm Recht: Eine lebensfrohe Ausstrahlung macht zehn Kilo Übergewicht wett. Werner: »Die macht nahezu alles wett!« Ja dann ... Wir gehen essen. Und reden.

Freitag, 19. 10. 01

Heute Abend sieht Werner »Die Maske des Zorro«. Ich wundere mich, dass er sich so einen Kostümschinken antut, bis ich seinen Stoßseufzer höre: »Oh, Bianka, ich will ein eigenes Pferd!« – Endloses Hoffen macht das Herz krank; ein erfüllter Wunsch schenkt neue Lebensfreude (Sprüche 13,12). Endlos hat mein Mann noch nie gehofft, und so habe ich den Verdacht, dass wir über kurz oder lang noch größere Tiere beherbergen werden. Seine Wünsche sind voll tiefer Sehnsucht ... Werner ist der einzige Mensch, den ich kenne, dessen Sehnsüchte so einen Motor darstellen.

Sonntag, 28. 10. 01

Lena unterhält sich mit mir über Erziehungsstile. Sie haben das grob im Deutschunterricht angeschnitten. »Erzieht ihr uns nach dem autoritären Stil oder nach dem antiautoritären Stil oder nach dem goldenen Mittelweg?« Meine Antwort fällt selbstbewusster aus als sie dürfte: »Nach dem goldenen Mittelweg!« Lena zufrieden: »Ich weiß schon, was ihr mit uns vorhabt. Ich finde eure Ziele für uns gut!« Ich amüsiert: »Was haben wir denn mit euch vor?« Lena grinst: »Ihr wollt, dass wir früh selbständig sind und euch nicht auf der Nase herumtanzen!«

Anna und Lena leben immer mehr ihr eigenes Leben und es ist interessant zu sehen, wohin das führt. Sie entdecken sich selbst und freuen sich auf die Welt der Erwachsenen. Neugierig leben sie darauf zu. Es ist Freitag und freitags ist Jugendkreis. In nur wenigen Stunden vervielfachen Anna und Lena ihre Marktchancen. Der Kleiderschrank steht offen, frisch Gebügeltes liegt dekorativ verstreut im Zimmer herum, Musik läuft, es duftet blumig. Sie drehen Haare auf Papilloten, essen Schokolade und plaudern. Jeden Freitag machen sie das Leben zu einem Fest. Sie ziehen ab – ein blond gelockter Engel mit vor Eifer roten Bäckchen und ein burschikoser Engel mit langer brauner Mähne, der die Welt als Bühne benutzt. Beide in hautenger Jeans mit kurzem Top, das einen wohlgeformten Bauchnabel freigibt. Fast müsste man sie aus dem Verkehr ziehen. Eigenartiger Schmerz.

Dienstag, 30. 10. 01

Jan bekommt neue Hörgeräte. Fünf Jahre nachdem er die ersten bekommen hat, gibt es eine neue Generation dieser Hilfsmittel. Sie verstärken nur noch den leisen Bereich, nicht mehr den ohnehin gut hörbaren lauten Bereich. Das nährt die Hoffnung, dass sich die Hörleistung nicht wie bisher zusätzlich durch die Verstärkung verschlechtert. Der Akustiker fertigt einen Abdruck von Jans Ohren. Es ist Jan peinlich, dass das mitten im Raum stattfindet, wo andere Kunden zusehen können. Als eine Mutter mit fünf starrenden Kindern kommt, muss er das aushalten. Ich kann ihn nicht schützen, obwohl ich sie am liebsten anschreien würde. Ich erzähle dem Akustiker, dass Jans Trommelfelldefekte bei einer Operation noch geschlossen werden. Er meint daraufhin: »Vielleicht wird es später so sein, dass Jan nur noch zu bestimmten Zeiten seine Hörgeräte tragen möchte, weil seine Hörleistung annähernd normal sein könnte. Mag sein, dass er sie zum Sport und in der Disko aushaben möchte und sie nur zum Arbeiten oder Studieren trägt.« Ein Prophet? Jans Entwicklung bleibt spannend.

Sprachlich macht er kleine Fortschritte, sozial hat er es nicht gerade leicht. Seine Familie ist sein sicherer Rahmen. Der leichtere, aber in meinen Augen keinesfalls bessere Weg erscheint ihm immer öfter, sich in seinem Zimmer oder auf seinem kleinen Fußballplatz in Sicherheit zu bringen, anstatt sich aktiv um Kontakte zu bemühen. Und ich verstehe ihn. Seine Bemühungen, wenn sie denn stattfinden, sind nicht oft von Erfolg gekrönt. Gelegenheitsbeziehungen haben eben eine andere Verbindlichkeitsstufe. Die Jungs aus der Straße haben oft schon etwas vor, wenn er abends von der Schule kommt und sie besuchen möchte, ebenso Anja und Ellen. Bleibt noch David, sein jüngster Freund. Es ist ein Glücksfall, dass seine Familie nach Forst gezogen ist. Er spielt gern mit Jan, aber ich sehe auch bei ihm, der ein Jahr jünger ist, die Schere aufgehen. Ich darf nicht in die Zukunft sehen, sondern muss im Jetzt bleiben, dankbar, wenn er den einen oder anderen Kontakt haben kann. Ich bin wirklich froh, dass Jan ein Junge ist – Jungs sind weniger auf Kommunikation angewiesen, sie finden sich durch gemeinsames Tun. Jan spielt gern Uno, Rommee, Mühle, Dame, Fußball, Rollenspiele, Playmobil. Daran ändert sich nicht so schnell etwas, seine Entwicklung ist hier sehr langsam. Er hört gern Kassetten wie Benjamin Blümchen und Bibi Blocksberg. Und er sitzt oft an seinem Schreibtisch, spielt mit seinem Juniorcomputer, seiner elektrischen Rechenmaschine, die ihm sein Großvater geschenkt hat, oder mit diversen Lochern, Tackern, Ordnern und Klarsichthüllen. Jetzt übt er gerade Flieger basteln, aber sie fliegen leider nie. Er kann jetzt ordentliche Strichmännchen malen, aber seine räumliche Wahrnehmung lässt ihn beim Malen von Häusern im Stich. Wenn die anderen Jungs sich auf der Straße treffen, wagt er sich nicht raus. Bei den großen Jungs der Gemeinde hat er einen Stein im Brett. Die Gemeinde ist überhaupt eine große Chance für Jan. Er findet dort den Schonraum, der ihm ermöglicht, in Sicherheit zu wachsen. Er tankt Zuwendung von allen Seiten. Es gibt dort immer Menschen, die einen Blick für ihn haben.

Freitag, 2. 11. 01

Werner hat herausgefunden, dass der Bauer, der seinen Hof in der Nähe unseres Ackers hat, Pferde einstellt. Rein zufällig hat er erfahren, dass ein Pferd eventuell verkauft wird, das genau richtig wäre für uns vier. Ich wittere Gefahr und stelle alle Stacheln auf. Blufft er? Will er mich testen? Ist er wahnsinnig? Ich warne ihn davor, Anna etwas zu sagen.

Samstag, 3. 11. 01

Ich schlage Anna vor, das Pferd und den Stall anzusehen, nur um mal eine Vorstellung zu haben ... Wir reden eine Stunde lang mit dem Bauern. Das Pferd heißt Chopper, ein zwölf Jahre alter schwarzer Hannoveraner. Wir versuchen, uns ein Leben mit Pferd vorzustellen – ist das das Leben, von dem ich träume, oder bringt uns das Stress pur? Anna ist höchst infiziert. Was würde das für unsere Kinder bedeuten? Für unsere Freizeit, für unseren Geldbeutel?

Dienstag, 6. 11. 01

Reiten ist ein Lebensthema für uns geworden. Hält die Realität meinen romantischen Vorstellungen stand? Teilweise. Ich hätte nie erwartet, dass Reiten so schwer zu erlernen ist, dass man so viel Körperbeherrschung und Tierpsychologie braucht.

Ich reite mit Lena in der Nachmittagsstunde. Tabea will es jetzt genau wissen und gibt ihr Glut! Glut ist das Lackmuspapierchen – die testet jeden genau, der auf ihr sitzt. Schwache Reiter wirft sie einfach ab, sie fürchtet sich vor anderen Pferden, reitet ungern voraus und nur hinter bestimmten Pferden her, ist sensibel im Maul, träge, wenn man sich nicht durchsetzt, lahmt, wenn man nicht die Gerte benutzt, bockt, wenn man die Gerte benutzt, wird im Galopp blitzschnell, wenn man sich mit den Beinen anklammert. Bei Lena macht sie nur einmal Zicken. Dann nicht mehr. Tabea ist am Ende der Stunde fassungslos. »Lena, du übertriffst alle Erwartungen! Glut ist wirklich die größte Herausforderung im Stall und du mit deinen wenigen Reitstunden – das hast du super gemacht! Du scheinst ja wirklich Reitgene zu haben. Du kannst dich supergut in Pferde einfühlen!« Ich habe gewaltigen Respekt vor Clude und will sie nie im Leben reiten müssen. Lena hat mich längst überholt! Aber auch für mich gibt es noch Hoffnung. Tabea gibt mir auch wieder ein neues Pferd – Lovely Girl. Mein Mut wächst und mein Können auch. Ich bin froh, durchgehalten zu haben gegen meine Angst und Frustration. Obwohl ich nach dem Reiten wund bin, sagt Tabea: »Lovely Girl war total entspannt und locker, ist nicht schnell geworden beim Galopp, du hattest einen ruhigen Sitz und hattest sie gut im Griff, hat mir gut gefallen.« Nach so einem Satz schwebe ich Tage. Wenn ich meinen Fuß in den Stall setze, lasse ich alles hinter mir. Es war schön, Lena beim Reiten zu erleben.

Samstag, 10. 11. 01

Samstagmorgen. Zum Glück haben beide Mädchen heute nichts vor – keine Proben, kein Besuch, kein Auswärtsschlafen. Zeit für einen Familieneinsatz! Ich schreibe auf, was zu tun ist. Lena stöhnt laut, Anna zieht die Augenbrauen hoch. Lena aktiviert schon mal ihr Adrenalin und murrt in einem fort. Anna sammelt innere Kraftreserven und streicht genüsslich ihr Brot. Mit Butter. Dann mit Frischkäse. Dann zwei Sorten Marmelade. Lena zieht sich wetterfest an, laut maulend. »Kann ich wenigstens noch zu Frau Wagner? Die hat sich doch den Fuß verstaucht.« »Ja, aber nicht so lange.« Lena setzt Werners Baskenmütze auf und sieht unwiderstehlich aus. Zornig schlägt sie die Tür hinter sich zu. Anna, in meinem Bademantel, kaut ruhig. »Anna, zieh dich an.« »Ja.« Das Kind, das freundlich ja sagt und nein macht. Wie oft bin ich schon darauf reingefallen. Ich höre Lena draußen wild fegen, Frau Wagner war nicht da. »Anna, räum jetzt den Frühstückstisch ab, Lena hat schon alles hingestellt.« In aller Ruhe räumt sie ab, braucht mindestens eine Viertelstunde dafür.

Ich hole alle schmutzigen Schuhe aus dem Schuhschrank, um sie zu putzen. Anna geht sich umziehen. Lena fegt Laub zusammen. Als die Schuhe sauber sind, ist Anna in der Unterwäsche. Sie weiß nicht, was sie anziehen soll. Ich gehe hoch, um mit meiner Anwesenheit Druck zu machen, und mache meine Betten. Wie motiviert man eine Fünfzehnjährige? Lena schleppt die leeren Getränkekisten zum Auto. Anna ist nun angezogen, friert aber bestimmt draußen. Sie geht in den Keller, wärmere Handschuhe suchen. Über Nacht ist es Winter geworden, null Grad, aber die Sonne scheint. Lena leert die gefrorenen Sommerpflanzen in den Kompost. Letzte Sommerboten ade. Ein Tontopf geht kaputt. Anna kommt, vermummt wie ein Eskimo, aus dem

Keller. Beginnt endlich den Gehweg zu fegen. Findet es eine Zumutung, den furchtbar langen Gehweg ganz allein fegen zu müssen. Lena besucht Frau Wagner. Kommt gleich wieder, die liegt im Bett mit ihrem verstauchten Fuß. Sie saugt.

Werner ist mit Jan beim Autowettrennen der Jungschar. Lena mosert, dass Jan nichts arbeiten muss. Sie schort die Erde des Hühnerstalls um und schimpft, dass sie keinen ordentlichen Spaten dafür hat. Anna sucht eine Schaufel, um den Dreck zusammenzufassen. Lena geht ins Haus mit Bauchweh. Ich glaube, sie bekommt ihre Periode. Anna fragt: »Was hat eigentlich Lena gemacht, weil die schon reingeht?« Weil sie immer noch friert, gebe ich ihr wärmendere Aufgaben: Sie putzt das Bad und bügelt. Während die beiden arbeiten, koche ich für heute und morgen, putze das Wohnzimmer und fünfzehn Fenster.

Wieder geschafft. Später holen sie sich ihren Lohn ab. Bin ich glücklich, nicht mehr alles allein machen zu müssen!

Sonntag, 11. 11. 01

Jahrelang habe ich umsonst gefürchtet, dass sich die Kids eindeutige Gedanken machen könnten, wenn wir die Schlafzimmertür abschließen. Gestern unterhielt ich mich mit Lena über Sexualität. Sie meinte: »Ihr macht doch so etwas nicht mehr!?« Ich polterte empört: »Ja was denkst du denn? Sogar recht gern, sag ich dir!« Lena lässt sich aber nicht auf den Arm nehmen, von mir doch nicht, sie kennt mich: »Quatsch! In eurem Alter macht man doch keinen Sex mehr! Ihr habt doch schon alle Kinder!« Ich: »Lena, Sex ist etwas Schönes! Ohne Sex wäre das Leben halb so schön. Wir machen das, weil es uns Spaß macht! Und ständig, kaum seid ihr weg, reden wir nur über Sex!« Lena kringelt sich vor Lachen und findet das ziemlich obszön von so einer Alten: »Ach, redet ihr über Stellungen? Muss alles genau geplant sein, was? Missionsstellung, Löffelstellung ...« Jetzt fällt mir die Kinnlade runter ...

Samstag, 17. 11. 01

Als ich Samstagmittag vom Buchladen zurückkomme, ist Werner sehr zufrieden. Er war den ganzen Morgen beim Bauern. Er hat eine Reitbeteiligung für Chopper vereinbart. Ich kann es kaum glauben. Werner geht weiter auf sein Ziel zu. Ich bin froh, dass das Pferd doch nicht zu verkaufen ist. Dieser Mann treibt mich um. Wieder ein zusätzlicher monatlicher Fixposten. Da ich für die Finanzen zuständig bin, muss ich sehen, wie das klappt. Werner ist für die Träume zuständig. »Es wird schon irgendwie gehen.« Er will testen, wie das ist mit einem Pferd, wenn man täglich hingehen kann. Er will Berührung mit Pferden, nah, oft, real. Ich bin gespannt, wie das weitergeht. Meine Güte, allein würde ich das nie machen. Wird uns das Kraft geben oder nehmen? Auf jeden Fall wird es Prioritäten verschieben. Seit Wochen frage ich ihn fast täglich: Und wie wäre der Tag heute gewesen, wenn du ein eigenes Pferd hättest? Was hättest du dann gemacht? Die Alternative wäre fast immer besser gewesen, ehrlich gesagt.

Montag, 19. 11. 01

Jans Elternabend findet in der griechischen Kneipe statt, wodurch sich die Zahl teilnehmender Väter verdoppelt. Jans Lehrerin wird die Klasse nach vier Jahren abgeben. Sie hat ihm gut getan, weil sie bodenständig ist und Jan mag, ihn aber herausfordert und nicht schont. Sie hat keine Eile mit dem Lehrstoff. Die Kids haben für vier Grundschuljahre fünf Jahre Zeit. Sie schreiben Diktate mit dreißig Wörtern, und Jan schafft das relativ fehlerfrei. Er kann kurze Sätze frei formulieren. Kognitiv habe er keine Probleme, meint Frau Grasert. Seine Schrift – zwar nur Druckschrift – sei lesbar, das wäre doch genial bei der ursprünglichen Prognose. Im Rechnen sei er gut. Welche Ermutigung!!

Jan erzählt mir so gut wie nichts aus der Schule. Wenn er nach anderthalb Stunden Fahrt zu Hause ist, will er nur noch seine Ruhe. Deshalb sind wir bass erstaunt über Vieles. Wir sehen tausend Fotos vom Ritter-Projekt und freuen uns darüber, dass er in dieser Schule angenommen wird und was er dort alles lernen kann. Sie haben Ritterkostüme gebastelt, eine Burg gebaut, das Leben im Mittelalter betrachtet, eine Burg mit Greifvogelschau besucht, mit einer Feder Einladungen an die dritte Klasse geschrieben und mit ihnen ein Ritterfest gefeiert. In sein Ritterheft hat er geschrieben:

»Ich würde gerne als Junge in der Ritterzeit leben, weil ...
da Pferte sind
man kämpfen muss
da Hüner sint
die Feinde nicht reinkomen
ich auf die Hunde aufpasse
ich dann keine Angst habe
das finde ich gut!«

Diese lebenspraktische Schule ist genau richtig für Jan. Jetzt lernen sie die Uhr und pflanzen Blumenzwiebeln in den Schulgarten. Sie haben für alles so viel Zeit. Der Unterricht geht bis in den Nachmittag hinein, ist aber immer noch sehr spielerisch. Frau Grasert verschweigt nicht, dass Jan empathisch Defizite hat. Oft gelingt es ihm nicht, sich in andere hineinversetzen, es ist ihm egal, wie er auf andere wirkt. Er leistet sich den Luxus, Kinder, die ihn besuchen wollen, wegzuschicken – obwohl er sich das nicht leisten kann – und zeigt keine Dankbarkeit. Dankbarkeit, wenn sich jemand ihm zuliebe zurücknimmt und ihn unterstützt. Hier muss er wachsen. Hier setzen wir auch zu Hause an, erklären ihm, was gerade emotional geschieht und wie er dran beteiligt ist. Jan ist voll integriert, falls nicht, grenzt er sich selbst aus. Er hat einen starken Motor, lernen zu wollen, weiterzukommen, nicht aufzufallen und besitzt viel Kraft, eigene Schranken zu überwinden. Dass er seine drei Hunde nicht mehr mitbringt, zeigt, dass er groß wird. Ich bin stolz auf ihn. Als Werner fragt, ob Jan an dieser Schule bleiben könne oder ob das Spagat doch noch so weit aufgehen könnte, dass er eines Tages wechseln müsste, sagte Frau Grasert nur: »Quatsch!« Ich fragte sie, wie sie sich denn Jans Zukunft vorstelle. Sie erzählte uns, dass es eine Berufsschule gibt, in der die Schulabgänger Gärtnergehilfe oder Maurer lernen können. Dort sehe sie ihn eines Tages. Ich bin platt. Und ganz neu ermutigt, eine reale Perspektive für Jans Leben zu sehen. Wie Gott ihn bewahrt! Dass er auf dieser für ihn so idealen Schule sein kann, ist den Preis der langen Fahrt wert.

Freitag, 23. 11. 01

Bin heute Nacht mit Zahnschmerzen aufgewacht. Jetzt stehe ich unter Schmerzmitteln und hoffe, dass die Schmerzen nur von einer Erkältung herrühren. Werner reitet Chopper mit Anna und Lena. Schade, dass wir im Winter damit beginnen, aber auf jeden Fall ist es gut, an einem Pflegepferd zu testen, wie das ist, ein Pferd – auch im Winter – zu betreuen. Werner ist so glücklich. Sein Bonanza-Traum geht in Erfüllung, im hohen Alter von 41 Jahren. Werner hat ein Pferd und kann reiten, und das jeden Tag. Ich kenne keinen anderen Mann, der sich für Pferde interessiert. Eigentlich erstaunlich, dass gerade wir zwei uns gefunden haben und dass wir beide schon immer reiten wollten. Das konnten wir nicht wissen, als wir uns trafen.

Donnerstag, 6. 12. 01

Seit zehn Tagen habe ich Zahnweh. Ich bin völlig vernichtet. Komme mir wie ein uralter Wurm vor.

Heute Morgen nach dem Röntgen der Urschock: Der Weisheitszahn hat ein Loch in den benachbarten Backenzahn gebohrt, beide müssen raus und am besten die restlichen zwei Weisheitszähne auch. Ach, und wenn wir schon mal die Röntgenaufnahme haben – ei was ist denn da? Böse Gene machen Zahnstein an der Zahnwurzel entlang. Ich brauche an allen Zähnen eine Zahnsteinbehandlung unter dem Zahnfleisch, wenn ich nicht in fünf Jahren zahnlos dastehen will. Und zwar lebenslänglich immer wieder. Das kommt mir einer Bankrotterklärung gleich. Schweißausbruch und weiche Knie beim Zahnarzt, Tränenausbruch wie damals im Auto, nachdem mir der Frauenarzt eröffnet hatte: Sie sind schwanger. Wenn mich dermaleinst jemand fragen wird, wann ich merkte, dass ich alt werde, werde ich mich nicht an Falten und erste, ekelhaft störrische graue Haare erinnern, sondern an diesen Schock nach all den Schmerzen. Morgen um 11 Uhr bekomme ich die zwei Zähne herausoperiert. Ich habe Angst. Mir tut alles weh und hinterher wird alles noch mehr wehtun. Oh, ich Arme ... Ich sehne mich nach einer starken Schulter zum Anlehnen. Werner meint, ich soll meine Angst einfach abgeben, ob mir beten denn nicht helfe, aber mein Körper erinnert sich an den Alptraum vor neunzehn Jahren, als ich meinen ersten Weisheitszahn gezogen bekam, und reagiert autark. Werners Appell ist wenig hilfreich. Noch schlimmer trifft mich sein Vorwurf: »Es wird Zeit, dass etwas passiert. Du bist so lahm gelegt für uns alle. So etwas gehört zum Leben dazu. Da wird noch manches kommen in den nächsten dreißig Jahren!«

Das ist jetzt wirklich das Letzte, was ich brauche. Ich fühle mich allein gelassen von ihm. Ich fühle mich allein gelassen von ihm, nicht verstanden und nicht geliebt. Leidet er tatsächlich darunter, dass ich schlecht drauf bin? Fühlt er sich wirklich vernachlässigt? Früher amüsierte ich mich immer über den Emanzenspruch: »Wenn du eine starke Schulter zum Anlehnen brauchst, sieh nach links.« Männlichen Beistand erhalte ich dann von unerwarteter Seite. Als ich Jan ins Bett bringe, sagt er: »Mama, noch beten, für dich!« Und dann betet er! »Dass die Mama keine Angst hat und schlafen kann und keine Schmerzen mehr. Amen.« Jans begrenzte Kommunikationsmöglichkeiten äußern sich auch beim Beten. Wenn wir beten, bete ich, und er geht aufmerksam, aber still mit. Er hat noch kaum je aus Eigeninitiative gebetet. Wenn ich es ausfallen lasse, reklamiert er nicht. Umso erstaunlicher ist sein Gebet für mich, da ich das von ihm noch gar nicht kenne.

Spontan will ich Jans Erwartungen runterschrauben. In Wirklichkeit rechne ich nicht damit, dass Gott sein kleines Gebet erhört, noch dazu meinetwegen, aber dann spüre ich, wie Jans Fürbitte meiner wunden Seele gut tut. Seine Fürsorge berührt mein Herz, sie ist etwas Kostbares, weil sie so selten spürbar und so männlich ist. Sein Mitgefühl ist es, das ich brauche, das mir hilft. Und dann bin ich mir plötzlich ganz sicher, dass Gott sich noch viel mehr als ich über das vertrauensvolle Gebet dieses Jungen freut und dass es direkt an sein Vaterherz rührt. Ich fühle mich geborgen.

Freitag, 7. 12. 01

Und Gott handelte. Liebend gern wäre ich in eine Phobie gerutscht. Abgeben konnte ich meine Angst nicht, aber ich vermute, Jesus hat sie mir abgenommen. Ich konnte einfach einschlafen und durchschlafen – bis um sechs. Da haben diverse Wecker geklingelt – bloß nicht meiner, der stand auf acht – und alle haben ausgedrückt und weitergeschlafen, nur ich war wach. Die Stunden bis zum Eingriff verbrachte ich in einer seltsam ruhigen, klaren Schwerelosigkeit. Zwei- oder dreimal, als Angst aufwallen wollte, fragte ich Jesus: »Bist du da, Herr? Bist du immer noch bei mir?« Und er antwortete so postwendend: »Ja, ich bin bei dir«, dass ich sogar lächeln musste.

Die Spritze war wahnsinnig stark, ich kann mich nicht erinnern, je so ein schnell wirkendes und stark betäubendes Medikament bekommen zu haben. Die Ärztin wirkte so jung, dass ich Angst vor ihr hatte, aber sie erklärte alles und arbeitete schnell und sicher. Ich hatte keine Schmerzen, blieb ruhig und alles war halb so schlimm.

Jetzt sitze ich vor dem Ofen im Wohnzimmer, die Betäubung wirkt immer noch und ich bin zum ersten Mal seit langem schmerzfrei. Ich bin dankbar für die Unterstützung, die ich bekomme: Vati hat seine Termine abgesagt, mich gefahren und dort auf mich gewartet. Mutti kocht für die Kinder. Andrea steht für mich im Buchladen. Als Helga mir Jan für den Mittag abnimmt inklusive der Fahrt zur Jungschar, weine ich vor Dankbarkeit.

Jetzt stören mich noch die Drähte im Mund, sie stechen und hindern am Reden und Essen, aber meine Lebensfreude, die vierzehn Tage lang verschwunden war, kehrt wieder zurück. Die Ruhe und die Kühlung tun Wunder: Keine Schwellung! Die Schmerzen bleiben erträglich.

Es hat mich so berührt, dass Gott mir die Angst nahm. Ich bin dankbar, ihm wieder so konkret begegnet zu sein. Jans Gebet war für mich Gottes direkter Arm in mein Leben. Er ist da.

Montag, 10. 12. 01

Bille schreibt: »Jedes Jahr wünsche ich mir nichts Wichtigeres als den Advent zu feiern, innerlich und mit den Kindern. Ich erwarte die Begegnung mit Gott und will nur Zeit haben. Und jedes Jahr wird es schlimmer.«

Ich habe schon gar keine solche Erwartungen mehr an den Advent und seither geht es besser. Ich erwarte Hektik und Hektik kommt und ich denke, Maria hatte um diese Zeit auch Hektik. Bei Bleiers ist es das ganze Jahr hindurch hektisch, das gehört zu uns, und es ist ja auch das ganze Jahr Weihnachten. Wenn die Kinder eines Tages wegziehen, wird es sehr ruhig sein. Ich versuche nur noch nicht zuzulassen, dass sich die Hektik zwischen mich und Gott drängt, sondern aufmerksam bleiben für Zwischenräume, für die Stille mitten in der Hektik. Ich glaube nicht mehr, dass ich alle Hektik aus meinem Leben verbannen kann.

Ich renne viel, aber ich renne viel für die Familie und das ist in Ordnung. Dann renne ich für Gott und das ist auch in Ordnung. Diese Jahre zwischen 25 und 45, in denen ich nun schon so lange stecke, sind Jahre des Aufbaus und der Kraft, die sind einfach voll, da kann man nur wenig Abstriche machen und es ist wenig hilfreich, immer zu hören: »Mach doch einfach langsam.«

Wo soll ich langsamer machen? In der Ehe? Bei den Kindern? Im geistlichen Leben? Mit den Freunden, den Eltern, den Geschwistern aus der Gemeinde, im Beruf? Wir sollen unseren Körper nicht vernachlässigen, ganzheitlich leben, zweimal dies und zweimal jenes wöchentlich nicht vergessen einzuplanen – ach, ich bin langsam im Einklang damit, dass das Leben jetzt so schnell ist. So plötzlich und erst recht so einfach wird sich gar nichts an diesem Zustand ändern.

Natürlich kann ich im Haushalt strukturieren und delegieren, Nein sagen zu der einen oder anderen Anfrage, aber die Tatsache bleibt bestehen, dass wir in der heißesten Phase unseres Lebens stecken. Abstriche zu machen geht eine Zeit lang, und dann holt mich wieder die Hektik – oder nennen wir es das volle Leben – ein. Pausen sind gut. Urlaub, Wochenenden, ein Spaziergang mit dem Hund. Und dann wieder: Kopfsprung. Nächstes Jahr werde ich meine Arbeit im Buchladen um einen halben Tag reduzieren. Wir haben eine neue Mitarbeiterin, die uns entlasten möchte.

Und doch gibt es die andere Seite der Medaille: Die Zeit zum Leben bleibt genauso wenig übrig wie das Geld für Gott, beides müssen wir aktiv vorwegnehmen. Mir helfen dabei mein Timer und Werner, der ein gutes Gespür dafür hat, wann unsere Beziehung aus dem Gleichgewicht gerät. Werner und ich haben uns von einigen Menschen zurückgezogen, weil wir ihre Erwartungen nicht erfüllen können. Wir leben ruhiger, unbeliebter, unbesuchter, unangerufener, unbelasteter, konzentrierter auf die Beziehung zu einigen Freunden und uns als Familie. Balance ist wichtig und Gott gönnt uns das auch. Es kann passieren, dass in einem überfüllten, unausbalancierten, unreflektierten Leben nur noch das Dringliche gemacht wird, weil es so laut schreit, und das Wichtige ständig zurückgestellt wird. Den Preis dafür zahlen in erster Linie die wichtigsten Menschen um uns herum. Trotz aller Hektik bleibt die vorderste Frage: Werde ich Werner und den Kindern gerecht? Aber was heißt das eigentlich, gerecht werden? Große Worte für den kleinen Alltag.

Ich sehe dem chaotisch-netten Haufen von Individuen, den Gott mir da mutig und großzügig anvertraut hat, Tag für Tag mit einer geistlich abgesegneten Mischung aus Liebe, Entschlossenheit, Mut, Irrsinn, Situationskomik und Verzweiflung entgegen.

Manchmal denke ich, dass ich auch eines Tages in ungestörter Gelassenheit leben werde, dann nämlich, wenn ich alt genug dafür bin und mir das zusteht. In meiner Lebensphase sind vermutlich Kampf, Empörung und Herausforderung angesagt.

Dienstag, 18. 12. 01

Reiten nach vier Wochen Zahnwehpause. Ich habe Vezir und es läuft miserabel. Ich kämpfe, fluche, sehe auf die Uhr und zahle auch noch Geld dafür ... Ich weiß nicht, was ich falsch mache. Ich werde nicht Herr über das Pferd, ein bescheidenes Reitgefühl. Vezir hat die letzte halbe Stunde keinen Befehl von mir angenommen, sich gegen die Zügel gewehrt und ab der Galopprunde so durchgedreht, dass ich zum Schluss allein in der Mitte Schritt ging. »Geben Sie hinten mehr Druck, als Sie vorne dagegenhalten und beschäftigen Sie ihn dauernd im Maul«, sagt der Reitlehrer. Fehlen mir Muskelpartien, die andere haben? Ich glaube, es ist schwer, in meinem Alter mit meinem Grad von Sportlichkeit beim Einsatz von einer Stunde pro Woche noch gut reiten zu lernen. Ich habe Angst davor, das erste Mal auf Chopper zu sitzen, weil ich eine niederschmetternde Erfahrung befürchte. Anna: »Wenn du mit Chopper nicht klarkommst, dann ist Reiten nicht dein Sport!« Sehr ermutigend. Wäre es Werner nicht so wichtig, zusammen mit mir zu reiten, würde ich vielleicht bald aufhören.

Mittwoch, 19. 12. 01

Während Sandra im Buchladen Berge von Kartonagen klein schneidet, die Berta treu in die häusliche Tonne schleppt, um Geld zu sparen, drucke ich kilometerweise Etiketten für die Millionen Weihnachtskarten und denke für mich: Diesmal habe ich vielleicht bei der Aus-dem-Bauch-heraus-Bestellung des Guten zu viel getan, das könnte reichen für dreimal Weihnachten. Es hängen auch so unwahrscheinlich viele Kalender herum ... Samstags kommen jetzt ganze Familien und füllen jeden Winkel des Ladens mit Gespräch, Gelächter und Fragen. Es fallen ihnen immer noch neue Fragen ein, die ich noch nie gehört habe: »Ich suche ein Liederbuch, in dem das Kinderlied ›Gottes Liebe ist wie die Sonne‹ aus meiner Kommunionszeit drin ist.« Oder: »Ich brauche einen Adventskalender, der klar evangelikal ist und viel Inhalt rübertransportiert. Der, den ich letztes Jahr hier gekauft habe, war mir zu schmal.« Oder: »Ich mache mit Frauen zusammen eine Bibelarbeit zum Thema ›Der Mensch und seine Wurzeln‹ und suche eine Postkarte dazu, die ich fotokopieren kann – sie sollte nicht zu teuer sein.« Und einer will die Klavierpartitur von »Touch the sky« und die Nächste will nur mal wissen, wie viel das Paulusoratorium kostet. Am Telefon warten Vertreter, Hausmeister, Kinder, Ehemänner, Kunden, Verlage ...

Ich habe heute Mittagsdienst. Es entstehen die ersten Löcher in den Karten- und Kalenderbeständen. Die Kunden kaufen wie verrückt, zuerst die klugen und weisen, dann die späten und hektischen, am Ende wird wieder alles weg sein. Wir haben dreifache Tagesumsätze, dreifache Paketlieferungen, dreifache Arbeit. Ich freue mich über jede Bibel, die wir verkaufen.

Samstag, 22. 12. 01

Buchladen-Countdown. Weihnachtswahnsinn. Der Laden ist gerammelt voll. Zwei Stunden lang fällt der Scanner aus und ich muss für jeden Artikel an der Kasse neunstellige Nummern eingeben. Das Telefon ist kaputt. Ächz. Die Leute kaufen heute selbst unsere Ladenhüter. Je näher Weihnachten, desto unkritischer die Kunden. Werner ist glücklich, dass er Ferien hat, und sehr belastbar. Er kauft zum ersten Mal im Leben einen Weihnachtsbaum und besorgt das Fahrrad für Jans Geburtstag. Die Mädchen putzen das Haus. Welche Harmonie! Anna hat den Baum aufgestellt und geschmückt. Abends packe ich mit ihr zusammen Geschenke ein, sie übernimmt die von Jan. Ich fühle mich sehr unterstützt.

Werner verbringt viel Zeit damit, sich um Chopper zu kümmern. Eine Freundin kennt einen Christen, der ein Pferd in gute Hände geben möchte. Morgen fahren wir hin. »Nur mal gucken«, sagt Werner. Das Reiten hat eine hohe Priorität in unserem Leben bekommen, hat Schwerpunkte verändert und Freude gebracht, Gemeinschaft innerhalb der Familie, Spannung und

Abenteuer – und natürlich – neue Termine, mehr Arbeit. Ich finde diese Sache spannend, aber sie macht mir auch Angst – Bleiers und ein eigenes Pferd? Sind wir wirklich schon so weit? Genügt unser Know-how? Unser Geld? Unsere Zeit?

Montag, 31. 12. 01

Für mich endet ein Jahr damit, dass ich das vergangene noch einmal Revue passieren lasse. Dazu lese ich meine Tagebuchnotizen. Das frischt meine Erinnerungen auf und gibt einen Eindruck von diesem speziellen Jahr – was war das für eine Lebensetappe, was der rote Faden darin? Ich habe immer das Gefühl, nicht in das neue Jahr gehen zu können, bevor ich nicht das alte sortiert habe. Ich will mit möglichst wenig Ballast weiterziehen. Katrine Stewart-Trobisch schreibt: »Das Tagebuch ist ein sicherer Ort, wo wir herausfinden können, wer wir sind abseits der Rollen, die wir spielen. Wir erkennen, dass das Leben wie eine Eroberungsreise zu den unbekannten Teilen der Eisberge unseres Lebens ist.« Amen dazu. Schreiben ist ein sinnliches Erlebnis! Schreiben kann jeder. Man muss einfach den Deutschlehrer im Nacken abschütteln und wild drauflosschreiben, unzensiert, unsortiert, spontan. Kleines und Großes, auch das Versagen, die Niederlagen, die Schatten. Man kann nichts falsch machen. Indem man schreibt, sammelt man, die Perlen kann man hinterher suchen. Ein Tagebuch ist ein Ort der Besinnung, der Erneuerung, des Alleinseins. Weil ich äußerlich oft chaotisch bin, brauche ich Ordnung in meinem Inneren. »Schreiben ist eine Form der Therapie. Manchmal frage ich mich, wie jemand, der nicht schreibt, komponiert oder malt, es schaffen kann, dem Wahnsinn, der Schwermut und der panischen Angst zu entkommen, die dem Menschsein innewohnen.« So hat es Graham Greene geschrieben.

Heute habe ich mir also Zeit genommen, über das vergangene Jahr nachzudenken, und es sehr genossen. Ich mache das schriftlich, mein letzter Tagebucheintrag sozusagen. Vieles hätte ich wieder nicht kapiert, wenn ich diesen Rückblick nicht gemacht hätte. Diesmal war ich besonders erstaunt darüber, wie viele Lebensbereiche sich herauskristallisiert haben. Kein Wunder, dass ich so oft das Gefühl habe, mein Leben explodiere. Es ist faszinierend, was alles in einem Jahr geschieht an Erlebnissen, Begegnungen, Gesprächen, Entwicklungen. Es ist wundervoll, wachsen und lernen zu dürfen. Ich empfinde das vergangene Jahr trotz dieser Fülle als ein gutes Jahr. Ich hatte oft das Lebensgefühl, mehrere Teller gleichzeitig zu balancieren, aber letztendlich habe ich das Gleichgewicht nicht verloren.

Es gab durchaus auch Erfolgserlebnisse. Eins davon ist mein Haushalt, den ich wesentlich vereinfacht habe. Er ist jetzt in kürzerer Zeit mit geringerem Aufwand besser in Schuss als vorher. Alles ist im Fluss, es stapeln sich keine Berge mehr. Für mich als Hausfrau ohne Berufung und Leidenschaft ein echter Sieg. Dafür habe ich zwanzig Jahre gebraucht! Obwohl unser Haushalt noch nie so umfangreich war wie heute mit drei hungrigen, Sport treibenden, heranwachsenden Kindern, hatte ich ihn noch nie so im Griff. Endlich! Es war mir so wichtig in diesem Jahr, ihn auf einem gewissen Niveau zu halten, ohne meine beste Kraft darin zu investieren.

Ich habe mein Leben entrümpelt. Dafür habe ich Illusionen über mich losgelassen, etwa die, eine Gourmetköchin zu werden, und mich von siebzehn Kochbüchern getrennt. Dennoch koche ich jetzt abwechslungsreicher und bewusster. Ich verzage jetzt nicht mehr angesichts der unerreichbaren Herausforderungen, sondern wage hin und wieder Neues aus dem überschaubaren Fundus an Rezepten.

Ich mache gute Erfahrungen damit, mir Jahresziele zu setzen. Für das kommende Jahr wünsche ich mir, authentischer zu leben, ehrlicher, furchtloser: »Immer weniger bereit sein, irgendwo einfach mitzumachen oder einer Sache zuzustimmen aus Angst vor Ablehnung oder um des lieben Friedens willen. Wahrhaftigkeit schließt die Bereitschaft zum Konflikt ein.« – Das schreibe ich mir vorn in meinen neuen Timer. Und das bei meiner Konfliktscheu. Aber ich finde, ich bin dazu im richtigen Alter. Wenn ich es jetzt nicht lerne, wann dann?

Freitag, 4. 1. 02

Es fließt viel Kraft und Geduld in Jan, und oft ist der Spagat zwischen seinen Bedürfnissen und denen der Mädchen anstrengend bis schmerzhaft. Er ist so massiv präsent. Aber Jan entwickelt sich in Schüben. Sprachlich ist es besonders auffällig – er redet so viel und hat so viel zu sagen. Plötzlich erzählt er von der Schule, von anderen Kindern, von Lehrern. Es macht auf einmal mehr Spaß, sich mit ihm zu unterhalten, gleichzeitig bekommen wir von anderen oft die Rückmeldung, dass sie ihn besser verstehen. Dranbleiben und Fördern lohnen sich. Über Nacht hat er Benjamin Blümchen hinter sich gelassen, um sich den »Fünf Freunden« und den »Drei vom Ast« zuzuwenden. Keiner ist darüber wirklich traurig. Und: Jan hört Radio! Dazu benutzt er endlich sein Juniorschlagzeug, das er vor zwei Jahren geschenkt bekam. Mir fällt Leonard ein ... Jan rodelt, übt schwimmen, ist mein Drummer. Heute Morgen hat er mich zum ersten Mal freiwillig begleitet, als ich mit dem Hund fortging. Schnee und zehn Minusgrade – aber der Hund muss weg, und ich bin ja heilfroh darüber. Und Jan schnappte das Fernglas, das er zum Geburtstag bekommen hat, und marschierte gut gelaunt mit. Hab mich total gefreut. Jan hat ein neues Fahrrad bekommen, eine Soldatenhose und eine Gelfrisur. Er sieht aus wie ein großer Elfjähriger, attraktiv, dynamisch. Der neue Haarschnitt war vor allem den Mädchen wichtig. Wir haben auf Lenas Drängen gehört, ihm einen coolen Schnitt machen zu lassen und ihn zu gehen wie alle Jungs das tun – und es war richtig. Ich staune, dass er sich das machen lässt, und kringle mich jeden Morgen über sein angeekeltes Gesicht.

Sonntag, 6. 1. 02

Deutschland liegt unter einer geschlossenen Schneedecke. Wir sind oft draußen und tanken Licht und frische Luft. Ich liebe diese Schneespaziergänge in der glitzernden Diamantenlandschaft, alles sieht so hell und freundlich aus. Nur ungeheuer kalt. Heute war es bei uns bis 17.20 Uhr noch nicht dunkel, und das weckt Frühlingshoffen!

Werner hat für sich entschieden, dass wir einem eigenen Pferd nicht gerecht werden können. Er glaubt, es würde vor allem an ihm hängen, und dass er dazu nicht genug Zeit hätte. Nun frage ich mich plötzlich, ob ich aufhören möchte mit dem Laden und mich stattdessen um ein Pferd kümmern. Das hat mich in eine grundsätzliche Krise gestürzt, weil ich plötzlich nicht mehr weiß, warum ich das Ganze überhaupt mache. Mir ist klar, dass ich gar nicht so einfach aus meiner Verantwortung aussteigen könnte. Ich würde die anderen im Stich lassen. Das Ja zur Arbeit in der Buchhandlung war eine bindende Entscheidung. Ich muss mir immer wieder klarmachen, dass ich nicht für ein bisschen Lohn in irgendeinem Laden arbeite, sondern dass ich Talente fürs Reich Gottes einsetze.

Mittwoch, 9. 1. 02

Die Frage, ob wir das Pferd kaufen sollen, gärt noch in uns. Werner sagt nein und ich wünsche mir, dass es doch klappt ... Ich versuche herauszufinden, was meine Motive und Ängste sind, was ich mir vorstelle für mein Leben. Es ist schwer abzuwägen, wie sich die Dinge durch die Verantwortung für ein eigenes Pferd verändern könnten, wer den Preis zahlen würde, was man streichen würde, wenn Neues dazukäme, ob der Gewinn den Aufwand rechtfertigte, ob die Verwirklichung eines Traums dran ist oder ob der Traum lieber Traum bleibt. Anna klinkt sich bei der Diskussion darüber, ob wir das Pferd nehmen sollen, nicht ein, dabei wartet Werner auf Signale von ihr. Sie könnte starke Akzente setzen. Vermutlich hat sie kein Interesse. Wir können nicht auf die Mädchen bauen, wir müssen es für uns wollen.

In der neuen Schule fühlt sich Anna sehr wohl. Viele Fächer entsprechen ihren Neigungen, sie genießt das veränderte Schulklima, die besseren Noten, die moderne Ausstattung, die netten jüngeren Lehrer. Gestern hat sie ihr Zimmer entrümpelt, die Regale von Nippes befreit, die Schubladen ausgemistet, geputzt – jetzt sieht es aus wie ein Jugendzimmer. Immer noch ist sie unheimlich verschmust, tankt auf diese Weise auf. Sie kann gut massieren. Oft liegt sie vor dem Feuer und streichelt einfach die Katze. Sie ist mein Mußemensch.

Donnerstag, 10. 1. 02

Das Pferd haben wir nach vielen Überlegungen schweren Herzens abgelehnt. Jetzt wollen wir erst mal an Chopper sehen, wie sich ein eigenes Pferd anfühlt, ohne dass wir bereits die volle Verantwortung haben, den Hufschmied und den Tierarzt kommen lassen müssen. Es bedeutet auch so Arbeit genug. Ich war diese Woche zweimal bei ihm, um ihn auf die Weide zu stellen. Ich freue mich auf die nächsten Jahreszeiten. Frühling, Sommer und Herbst sind bestimmt schöner mit einem Pferd. Der Bauernhof liegt auf dem Weg zu unserem Acker, zu dem wir oft radeln, das können wir gut verbinden.

Mittwoch, 16. 1. 02

Anna und Lena werden vierzehn und sechzehn. Das ist ein ähnliches Erlebnis für mich wie damals der neue Mensch im Babybett neben meinem Bett. Obwohl ich doch neun Monate Zeit hatte, zu begreifen, was da kommen würde, erfasste ich es schier nicht. Und nun – obwohl ich doch Tag für Tag mitkriege wie sie sich entwickeln – kann ich schier nicht fassen, dass sie, gerade erst entbunden, erwachsen werden.

Ich bringe mit Anna Chopper auf die Weide. Den ganzen Tag zehre ich von diesen Minuten, dem warmen Stallgeruch, der Ruhe im Stall, dem leisen Wiehern, als Chopper uns erkennt, seiner Dankbarkeit, als er in den Auslauf darf, seine Freude über die Bananen (Bananen sind Sonntag für Pferde ...), der weißen, sonnenbeschienenen Schneelandschaft.

Lebenskunst ist, das Notwendige mal zu lassen und das Überflüssige zu tun ...

Lena ist sehr häuslich. Abends nach dem Reitunterricht wirft sie sich unter die Dusche und in meinen Bademantel. Sie legt eine Playback-CD auf und spielt für Werner und mich Saxophon. Eine junge Dame musiziert für uns, wie im Caféhaus. Schön, dass sie zu uns gehört. Wir sind allein mit ihr heute Abend. Sie plaudert lang mit uns beim Abendessen. Wir amüsieren uns sehr wegen ihr. Sie erzählt so unterhaltsam und witzig und gibt Dialoge auf köstliche Weise wieder. Es tut gut, hin und wieder mit einem Kind allein zu sein.

Donnerstag, 17. 1. 02

Wir feiern Jans Geburtstag in der Sporthalle von Werners Firma. Der Tag ist ein Riesenerfolg für ihn. Elf Kinder hat er eingeladen, alle sind gekommen, er freut sich riesig. Es tut mir gut, zu sehen, dass er in seiner Klasse akzeptiert ist. Werner kickt den ganzen Nachmittag mit den Kindern, ich kann ihre Hackordnung und ihre Kommunikationsmöglichkeiten beobachten. Interessant, Werner mit den Jungs zu erleben. Das Körperliche ist sehr wichtig, die Jungs bewundern ihn, kämpfen um seine Anerkennung, kämpfen durch Leistung, Stärke, Lautstärke, Geschicklichkeit. Wie sie schreien! Ich denke oft: »Meine Güte, schreit doch nicht so miteinander, lasst uns das doch friedlich klären!«, dabei haben sie gar kein Problem, sie schreien sich einfach an und weiter geht's. Motorisch ist Jan schwächer als die meisten, aber er ist die ganze Zeit voll dabei, schießt fünf Tore und gewinnt immer (Werner ist immer in seiner Mannschaft). Es ist ihm so wichtig, dass jedem Kind die Feier gefällt und er ist sehr stolz, als sie es zum Ausdruck bringen, einer nach dem anderen. Wochenlang hat er diesem Tag entgegengefiebert.

Einen ehemaligen Klassenkameraden hat er auch eingeladen. Jonas ist überdurchschnittlich intelligent, aber sozial unterentwickelt. Er ist das anstrengendste und unzufriedenste Kind an diesem Tag, aggressiv, unsozial, dominant, egoistisch. Da fällt es mir wieder wie Schuppen von den Augen, wie unwichtig

Können und Wissen für ein zufriedenes Leben sind. Jan ist ein glückliches Kind.

Freitag, 25. 1. 02

Ich habe im Buchladen tatsächlich um einen halben Tag reduziert und hoffe, dass ich dadurch etwas aufatmen kann. Anna macht ab heute ein vierzehntägiges Praktikum im Kindergarten. Sie ist zurzeit so lustlos und hängt nur herum. Ich erinnere mich, dass ich ähnlich verschlossen war in diesem Alter. Ich will diese Zeit so nicht mehr erleben, auch nicht aus der anderen Perspektive. Mir tut ihr Verhalten weh. Sie ist provozierend langsam, ungehorsam, zurückgezogen, lethargisch. Wie viele Verletzungen muss es geben, bis die Trennung von Mutter und Kind zum zweiten Mal vollzogen ist? Welche mütterliche Illusion treibt uns zu hoffen, dass eine Geburt (diesmal die des Kindes ins Erwachsenendasein) sanft verlaufen könnte. Ich müsste es doch besser wissen. Wild ist es und schmerzhaft, wenn zwei Geschöpfe sich voneinander trennen.

Mit Lena geht es gerade. Gerade. Hier bahnt sich auch schon wieder Neues an, wenn sie erzählt, dass sie immer wieder Leuten helfen soll, ihre Internetpartner in der Stadt zu treffen, weil sie sich allein nicht trauen. Es teent so teen ...

Montag, 28. 1. 02

Heute waren Lena und Anna bei Chopper. Die beiden unternehmen wieder mehr gemeinsam. Nachdem sie eine harte Phase der Loslösung voneinander hinter sich haben, haben sie offenbar einen Pakt abgeschlossen, gemeinsam erwachsen zu werden.

Dienstag, 29. 1. 02

Bevor Anna morgens in den Kindergarten geht, ist ihr vor Aufregung so übel, dass sie nichts essen kann. Heulend zieht sie dann los. Wenn sie zur Mittagspause heimkommt, ist sie aufgedreht. Welche Mutprobe für mein Baby! Sie muss sich allein in der Erwachsenenwelt durchschlagen. Ich glaube, es fordert ihre ganze Kraft. Momentan ist sie mehr als unausgeglichen. Am Wochenende weiß sie nichts mit sich anzufangen.

Annas Glanzzeiten sind dienstags beim Reiten. Dort avanciert sie zum Star, bekommt die anspruchsvollsten Pferde und jede Menge Bewunderung von Herrn Häuser. Das stärkt das Selbstwertgefühl.

Samstag, 2. 2. 02

Lena ist vierzehn. Sie kann ihr Glück kaum fassen. »Vierzehn ist was! Alle sagen, vierzehn, sechzehn und achtzehn, das ist voll cool. Mit vierzehn ist man wer, mit sechzehn darf man in die Disko und mit achtzehn ist man erwachsen!« Ich: »Cool! Ich werde vierzig! Ich bin wer, darf in die Disko und bin erwachsen!« Lena lacht mich aus: »Dich lassen die Türsteher schon nicht mehr in die Disko rein! Ab dreißig ist man alt! Du kommst nicht durch die Gesichtskontrolle!« Ich verfolge sie durch das ganze Haus. Sie flieht lachend: »Stimmt doch! Zu dir sagen sie: Geh lieber ins Café am Markt!«

Montag, 4. 2. 02

Dass ich wöchentlich nur noch einmal vormittags und einmal nachmittags in den Buchladen muss, bedeutet eine spürbare Erleichterung für mich. Weniger Druck, Verantwortung, Vielschichtigkeit, Schnelligkeit. Ich kann einmal mehr morgens mit Charly in Ruhe ausgehen. Ab und zu wieder private Briefe oder Mails ohne Zeitdruck schreiben. Die Wäsche besser erledigen, mal an einen privaten Anruf denken. Vielleicht auch unser Winterpferd reiten? Ich habe einfach etwas mehr Luft. Das hat Signalwirkung auf mich.

Heute widme ich mich einer Tätigkeit, die ich vierzehn Jahre lang vorbereitet habe: Ich hole die alten Lederkoffer mit den Kinderzeichnungen vom Schrank. Ich habe die Bilder immer nur abgelegt, nie mehr angesehen. Der Koffer ist eine Schatztruhe. Als brave Bibliothekarin habe ich jedes Gemälde fein säuberlich rechts unten mit dem Anfangsbuchstaben des Künstlers und dem Datum versehen, mitunter ergänzt durch eine hilfreiche Erklärung. Ich sortiere die Gemälde nach Hersteller und beginne mit Lenas Bildern. Intensiv tauche ich dabei in ihre frühe Kindheit ein. Farbenfroh und ausdrucksstark hat sie gemalt, symmetrisch, lebensbejahend, erwartungsvoll. Wie in einer Zeitmaschine mache ich eine Reise von ihren allerersten Malversuchen über das (linkshändige) Schreibenlernen, ihre ersten Briefe, Gedichte, Geschichten. Man sieht, wie wichtig ihr immer die Familie war und wie sehr sie das Leben immer liebte. Wie sich ihr Talent entfaltete.

Plötzlich schießen mir Tränen in die Augen – mittendrin liegt das kleine textlose Bilderbuch mit den wunderschönen, stimmungsvollen Fotos: *Malte und das Wasser.* Schon oft habe ich mich gefragt, wo es geblieben ist, den Titel vergessen, es vermisst. Malte mit den gelben Gummistiefeln in der Pfütze, Malte im Bach, Malte in der altmodischen Badewanne mit den vier Füßen, in der Regentonne, beim Blumengießen, beim Schneemannbauen und Eiszapfenlutschen. Wie oft habe ich das angesehen – mehr für mich? Lang bei jedem Bild verweilt, geplaudert. Mit jedem Kind neu. Ich glaube, es hat mich mehr geprägt als viele Erziehungsbücher. Sinnliche Erfahrungen sollten meine Kinder machen, Sonne, Wind, Sand, Wasser, Schnee, Bach, Blumen, Matsch ...

Ein wundervoller Abend. Tief zufrieden falle ich ins Bett mit der Gewissheit, dass Lena eine emotional reiche Kindheit hatte. Ein Kind mit großen Gefühlen, das früh übte, sich auszudrücken. Morgen wühle ich mich durch Annas Werke. Und dann habe ich immer noch ein Häuflein von Jans Zeichnungen. Vielleicht sogar die allerwertvollsten der Welt. Heute spüre ich das Leben.

Freitag, 8. 2. 02

Weiterhin testen wir an Chopper, ob wir uns ein eigenes Pferd leisten können, finanziell, von der Zeit, vom Know-how her. Wir sind fast täglich dort, um ihn zumindest auf die Weide zu bringen. Mittlerweile haben wir ein zweites Pferd zur Pflege, Vulkan, ein französisches Vollblut. Ein bisschen Angst hab ich immer noch vor Chopper, heute hab ich ihn rausgeführt und er hat einen Riesensatz gemacht, weil ein Huhn gackerte ... Ich habe so einen Respekt vor der Furcht der Pferde und ihren Reaktionen.

Anna und Lena sind äußerst unterschiedlich. Lena punktet mit ihrer lebhaften Art. Man könnte sich Gedanken machen, dass das ruhigere Kind daneben zu kurz kommt, aber Anna macht nicht den Eindruck. Vermutlich gedeihen die Kinder im Verborgenen genauso gut wie die, die so im Vordergrund sind. Anna kämpft eher darum, gesehen zu werden, wo es ihr wichtig ist. Muss man überhaupt überall gesehen werden? Wenn sie zu Hause wahrgenommen wird, ist ihr Bedürfnis nach Beachtung zu achtzig Prozent gedeckt. Anna genügt es vollauf, wenn sie ein oder zwei Freundinnen hat, sie braucht keine Gruppe. Zu Hause will sie dann oft einfach ihre Ruhe, mit der Katze schmusen oder lesen, ganz zufrieden mit sich selbst.

Dienstag, 12. 2. 02

Ich träume sehr gefühlsbeladen. Ich fliehe nachts oft, manchmal entschwebe ich leichten Herzens oder schadenfroh, oft treibe ich einen Fluss hinunter und bestehe gefährliche Situationen, stehe Furcht einflößenden wilden Tieren gegenüber, wandle durch große Häuser, die ich zu kaufen gedenke, lichtdurchflutete mit unendlich viel Raum, treffe auf Ekel erregende Insekten. Für mich wird das Halbjahr vor meinem Vierzigsten zu einer besonderen Zeit. Der nahende Geburtstag lässt mich mein Leben sortieren. Ich gönne mir immer wieder »Brachzeiten«, um zur Ruhe zu kommen und über mein Leben nachzudenken. Ich schreibe wieder vermehrt Tagebuch, sehe, was sich verändert hat, was geblieben ist, und überlege, was Gott mit mir vorhat. Als würde ich einen neuen Lebensabschnitt betreten. Ich tauche ab in die Geschichte meines Lebens. Krame alte Fotos raus.

Mein Gott, waren das schwerelose Zeiten. Und dennoch hab ich das so nie empfunden. Ich beginne beim ersten Babyfoto von mir und ende beim letzten kurz vor meinem Vierzigsten ...

Wenn man vier Jahrzehnte gelebt hat, kann man auf eine richtige Summe von Vergangenheit zurückblicken. Ich sollte jetzt erwachsen sein.

Es schneit und ich lege den dritten Ordner mit Kinderzeichnungen an. Vergangenheit der schönen Form. Farbenfrohe, lebensbejahende Zeugnisse aus guten Kindertagen. Mit einer Mischung aus Wehmut und Zufriedenheit seufze ich vor mich hin – zu sehen, wie dreimal aus dem Nichts sich Denken, Zeichnen, Schreiben, Persönlichkeiten entwickelt haben, die mein Leben bereichern – großartig!

Samstag, 16. 2. 02

Ich habe Werner und mir morgen einen Tag freigeschaufelt. Die ganze Woche freue ich mich schon darauf. Es soll sonnig und kalt werden. Eigentlich träume ich von essen gehen, aber das erlaubt unser Geldbeutel zur Zeit nicht. Ich werde etwas kochen, das die Kinder nicht mögen. Ich kaufe Feldsalat und Meeresfrüchte. Ich sehe uns den Mittag im sonnendurchfluteten Schlafzimmer verbringen, den Abend mit Wein und Shrimps ...

Dann fällt mir auf, dass ich noch gar nicht mit Werner über den Sonntag gesprochen habe. Es stellt sich heraus, dass wir völlig unterschiedliche Vorstellungen haben. Werner war es gar nicht bewusst, dass wir allein sein werden, zumindest hat er das nicht in seine Planungen einbezogen: Er will Holz machen, Bäume schneiden und reiten.

Meine Vorstellung, er würde Jan zu dem dreißig Kilometer entfernt in der Wallachei wohnenden Schulfreund fahren, platzt.

Sonntag, 17. 2. 02

Werner kam heute Nacht erst um 1.30 Uhr vom Jugendkreis heim. Heute Morgen stand er um 7 Uhr auf und ging in den

Wald. Er wird müde sein heute. Ich richte Jans Tasche und fahre los, immer Werners Beschreibung nach. Es dauert eine dreiviertel Stunde und fünf runtergekurbelte Fensterscheiben, bis ich die Wohnung des Freundes gefunden habe, und ich frage mich, was der Sinn dieser Fahrerei sein soll, bei der ich so unter Anspannung stehe. Auf der Heimfahrt freue ich mich dann auf ruhige Stunden allein zu Hause. Werner ist schon da, er war schneller fertig mit seinem Holz, als er gedacht hat. Von meinem Dinner weiß er nichts, er isst von der Hand aus dem Kühlschrank. Ein Gastkind rennt in meinem Bademantel durchs Haus, Lena geht erst in drei Stunden. Unsere Stimmung ist unrund, wir kriegen die Kurve nicht. Es kommt Post mit einer unangenehmen Finanznachricht. Meine Nerven liegen noch blank von der Fahrerei, nun bin ich echt gestresst.

Als alle Kinder weg sind, sitzt Werner müde auf der Eckbank: »Und, wie hast du dir den Tag noch so vorgestellt?«, fragt er mich routinemäßig und völlig unromantisch. Will er sich absichern gegen eventuell überraschende Pläne meinerseits? Wissen wir überhaupt noch, wie Romantik funktioniert?

Es ist anstrengend, Liebe lebendig zu halten. Ich habe immer noch nicht gelernt herauszufinden, was ich möchte, und es geltend zu machen, ohne aggressiv zu wirken. Also schweige ich trotzig und Werner geht reiten.

Später fahre ich zu ihm auf den Acker und helfe ihm beim Holzsetzen. Das beflügelt ihn. Hilfsbereitschaft ist seine Liebessprache. Übers Reiten ist er frustriert. Es war kalt und windig und Chopper hat sich erfolgreich geweigert, zur Reitanlage zu laufen.

Abends klingelt das Telefon. Es ist der Nachbar. Er will Eier kaufen. Ich säusle: »Wir haben leider keine Eier heute.« Werner ruft von hinten: »Natürlich haben wir Eier, ich seh mal im Stall nach, dort sind bestimmt welche. Er kann ruhig kommen.« Der kapiert doch rein gar nichts. Der Nachbar kommt gern rein und Werner bietet ihm ein Bier an. Ich fasse es nicht. Nach einer Stunde Plauderei entschuldige ich mich bei den beiden. Das war's dann wohl mit unserem romantischen Sonntag zu zweit.

Montag, 18. 2. 02

Wir haben gestern dann doch noch die Kurve gekriegt. Der Nachbar ist irgendwann nach Hause gegangen und Werner unter die Dusche. Da Liebe durch den Magen geht, bringen die italienischen Nudeln mit Lachsspinatsahne und Feldsalat uns einander wieder nah, sogar sehr nah. Anschließend schläft Werner den Schlaf des Gerechten.

Jetzt will ich es wissen. Ich gehe weiter in meiner Reise in die Vergangenheit. Gespannt hole ich meine letzte Schatzkiste vom Schrank, einen braunen alten Holzkoffer voller Briefe. Viel Staub drauf, 25 Jahre Leben drin, nie angetastet, nur gesammelt. Klappe auf, Brief rein, Klappe zu. Ich lege Register mit Jahreszahlen in einen Ordner, stelle Rotwein und Apfelkuchen daneben und beginne zu lesen.

Das wird Wochen dauern. Stück für Stück nehme ich meine Vergangenheit in die Hand. Jedes Teil ist eine Überraschung. Viele Briefe und Karten kenne ich nicht mehr, an andere kann ich mich noch gut erinnern. Von manchen Menschen habe ich über Jahre hinweg Post bekommen, andere Namen sagen mir gar nichts mehr. Hochzeitsanzeigen von Paaren, die mittlerweile getrennt sind. Geburtsanzeigen von Kindern, die heute fast erwachsen sind. Intensive Auseinandersetzungen mit vielen einzelnen Frauen, Lebensabschnittsbegleiterinnen. Plötzlich eine Karte von Oma, die längst verstorben ist, dann ein Brief von Lena ... Viele Briefe meiner besten Freundin aus meiner Kindheit, neben der ich neun Schuljahre verbracht habe. Jahrelanger Versuch, unsere Freundschaft aufrechtzuerhalten, den Faden nicht zu verlieren. Ich bin voller Dankbarkeit, dass ich solch eine Freundin haben durfte. Meine Freundschaft zu ihr und ihre Zuneigung haben mich über meine Teenagerzeit gerettet, meine Gedanken und Wünsche mit geformt, mir Sicherheit gegeben und die Schule verschönt.

Ich tauche ganze Jahrzehnte zurück, lese Hunderte von alten Briefen und vergilbten Ansichtskarten, ein emotionaler Streifzug durch mein Leben, Wechselbad der Gefühle. Ich sehe, wo ich mich verändert habe, wo ich mir treu geblieben bin, wie unreif ich mit zwanzig war, als ich mich längst erwachsen glaubte. Jetzt wundere ich mich nicht mehr, warum ich mein junges Leben nicht mit mehr Leichtigkeit gelebt habe als heute, wo ich so viel Verantwortung trage. In wie vielen Prozessen steckte ich damals – war beschäftigt mit der Ablösung von den Eltern und von den Freunden der Schulzeit, begab mich auf die Suche nach Gott, absolvierte eine Ausbildung, lernte den Alltag mit Werner kennen, brachte die Kleinkindphase hinter mich, engagierte mich in der Gemeinde – nie und nimmer möchte ich die Zeit zurückdrehen. In diesen zwanzig Jahren habe ich meine Gaben und Grenzen entdeckt, an Mut zugenommen, Lebensfreunde gefunden, Neues gewagt, Profil gewonnen – auch das ist »altern«: reifen. Warum sollte sich das ändern?

Ich lerne noch immer, noch immer sind Ecken und Kanten abzuschleifen und noch immer sind Grenzen zu erweitern. Das Leben ist immer noch spannend. Von einer reifen (für mich bisher ein Unwort) Frau vergleichbar mit einem wirklich reifen Wein bin ich vermutlich noch Lichtjahre entfernt.

Bevor alle Kinder einfallen, will Werner noch einmal reiten. Erst möchte ich lieber daheim bleiben. Ich habe eigentlich keine Lust, eine Stunde am Zaun zu stehen und Mann und Pferd beim Kämpfen zuzusehen. Werner macht sich langsam fertig und ich spüre, dass es ihm schwer fällt, sich selbst zu motivieren. Ich habe mich bisher noch nicht auf Chopper gewagt. Wenn ich so weit sein werde, bin ich bestimmt auch um Unterstützung froh ... Ich gebe mir einen Ruck, nehme eine wasserdichte Unterlage, ein Kissen, ein Buch und gehe mit. Er liebt es, wenn ich ihm zusehe. Ich helfe, Chopper zu putzen und merke erst jetzt, wie gut auch mir das Zusammensein mit Werner tut. Glücklich wie ein Maikäfer reitet er bei sonnig kalter Windstille Runde um Runde an mir vorbei. Er strahlt wie ein kleiner Junge. Stunden später noch jauchzt er immer wieder, was für ein glücklicher Tag das gewesen sei und wie wundervoll heute das Reiten geklappt habe. Wir dürfen nicht aufgeben, die Schlüssel zu unseren Herzen zu suchen.

Donnerstag, 28. 2. 02

Beim nächsten Hauskreisabend behandeln wir die Geschichte von Martha und Maria. Wie oft habe ich schon darüber nachgedacht. Ich freue mich, dass ich heute damit dran bin, das Treffen vorzubereiten. Die Geschichte hat viel mit mir zu tun. Ich lese den Abschnitt in drei Bibelübersetzungen, den Kommentar dazu, suche im Bibellexikon nach Martha, forsche in meinen Andachtsbüchern nach ihr, lese das Buch »Der Martha-Faktor«, finde eine umgekehrte Martha-Geschichte, bei der sich Maria darüber beklagt, dass sie sich von Marthas fröhlichem Gesang und Geklapper in der Küche in ihrer Andacht gestört fühlt, plane ein Programm für den Abend, das vier Stunden füllen könnte und falle damit prompt in die Marthafalle des Perfektionismus und Aktivismus.

Die Menschheit scheint sich in zwei Typen zu spalten – Marias und Marthas. Werner ist Maria. Wenn er den Abend vorbereiten müsste, hätte er sich einfach hingesetzt, den Bibeltext gelesen, sich ein paar eigene Gedanken gemacht und den Abend auf sich zukommen lassen. Er würde so einen Abend schon gar nicht freiwillig vorbereiten. Vielleicht wäre ich besser als Mann auf die Welt gekommen und er als Frau? Dann könnte ich wühlen im Geschäft und er könnte sich zu Hause ausruhen ...

Freitag, 1. 3. 02

Im Bad sehe ich Lenas Puppe. Meine Welt ist in Ordnung, mein Mädchen spielt mit Puppen. Dieser hier bin ich allerdings schon lange nicht mehr begegnet, sie hat sich verändert. Lena wohnt unterm schwer zugänglichen Dach. Ich klettere nur noch bei vorzüglichem Wirbelsäulenzustand hoch. Lena ist noch biegsam. Während ich auf der Toilette sitze, betrachte ich die Puppe näher. Sie ist so groß wie ein dreijähriges Kind. In ihrem früheren Leben war sie ein Mädchen. Jetzt scheint sie eine erfolgreiche Geschlechtsumwandlung hinter sich zu haben. Lena hat ihre Haare zu einem modernen Jungenschnitt gekürzt, hinten ausrasiert, das Deckhaar länger gelassen. Und cool gegelt. Der Junge ist nur mit einer Sporthose bekleidet. Da kommt das Tattoo am Oberarm gut zur Geltung, das sie ihm angebracht hat. Das ist die coolste Puppe, die mir je begegnet ist ...

Noch immer bin ich mit meinem Postkoffer beschäftigt. Vieles habe ich weggeworfen, mehr abgeheftet. Jetzt wartet noch ein kleiner Stapel im Koffer, den ich bis zum Schluss aufbewahrt habe: meine Briefe an Werner aus seiner Bundeswehrzeit. Während Werner arglos zuschaut, wie Michael Schumacher seine Runden dreht, tauche ich noch einmal ab in alte Zeiten. Ich bin doch hoffnungslos romantisch. Das ungestüme Gefühl der alles überlagernden Verliebtheit, das Zittern und Beben vor dem nächsten Wiedersehen und den schier unzähmbaren Drang nach körperlicher Nähe konnten wir uns nicht bewahren, aber viele Hoffnungen von 1980 sind in Erfüllung gegangen. Kinderbilder, die ich damals als Zukunftstraum aus Illustrierten beigelegt hatte, gehören heute schon unserer Vergangenheit an. Immer noch fühle ich mich wohl und geborgen bei Werner, schlafe ich gern in seinen Armen ein, ist es schön, von ihm geliebt zu werden, genieße ich den größeren Handlungsspielraum unserer Partnerschaft, unabhängig von Eltern, die mitreden, von Bundeswehr und Schule. Wir haben die Achtung voreinander bewahrt. Jeder von uns darf sein eigenes Profil haben. Wir bleiben füreinander interessant. Der Alltag zweier Menschen, die sich lieben, entdecken, ihre ganz spezielle Partnerschaft erfinden, welch ein Abenteuer!

Meine größte Sehnsucht damals war das gemeinsame Aufwachen – das ist nun seit zwanzig Jahren Wirklichkeit in meinem Leben. Beim Lesen der Briefe spüre ich die Gefahren – ernüchternder Alltag, Triviales, Ent-Täuschungen, Entwicklungen, abnehmende Zweisamkeit, zunehmende Aufgaben. Kinder habe ich mir nicht so fundamental einschneidend vorgestellt, nicht so allgegenwärtig, so anstrengend. Partnerschaft nicht so unromantisch.

Werner hat keine Lust, an meiner Reise in die Vergangenheit teilzunehmen. Er versteht nicht, was mich daran fasziniert, will nicht zurückblicken, bekommt Aggressionen, wenn ich davon spreche. Zwischen seinen und meinen Erinnerungen besteht eine große Kluft. Ich erinnere mich vor allem an die schönen Seiten, er sich an die schlechten. Als ich meine Briefe lese, freue ich mich auch an großen Gefühlen und Träumen, die nicht enttäuscht wurden, sondern dem Leben standgehalten haben, aber ich kann das nicht mit ihm teilen. Ich habe früh verstanden, dass Liebe kein Zustand ist, der einem schicksalhaft zufällt, sondern eine Entscheidung. Dass der Wille zählt, ist eine große Verheißung, deren Erfüllung ich oft genug erlebt habe, gerade auch in Krisenzeiten. Liebe kann gelingen. Ich finde lange Abschnitte von Erich Fromms »Die Kunst des Liebens«, die ich Werner mitgeschickt habe, von Hand abgeschrieben. Das Buch bietet ein gutes Fundament, mit dem ich uns wappnete für den Kampf um unsere Liebe. Aber beim Lesen verstand ich, was Werner belastet beim Blick zurück: Wir haben es verdammt schwer gehabt miteinander, mit unseren romantischen Vorstellungen, mit dem Absturz in den Alltag, ich mit meiner ersten und Werner mit seiner letzten Beziehung. Unsere größte Täuschung hinsichtlich unseres Zusammenlebens war, dass wir glaubten, es werde für immer unsterblich romantisch sein miteinander, wir würden uns nie aneinander reiben. Jeder von uns beiden hat es mit dem anderen ziemlich schwer gehabt. Aber in jeder Krise, in der unsere Liebe zu erlöschen drohte, war in unserem Innern ein Kern von Klarheit, der uns davon abhielt, uns zu trennen, ein Wissen darum, füreinander bestimmt zu sein. Ich habe nicht das Gefühl, als hätten wir das aus eigener Kraft geschafft. Mir kommen die Tränen darüber, wie lange Gott schon seine Hand über uns hält. Er hat damals schon unser Heute im Auge gehabt. Im Nachhinein ist es für mich unfassbar, dass wir zusammengeblieben sind, vom ersten Tag an, ich mit meinen blutjungen sechzehn Jahren. Dass ich es bin, mit der Werner ein Leben lang zusammen sein möchte.

Samstag, 2. 3. 02

Ich schneide aus Werners Geburtstagskarte eine dicke, goldene, viel versprechende 40 aus. Ich hefte sie an einen Aufstellkalender auf meinem Schreibtisch, um sie anzusehen, mich an diese fremde Zahl zu gewöhnen, mich mit ihr zu versöhnen, vielleicht sogar mit ihr anzufreunden. Später sehe ich, dass der Titel des Aufstellkalenders lautet: Gelassen durch den Tag. Gute Vorgabe! Gelassen durch den Tag, Richtung 40, und gelassen weiter. Was soll dieser eine Tag daran ändern? Gott hat mir so viele gute Jahre geschenkt. So viel Wärme, Liebe und Annahme habe ich erfahren, so viele Menschen kennen gelernt, Abenteuer erlebt, Land eingenommen. Meine Geschichte gelebt. Vierzig zu werden ist für mich wie ein Schlussstrich und ein Startschuss, obwohl das alles nur in meinem Kopf stattfindet, der wirkliche Strich ist ja fließend, ein Prozess.

Mittwoch, 6. 3. 02

Jetzt habe ich wochenlang alte Briefe gelesen, einen Streifzug durch 25 Jahre meines Lebens gemacht, viele Fäden entwirrt, Einbahnstraßen und Sackgassen entdeckt. Ich habe drei Ordner voller Lebensberichte gefüllt, habe jeden Brief gelesen, jede Karte, bis nichts mehr übrig war. Dann ist mir aufgefallen, dass kein einziger Brief von Werner dabei war. All die Briefe, die er mir aus der Kaserne geschrieben hat, während er Deutschland bewachte – wo waren sie? Das machte mich ganz unruhig. Heute hatte ich eine Eingebung. Ich suchte im Keller bei meinen alten Tagebüchern – und da waren sie. Ich freute mich unwahrscheinlich. Nun liegen sie in meinem Zimmer, zu schade, zwischendurch gelesen zu werden – ich möchte sie in Ruhe lesen, wenn ich ganz wach bin.

Donnerstag, 7. 3. 02

Heute Abend ist der Martha-Hauskreis. Ich habe Angst, mich zu sehr zu outen ... In mir schreit es seit Tagen »Ich bin Martha, ich muss Maria sein, ich will aber Martha sein dürfen, warum darf ich nicht Martha sein«, und ich habe einige interessante Entdeckungen gemacht. Zum Beispiel ahne ich, dass in mir eine viel größere Perfektionistin steckt als mir angenehm und bewusst ist. Allein schon diese Martha-gemäße Vorbereitung auf das Thema ... Und ich habe natürlich auch schon eine genaue Vorstellung davon, wie der Abend laufen soll.

Manchmal denke ich, ich bin zwar Martha, aber in mir lebt auch eine Maria, und die will und darf ich nicht vernachlässigen. Ich will ja zu Jesu Füßen sitzen, brauche aber Hilfe dazu. Gut wäre es, wenn Martha nach ihrer Beschwerde an Jesus innegehalten und sich neben Maria gesetzt hätte. Selbst wenn sie nicht aus eigenem Impuls handelte.

Samstag, 9. 3. 02

Anna kommt von der Schule und grinst siegessicher: »Heute hast du keine Chance und keine Ausrede!« Ich weiß sofort, was sie meint. Mir wird flau. Aber vielleicht hat sie Recht. Irgendwann muss ich es wagen. Ich habe zwar keine Sekunde daran gedacht, es heute zu tun, bei diesem plötzlich frühlingshaften Wetter ist mir eigentlich nach Liegestuhl, aber vielleicht ist es sogar besser, Anna steht mir bei als mein Mann. Ich habe Vertrauen zu meiner kleinen Großen. Ich tue es. Wir fahren aus dem Dorf.

Alle reitenden Mitglieder unserer Familie reiten längst auf Chopper – nur ich nicht. Vermutlich denken sie, ich würde es nie mehr tun. Ich hatte meine Gründe – die Kälte, der Wind, die Zahnschmerzen, meine Periode, mangelnde Zeit – Angst. Eine Angst sagt mir, ich könne es gar nicht erst schaffen, Chopper zur Reitanlage zu führen. Er könnte sich aufbäumen, losreißen und in wildem Galopp davonstürmen Richtung Landstraße. Die nächste Angst malt mir aus, dass ich zwar in der Reitanlage ankomme und im Sattel sitze, aber Chopper keinen Schritt mit mir geht, ich mich fürchterlich blamiere und mir eingestehen muss, dass ich völlig unbegabt bin zum Reiten. Und ich habe Angst vor der unberechenbaren Angst des Fluchttieres: Ein Vogel könnte es durch zu schnelles Niederschweben erschrecken, eine

Mücke es stechen und zum Durchgehen veranlassen, ein fernes Motorrad ihm den Verstand rauben, so dass es mich abwirft und ich mich verletze. Ich habe Angst vor meiner Angst.

Chopper begrüßt mich sanft schnaubend. Er kennt mich, ich bin die, die immer Möhren und Brot bringt. Zögernd putze ich mich warm, striegle sein staubiges Fell, räume seine Hufe aus, sattle und trense ihn, zum ersten Mal allein. Monatelang habe ich nur zugesehen, den Pioniergeist der anderen bestaunend. Ich bemühe mich, selbstverständlich und gelassen zu wirken. Er glaubt mir. Sein Vertrauen geht auf mich über. Vorsichtig führe ich ihn den Weg zur Reitkoppel – es funktioniert! Er könnte in die große weite Welt fliehen, und der Strick, dieses zarte Band zwischen uns, würde ihn nicht daran hindern, aber er entscheidet sich dafür, bei mir zu bleiben. Ich wundere mich über meine Ruhe. Angstverdrängung? Egal, ich gehe weiter voran.

Ich wusste immer, dass ich es tun würde, wenn die Zeit reif ist. Anna geht hinter mir und stärkt mir den Rücken. In der Koppel steige ich auf – und reite! Chopper gehorcht, läuft in die Richtung, in die ich will, hält an und wartet geduldig, als ich nachgurte, trabt bei der ersten Aufforderung zuverlässig an, beginnt zufrieden zu schnauben und erzählt mir, dass er sich wohl fühlt. Vögel, Mücken und Motorräder ignoriert er nonchalant. Die Bilder in meinem Kopf von einer Niederlage beim ersten Ritt, alle »Vielleicht kann ich nicht«-Sätze verblassen. Sein Sattel ist weich wie ein Ledersessel, sein Trab überraschend federnd, so dass ich ordentlich aus dem Sattel geworfen werde. Ich lache verblüfft. Sein Rücken ist ziemlich breit und ich ahne schon den Muskelkater. Aber ich lasse die Sonne auf mich scheinen, die ersten Mückenschwärme um mich schwirren, den weiten Horizont auf mich wirken, während ich versuche, meinen Schwerpunkt mit dem des Pferdes abzustimmen. Chopper ist geduldig, ich entspanne mich und genieße die Ruhe. Lange reite ich auf diesem großen Tier, und endlich wage ich es, anzugaloppieren. Er tut es einfach! Er geht nicht durch, ich stürze nicht, sein Galopp ist weich und ruhig und ich ahne, dass der Sommer mit ihm wundervoll werden wird. Runde um Runde fliege ich. Ich bin glücklich. Davon werde ich noch tagelang träumen. Ich habe Chopper schon immer leiden können – jetzt gewinne ich ihn lieb. Reiten lernt man beim Reiten – dies ist ein Pferd, das mich das Reiten lehren wird.

Werner kommt zu uns raus, um mich reiten zu sehen. Ich zeige ihm, wie ich galoppieren kann, und freue mich, dass er stolz auf mich ist. Den Rückweg zum Stall reite ich. Alles geht so gelassen, selbstverständlich und angstfrei! Ich gewinne Vertrauen zu ihm. Ich sattle den schweißnassen Kerl ab und bringe ihn auf die Koppel. Er rennt zu einem Haufen Heu in der Mitte, sinkt mit einem lauten Seufzer auf die Knie und wälzt sich grunzend trocken. Cool! Den Rest des Tages fühle ich mich seltsam klar und ausgeruht, zufrieden und voller Erwartung an das Leben. Ich habe das Gefühl, dass etwas Großes geschehen ist.

Okay, Bianka ist auf einem gutmütigen Pferd in einer umzäumten Koppel geritten und die Welt hat sich weiter gedreht – aber ich habe das Gefühl, als hätte ich selbst einen engen Stall verlassen, den Duft der großen weiten Welt gewittert, meinen Horizont erweitert. Heute habe ich wirklich gelebt, mit meinem ganzen Fühlen, Denken und Sein. Ich habe eine Grenze überschritten, eine Angstgrenze, die ich aus Vorsicht um mich gezogen hatte. Meine Welt ist größer geworden! Unbekanntes Terrain ist oft beängstigend. Seit ich mich auf den Umgang mit Pferden einlasse, erlebe ich, dass Mut, Kraft und Wachheit bei mir zunehmen, nicht stürmisch, aber kontinuierlich. Ich stecke meine Zeltpflöcke weiter und Selbstvertrauen, Lebensfreude, Körpergefühl und Zufriedenheit wachsen. Wenn ich anfange, meinen kleinen Raum, den ich mir gesteckt habe, das Gewohnte in meinem Leben, zu vergrößern, lasse ich auch Angst hinter mir. Gott, der Grenzenlose, will mir neues Land geben. »Dieses ganze Land gebe ich euch. Ihr werdet sehen: Es liegt offen vor euch. Ihr braucht nur hineinzugehen und es einzunehmen« (5. Mose 1,8). Er will mich aus meinen engen Verhältnissen befreien. »Gott sieht die Bedrängnis meiner Seele und stellt meine Füße auf weiten Raum« (Psalm 31,9). Er will nicht, dass ich in meinen Angstmauern verharre.

Montag, 11. 3. 02

Seitdem ich unsere alten Liebesbriefe gelesen habe, staune ich, dass wir es bis hierher geschafft haben. Ich finde es ermutigend, wie wertvoll uns unsere Beziehung immer noch ist, und dass sie immer wertvoller wird. Aber ich sehe nicht darüber hinweg, wie viel wir dafür investieren müssen. Nie habe ich geahnt, wie zeit- und kostenintensiv Partnerschaft ist. Dass nach der letzten Krise unweigerlich die nächste folgt.

»Setzt du dich ein bisschen zu mir?«, ist Werners unablehnbare Einladung zum gemeinsamen Abend mit Musik, Essen, Wein, Austausch. Dann machen wir es uns gemütlich und nehmen uns wichtig. Es geht darum, sich ständig neu kennen zu lernen, nicht dem Irrtum zu glauben, längst alles voneinander zu wissen. Wer diskutiert und erzählt, lacht und kuschelt, tanzt und singt, erlebt sich interessant und lebendig. Das sind die guten Zeiten.

Es geht darum, den anderen als wichtigsten Menschen zu betrachten und behandeln, auch vor den Kindern und anderen Menschen. Im Alltagstrubel immer wieder das Du vor das Ich zu stellen. Diese Haltung steckt an, wenn sie gesund gelebt wird, die gegenseitige Wertschätzung vermehrt sich. Ein geliebter Partner freut sich an sich, am anderen, liebt zurück, ist sich seiner sicher und wirkt attraktiv.

Gemeinsamkeiten, die uns am Anfang aneinander angezogen haben, sind heute noch wichtig: Zusammenarbeiten, an einem Strang ziehen. Kinder sind so etwas Gemeinsames. Aber daneben muss es noch anderes geben, das bleibt, wenn sie gehen. Es ist so wichtig, miteinander zu arbeiten und zu lachen, gemeinsame Ziele zu haben und Träume anzugehen. Herauszufinden, was das bindende Glied sein kann. Früher gingen wir wandern und haben im Zelt übernachtet. Heute bauen wir Obst und Gemüse miteinander an. Keiner von uns möchte das noch missen. Man kann tanzen oder schwimmen gehen, kegeln oder Rad fahren. Man kann einen Hund großziehen oder Gitarre lernen, joggen oder Videos ansehen. Italienisch üben, in der Lobpreisband singen oder für den Hauskreis kochen. Horchen wir in uns hinein, spüren wir unsere Sehnsüchte und verwirklichen wir unsere Träume.

Es ist schwerer als ich gedacht habe, immer weiter zu bauen an dem zerbrechlichen Gebilde Ehe. Immer wieder müssen wir sie auf den Grund stellen, aus dem die Liebe und die Kraft zur Vergebung kommt. Und wenn Enttäuschungen kommen, nutzt es nichts, sie im Blick auf den Partner zu verdrängen. Sonst gären sie unter der Decke weiter und werden eines Tages explosionsartig wieder auftauchen. Besser ist es, die Enttäuschung wahrzunehmen und mit dem Schmerz zu Jesus zu gehen. Ich bin nicht vollkommen, mein Mann ist nicht vollkommen – und wenn ich meine hohen Ansprüche loslasse, dann kann ich ihm wieder frei begegnen und mich freuen an dem, was da ist. Und das ist so viel.

Donnerstag, 14. 3. 02

Eine E-Mail-Freundin fragt, ob Gott mir schon mal Worte ins Herz gelegt hat, die mir Glauben an Jans Heilung gegeben haben. Nein, solche Dinge erlebe ich nicht. Aber Heilung schon. Alles, was wir mit Jan an Fortschritt erleben, ist für uns nach wie vor unfassbar, weil wir damit nicht gerechnet haben. Jeder Hinweis auf seelische Gesundheit ist ein Geschenk, jede freundschaftliche Begegnung, die er hat, ist für mich Gnade, immer wenn er sich um mein Befinden kümmert, ist das Balsam für mein Mutterherz. Ich sehe, dass viele »gesunde« Kinder krank sind in ihrer Seele, erlebe, wie geborgen Jan aufwächst, und weiß, dass alles relativ ist.

Aber nach wie vor ist Jan ein großer Stressfaktor in unserer Familie, auch die Mädchen sind belastet durch ihn. Einiges hat sich verschoben durch das Älterwerden der drei, aber vieles bei Jan ist nicht altersgemäß, nicht »normal«. Oft brauchen die Älteren Geduld, müssen zurückstehen, verzichten. Das ist ihr Alltag, seit sie denken können, und Jan kann es ihnen nicht danken. Er fordert das, ohne es zu merken. Sie lieben ihn, wir alle lieben ihn, aber dennoch bleibt es dabei, dass er viel Kraft abzieht, die manchmal auch woanders fehlt. Wenn ich bete für mich und Jan, dann bete ich um Geduld. Daran mangelt es mir immer wieder.

Freitag, 15. 3. 02

Ich rätsle. Über meine dünne Haut zum Beispiel. Darf das Leben keine Spuren bei mir hinterlassen? Machte nicht die Landschaft von Falten und Runzeln auf dem Gesicht meiner Oma ihre Schönheit aus? Ich hätte keine Falte missen wollen und brachte sie als Kind immer ehrfürchtig mit Arbeit, Zeit, Entbehrung, bestandenen Prüfungen in Verbindung. Ich behalte sie für immer faltig, ungeschminkt, weich und lachend in Erinnerung. Wie vieles ist auch das Älterwerden ein Prozess, aber ich vertraue darauf, dass es lohnt, hier nicht zu verdrängen, sondern mich damit auseinander zu setzen. Irgendwann werde ich es auch mit dem Herzen verstehen und akzeptieren: Schönheit ist vergänglich, was bleibt, ist die Liebe.

Dienstag, 19. 3. 02

Gibt es vielleicht ein tröstliches Gedicht für Beinahevierziger? Claudia sagt, dass viele Frauen erst mit vierzig zu den Dingen kamen, durch die sie später berühmt wurden und die sie auch ausgefüllt haben. So hat zum Beispiel Johanna Spyri erst spät mit Schreiben angefangen und Anne Morrow-Lindbergh ging's ähnlich. Offensichtlich ist mit vierzig doch noch nicht alles aus ...

Montag, 25. 3. 02

Birgit schickt mir Geburtstagsgrüße mit Gedicht und Bibelvers: »Bleib nicht bei der Vergangenheit stehen! Schau nach vorne! Denn ich will etwas NEUES tun! Es hat schon begonnen, hast du es nicht gemerkt?« (Jesaja 43,18). Ich atme tief durch. Ich spüre, dass sie den Kern trifft. Und die Lösung für mein Problem. Ich bin ihr dankbar.

»Ich hoffe auf eine wirkliche Reife im Alter
auf einen Durchblick
in dem alles zusammenkommt
was ich ein Leben lang entdeckt habe.

Ich hoffe, dann besser unterscheiden zu können
zwischen dem, was wesentlich ist und dem,
was mir wichtig erscheint.

Ich hoffe, dass ich dann tiefer, breiter, höher
und umfassender die Liebe Jesu begreife
und aus ihr lebe.

Ich will nicht verknöchern,
mich nicht Veränderungen verschließen,
nicht überheblich und lernunfähig werden.

Ich hoffe, dass ich offen bleibe
und bis an die Tür des Todes lebendig bin
und weiter wachse.

Mit dieser Hoffnung, Jesus, getraue ich mich,
40 zu werden.

(frei nach Ulrich Schaffer)

Lebensmitte – ein neues Wort in meinem Wortschatz. Ich platziere mich neu. Diese Zahl tut das mit mir. Sie macht einen rechnerischen Schnitt. Wie hoch ist statistisch meine Lebenserwartung? Achtzig? Habe ich die Lebensmitte nicht längst schon schockfrei überwunden? Viele Frauen scheinen kein Problem mit ihrem vierzigsten Geburtstag zu haben. So hatte ich mir das auch einmal vorgestellt. »Du hast doch damit keine Probleme, oder?«, fragen sie mich erstaunt. Aber in mir ist ein Unbehagen, als würde diese Zahl etwas deutlich machen, etwas festmachen, das ich lange schon ahne. Ähnlich wie damals, als ich mit an Sicherheit grenzender Wahrscheinlichkeit ungewollt schwanger war, ganz ruhig zum Frauenarzt ging und erst zusammenbrach, als er mir vorsichtig lächelnd sagte: »Positiv!« Jetzt war es amtlich, jetzt war es eine Tatsache, jetzt gab es nichts mehr zu verdrängen. Ich vermute, die Vierzig ist tief in mir drin eine ähnliche Schwelle. Okay, ich spüre längst, dass mein Körper nicht jünger, sondern älter wird, aber nun ist es amtlich – Bianka ist keine junge Frau mehr. Etwas geht vorbei, für immer. Darf ich da nicht trauern, wenn mir danach zumute ist?! Ich hätte nie gedacht, dass es solch ein Prozess ist, die Tatsache des Alterns zu akzeptieren. Ich jedenfalls habe meine Mühe damit. Wenn ich ganz ehrlich bin, will ich keine runzlige Haut, keine grauen Haare. Ich frage mich, wie lange ich die einzelnen grauen Haare noch ausreißen kann. Meine Furchtsamkeit ärgert mich. Ich habe nicht damit gerechnet und finde sie wenig souverän. Ich will sie nicht und krieg sie doch nicht so einfach los. Frauen sind mit fünfzehn umwerfend, Männer mit fünfzig, habe ich neulich gelesen. Dass Werner über vierzig ist, hat mich tatsächlich noch nie gestört – warum mache ich bei mir so ein Theater? Es ist, als ob mit dem Dreier meine Jugend dahinschwindet. Geprägt von der »Forever-Young«-Parole der Hochglanzzeitschriften für Frauen unter 40 ertappe ich mich dabei, heimlich zu forschen, ob »es« schon kommt – sehe ich schon aus wie *diese* Frauen, grau und schlaff?

Tun kann ich dagegen wenig. Teure Kosmetikbehandlungen sind mir zu aufwändig und unglaubwürdig, ich will ewige Jugend oder keine, nicht so eine um drei Monate aufgehaltene. Warum fällt mir das Reitenlernen so schwer, warum wird mein Bauch nicht mehr straff? Muss ich jetzt joggen und Körner essen? Werde ich demnächst auf der Intensivstation im Koma liegen? Und was hat es mit der Zahnpasta ab 40 auf sich? Graue Haare aber noch eine kleine Weile übertünchen erscheint mir legitim. Seufz. Wahre Schönheit kommt von innen ... Auf der anderen Seite ist so eine Lebensmitte-Umbruchsituation auch keine Katastrophe. Ich denke dass es wertvoll sein kann, mich jetzt neu zu öffnen. Herauszufinden, was für mich jetzt dran ist. Grenzen zu überschreiten. Beschränktes hinter mir zu lassen, Ballast abzuwerfen. Vielleicht muss ich vieles grundsätzlich in Frage stellen.

Freitag, 29. 3. 02

Karfreitag. Ich lese im Johannesevangelium, durch das ich zu Gott gefunden habe. Damals hat es mich in meiner Angst vor dem ewigen Tod getroffen. Heute erwischt es mich in meiner Abneigung vor dem Älterwerden, die sich in meiner Scheu vor dem nahe stehenden 40. Geburtstag manifestiert. »Wer sein Leben über alles liebt, der wird es verlieren.« Noch ein Schlüssel?

Ich weiß, dass Gott Blankoschecks liebt und prompt einlöst, deshalb habe ich großen Respekt davor und gebe ihm selten welche. Wenn man Gott die Erlaubnis gibt, etwas zu tun, wovon man ahnt, dass es sein Wille ist, ganz offiziell sozusagen, wird er es mit an Sicherheit grenzender Wahrscheinlichkeit tun. Das gehört zu meinen haarsträubendsten Erfahrungen mit Gott. Jetzt überlege ich, ob ich einen wage: »Jesus, hier und jetzt möchte ich dich bitten, mich von dieser Angst zu befreien, von dieser Bindung daran, jung, faltenfrei und gesund sein zu wollen. Ich möchte wirklich frei davon werden. Aber Jesus, ich habe Angst, dir einen Blankoscheck auszustellen, weil in mir die Vorstellung lauert, dass du das schamlos ausnutzt und mit harter Hand zuschlägst. So klein ist mein Vertrauen zu dir in Wirklichkeit, so groß mein Wunsch nach einem harmonischen, gradlinigen, sicheren Leben und meine Angst vor Leid und Schicksalsschlägen. Ich weiß, dass du Mittel und Wege finden wirst, um mir zu zeigen, was für ein Schwachsinn meine Sorge um mein Älterwerden ist.« Nahezu unglaublich finde ich, wie diese Bibelstelle weitergeht: »Wer aber bereit ist, sein Leben vorbehaltlos für Gott einzusetzen, wird es für alle Ewigkeit behalten.« Was sind vierzig Jahre im Vergleich zur Ewigkeit? Mein Geburtstag fällt in den Osterurlaub am Lago Maggiore. Das kommt meiner Geburtstagsneurose entgegen. Ich will kein Fest haben.

Samstag, 30. 3. 02

Wahlheimat Cannobio. Wir sitzen zu zweit in der Sonne und stimmen unsere Träume ab – womit bist du zufrieden, was wünschst du dir, was würdest du tun, wenn du etwas ändern könntest, wie stellst du dir deine, unsere Zukunft vor ... Gnade ist, dass Gott mich in Italien vierzig werden lässt und die Sonne scheint die ganze Zeit; und außer dass mein Mann anstrengende Worte sagt, sagt er auch liebenswürdige über das Frausein, das Älterwerden als Frau und was zählt bei ihm als Mann, dem Ästheten, der immer noch das Schöne an mir sieht, sehen will und kann. Lachen will er mich sehen, eine in sich ruhende, lebensfrohe Frau an seiner Seite haben. Wohltuende Gedanken eines Mannes, der offensichtlich keine Probleme damit hat, eine vierzigjährige Frau zu haben. Schlimm findet er nur, wenn Frauen sich selbst nicht annehmen können, sich klein machen, verbissen wirken und immer an sich und anderen herummäkeln. Ich frage Gott zaghaft, ob er mir morgen auch etwas schenken wird.

Montag, 1. 4. 02

War der wunderschöne Frühlingstag mit meiner Lieblingswanderung nach Crealla Gottes Geschenk? Oder das Abendessen in der Pizzeria mit Werner, den Kindern und Freunden, die heute angereist sind? Anna jedenfalls schenkt mir eine Tönung gegen erste graue Haare – bordeauxrot. Lena schreibt mir meinen Lieblingspsalm auf einen Stein aus dem Fluss. Werner trägt mich über die Schwelle in mein vierzigstes Lebensjahr. Ich ergebe mich. Der erste Tag mit einem Vierer fühlt sich so umwälzend an wie damals mein erster zweistelliger Geburtstag. Ich gehe grinsend mit zum V gespreizten Zeige- und Mittelfinger durch den Tag. Was einst »Victory« hieß, heißt ab heute vierzig ...

Die Kinder haben mir meine Geburtstagspost mitgebracht. Eine Welle von Fürsorge und Solidarität rollt über mich hinweg. Luise schreibt: »Jenseits der Dreißig ist das Leben auch schön. Die neu erscheinende Vier anstelle der verschwundenen Drei mag dir nicht gefallen, aber es liegt nicht an der Zahl der Jahre, ob das Herz jung bleibt. Picasso sagte: Es dauert lange, bis man jung geworden ist.« Starker Satz. Claudia meint: »Ich wünsche dir, dass du ein gutes Gleichmaß findest zwischen Neuem, das du anfängst (ich denke, das gehört zu dieser Lebensphase) und Altem, in dem du zu Hause bist. Und ganz ehrlich: Du wirst dich an die vier an erster Stelle gewöhnen! Es ist halb so schlimm!!!« Heike wünscht mir Mut, trotz Schwindelgefühl auch schwankende Brücken zu betreten, die mich zu neuen Ufern bringen sollen. Angela wünscht mir jeden Tag einen guten Grund zum Lachen (die Fältchen wollen schließlich ehrlich erworben sein). »Und weil du deinen Weg mit Jesus gehst, kannst du sicher sein: Das Beste kommt erst noch!« Tante Maria, inzwischen 65: »Nun hast auch du die Grenze ins Mittelalter überschritten!« Sie erzählt, wie sie mit vierzig gelebt hat: Als Schulleiterin mitten im Busch während des Freiheitskrieges in Zimbabwe, eine erfahrungsreiche Zeit, die ihr später unwahrscheinlich viel geholfen hat. Bille heißt mich willkommen im »Club der Besonderen, der Schönen, der Verinnerlichten, der in sich Ruhenden, der Flotten, der Aktiven, der Bewussten, der Geliebten« – ich muss grinsen. Das sind gute Worte, die mir helfen, mich mit diesem Vierer zu versöhnen. Die werde ich später anderen »Betroffenen« weitergeben. Fast scheint es mir ein Privileg, vierzig sein zu dürfen, im Club der Auserwählten ... Ist das wunderschön! Dieses Puzzle aus Gedanken und Glückwünschen von Frauen, die schon vor mir auf dem Weg waren, hilft mir sehr, Frieden mit dieser Schwelle zu schließen. Der Beistand anderer Vierzigerinnen ist für mich von hohem seelsorgerlichem Wert. Allmählich finde ich diese Zahl richtig und schön. Oft höre ich Cae Gauntts Song *Es ist ein langer Weg*:

> Manchmal glaube ich kaum, was da schon hinter mir liegt,
> wie die Dinge sich ändern, wie die Zeit verfliegt.
> Ich bin nicht mehr dieselbe, doch ich spüre: Ich bin
> auch noch längst nicht am Ziel, ich bin erst am Beginn.
> Ich wag den weiten Blick nach vorn und zurück,
> und ich schaue auf Jesus, und er zieht mich ein Stück.
> Und ich halt mich daran, dass er mitgehen will –
> auf dem langen Weg bis zum Ziel.«

Leise keimt etwas Neues in mir auf. Eine neue Ruhe, so etwas wie Zuversicht und Versöhnung, Neugier auch. »Das Alte ist vergangen, siehe ...« Ich sehe hin. Über meinem Leben steht Gnade, nicht Leistung, Ansehen oder Aussehen. Ich möchte über das »Halb so schlimm« noch hinauswachsen und denken: Umso besser! Genug getrauert. Ich will Abschied wagen, frei werden für eine neue Wegstrecke, wissend, dass Gott mit mir geht, jeden Schritt, bis ans Ziel. Ich möchte meinen Blick wieder nach vorne richten.

Sonntag, 21. 4. 02

Vierzig zu sein ist nicht mehr schlimm. Habe intensiv getrauert und sehe nun nicht mehr auf diese Zahl. Anna wird morgen sechzehn! Mit sechzehn habe ich Werner kennen gelernt. Ich fasse es nicht. Ich habe überhaupt keine Lust, demnächst meinen Schwiegersohn kennen zu lernen.

Montag, 22. 4. 02

Anna wird sechzehn. Sechzehn Jahre sind ein Nichts, ich habe keinen Respekt mehr vor diesem Zeitraum. Noch vorgestern habe ich Anna in den Armen gehalten und sie gestillt. Ich lese alte Tagebuchnotizen aus ihrem ersten Lebensjahr. War das eine ausschließliche, beschauliche Zeit, sehr rührend, sehr abenteuerlich, mit viel Gewinn für mich persönlich. Das tut mir sehr gut und gleichzeitig führt es mir schmerzhaft vor Augen, wie vergänglich die Zeit mit den Kids ist. Ich finde dort ein Gedicht:

Geh fleißig um mit deinen Kindern
Habe sie Tag und Nacht um dich –
und liebe sie

und lass dich lieben
einzig-schöne Jahre
Denn nur den engen Traum
der Kindheit
sind sie dein
nicht länger

Ich habe wieder neu für mich beschlossen (wie oft schon?), dass ich die letzten Jahre mit meinen Kindern ebenso intensiv erleben möchte wie die ersten. Ich muss mir, wenn ich im Trubel des Tages stehe, immer wieder bewusst machen, dass dies eine sehr vergängliche Zeit ist, die nur noch eine kleine Weile dauert. Ich möchte die Kinder nicht zu früh abgeben, um einem wichtigtuerischen Aktivismus zu fröhnen oder den Wiedereinstieg in das Berufsleben nicht zu verpassen, um den Anfragen von allen Seiten gerecht zu werden oder irgendwelche Leute zufrieden zu stellen.

Anna ist relativ anstrengend zur Zeit. Oft verschließt sie sich und wir wissen nicht, was in ihr vorgeht. Emotional durchlebt sie täglich Berg- und Talfahrten. Manchmal ist sie lethargisch, manchmal übersprudelnd. Sie kleidet sich sehr körperbetont, ein atemberaubendes Mädchen mit langen dunkelblonden Wellen.

Viele Puzzlesteine festigen ihr Selbstwertgefühl. Ihre Geburtstagsfeier ist ihr sehr wichtig. Sie packt kräftig mit an bei den Vorbereitungen und während sie Tiramisu macht – ich habe noch nie eine gemacht – liege ich in der Sonne und höre ihr beim Rumoren zu. Wie gemüüütlich!

Samstag, 27. 4. 02

Jans Freund feiert heute Geburtstag – ohne Jan. Obwohl er so gern auf Jans Geburtstag war. Das geschieht Jan nicht zum ersten Mal. Ich bin verwirrt und enttäuscht. Ich habe es zufällig erfahren. Ich wollte seine Mutter bitten, ob Jan bei ihm übernachten dürfe, damit Werner und ich auf den Irish Dancing Abend in der Gemeinde gehen können. Wir werden Jan mitnehmen.

Jan hat jede Menge Defizite, aber seine Behinderung stört ihn nicht dabei, sich seiner Grenzen immer bewusster zu werden. Er merkt immer mehr, dass er anders ist, und entwickelt zunehmend Angst vor Gleichaltrigen. Indem er sich zurückzieht, schützt er sich davor, verletzt und enttäuscht zu werden. Das macht mich traurig und besorgt. Und gereizt. Viele Spiele kann man mit Jan gar nicht spielen, seine Freunde müssen schon ziemlich anpassungsfähig sein.

Keiner ahnt, wie wertvoll diese Einladung gewesen wäre für Jan und für mich. Dieser Schmerz um Jan – er bleibt mein Begleiter. Die Wunde, die immer wieder oberflächlich heilt, bleibt berührungsempfindlich. Ich gehe auf dünnem Eis. In solchen Situationen hilft es mir, mich ganz auf Jan zu konzentrieren. – Ich möchte ihn verstehen, ihm helfen.

Sonntag, 28. 4. 02

Anna führt im Religionsunterricht kritische Gespräche, unemotional, aber engagiert. Sie hinterfragt scheinbar Selbstverständliches, gibt mutig Zeugnis und verkraftet es, mit »Jesus, gib mir mal deinen Radiergummi« angesprochen zu werden. Sie wundert sich über die Gleichgültigkeit und Orientierungslosigkeit ihrer Klassenkameraden und deren achtlosen Umgang mit ihrem Körper in bezug auf Rauchen, Alkohol, Drogen, Sex. Ich bin baff über ihren Glauben und ihren Mut. Aus beiläufigen Bemerkungen, die ich leicht überhören könnte, entwickeln sich zurzeit oft Unterhaltungen mit ihr über Lebensfragen. Ich habe das Gefühl, mich noch nicht aus dem Staub machen zu können, sondern in einer Art Endspurt zu leben, der genauso wichtig ist wie der gute Start am Beginn. Ich muss zuhören, wenn sich die Gelegenheit ergibt, egal ob die Zeit unmöglich und der Kopf voll ist. Oft sind es einmalige Chancen, die sich nicht unbedingt wiederholen. Anna, die lieber schweigt, Dinge mit sich selbst ausmacht und vergräbt, erzählt mir täglich Dialogfetzen mit Jungs und Mädchen ihrer Klasse oder aus dem Jugendkreis. Gespräche sind ihr immer wichtiger. Sie erntet dabei Anerkennung und nimmt zu an Schlagfertigkeit.

Es gibt drei Anrufe: »Ist Lena da? Kann sie zurückrufen?« Ich notiere die Namen und klebe Haftzettel an die Kommode. Lenas Erfindung. Wenn sie kommt, wird also das Telefon wieder für eine halbe Stunde blockiert sein. Ich erledige lieber meine Anrufe jetzt.

Jan beim zähneknirschenden Zähneputzen: »Mama, fragst du dich manchmal auch, warum der Tag so schnell zu Ende geht?«

Ich: »Ja, Jan, ich frag mich auch, wohin die Zeit immer geht.« Darauf weiß Jan allerdings eine Antwort: »In die amerikanischen Länder, weil die dann Tag haben und auch mal Sonne haben wollen!«

Ich finde das Familienleben samt Haushalt unüberbietbar vollzeitlich. Und niemand außer dem Allmächtigen ist allgegenwärtiger als unsere Teens.

Montag, 6. 5. 02

Werner ist mein Traum-Mann. Der Mann, der meine Träume umsetzt.

Heute sind wir zum zweiten Mal zusammen ausgeritten. Chopper war beim Einreiten auf der Koppel noch so verkrampft, dass er mich bei jedem Trabschritt aus dem Sattel warf. Aber sobald wir durch die kniehohen feuchten Wiesen ritten, trabte er begeistert und schwungvoll durch den Wind, er wirkte gelöst und euphorisch, fast heiter. Nach fünf Regentagen allein mit Werner unter dem aufbrechenden Blau des Himmels gegen den Wind zu traben, hat mich total glücklich gemacht. Den ganzen Tag begleitet mich dieses Bild, das satte Grün, der Wind in meinen Haaren, das tiefe Gras, das sich durch Choppers ausgreifende Hufe teilte und hinter mir Werner auf dem zufrieden schnaubenden Vulkan. Ich wusste, dass Werner stolz auf mich war, und ich wusste, dass er glücklich war. Ich fühlte mich ihm sehr verbunden, weil dies hier die Verwirklichung eines gemeinsamen, uralten Traumes war.

Werner glaubt, man hat zwei Möglichkeiten im Leben: Träumen und jammern über die Realität – oder versuchen, Träume mit allen Mitteln zu verwirklichen. Wenn ich darüber nachdenke, haben wir uns immer für das Letztere entschieden, und Werner hat daran den überwiegenden Anteil.

Mittwoch, 22. 5. 02

Wir sind zum ersten Mal über Pfingsten daheim, seit wir einen Wohnwagen haben, auf Wunsch der Kinder und des Geldbeutels. Es ist anders, aber anders gut. Es ist fast ein Schlüsselerlebnis, wie sehr wir das genießen. Sind wir urlaubsgesättigt? Neue Orte aufsuchen macht jedenfalls mit den Kindern keinen Spaß. Fast sind wir geneigt, diese Phase der anspruchsvollen Teens urlaubslos zu überbrücken. »Nächstes Jahr könnte ich fast ganz auf Urlaub verzichten«, meinte ich angesichts der Begeisterung, dass unser Leben hier mit Pferden und Acker so schön ist. Werner sofort: »Ich habe kein Problem damit, zwei Jahre Pause zu machen. Aber dann verkaufen wir den Wohnwagen nach dem Urlaub in Holland!« Meine Güte. Wie kann man gleich so radikal sein. Werner denkt ständig voraus. Das Leben an seiner Seite bleibt nie, wie es ist, es ist immer im Fluss. Jetzt träumt er vom Reisen mit Kleinbus ohne Kinder, spontan, minimiert in Aufwand und Material, flexibel, öfter, kürzer, weiter. Ich träume davon zu bewahren, was wir haben.

Dienstag, 28. 5. 02

Ich glaube, Annas Leben ist wie ein Rausch. Die Entdeckung ihrer Weiblichkeit, das wachsende Selbstbewusstsein gibt ihr, die früher eher zurückhaltend war, ungeahnte Power, wie ein entschlüpfter Schmetterling, der noch etwas am Torkeln ist. Ihre Laune ist extrem wechselhaft zwischen Lethargie, Wut und Aktionismus. Leider vergisst sie die Schule darüber völlig, ist nur schwer motivierbar, und ich rechne kaum mit einem guten Abschluss. Wie kann man einer Sechzehnjährigen erklären, dass sie für ihr eigenes Leben lernt? Ich komme nur noch teilweise an sie heran, viele Lebensbereiche macht sie fast ausschließlich mit sich selbst aus, fragt höchstens hier und da vorsichtig, was ich darüber denke, so verschlüsselt, dass ich es kaum merke. Loslassen. Je erwachsener sie wird, umso mehr möchte ich sie an mich klammern. Aber ich darf immer weniger der Mittelpunkt ihres Lebens sein. Ich muss ihr die Möglichkeit geben, ihr Leben selbst in die Hand zu nehmen. Es ist wie mit den Bäumen: Auf dem Höhepunkt ihrer Schönheit angelangt, müssen sie ihre Blätter loslassen.

Dienstag, 4. 6. 02

Testlauf. Anna zu Werner: »Was würdest du tun, wenn ich sagen würde, dass der Mischa mein Freund ist?« Ein Junge, den sie von einer Freizeit kennt und mit dem sie allabendlich E-Mails austauscht. Werner: »Oh, mein Gott! Ich würde in der Kirche eine Kerze anzünden. Ich würde ein Gespräch mit einem Ältesten suchen. Und eine Gebetskette starten.« Nach längerem Überlegen: »Wir können seine Eltern am Sonntag zum Kaffee einladen. Ich will sie kennen lernen. Sie sollen ihre Kontoauszüge mitbringen!« Anna hat einen Antrag von dem »Typpie« gekriegt und ihm behutsam und ehrlich einen Korb gegeben.

Nach den herrlich vollen Ferien genieße ich nun das herrlich leere Haus. Es lebe die Ambivalenz. Ich erinnere mich wieder daran, dass morgens eine gute Zeit zum Beten ist. Ehrlich gesagt wundere ich mich immer wieder über Gott. Und über meinen Glauben. An meinem Erstaunen darüber, wie offensichtlich Gott immer wieder auf mein Gebet reagiert, merke ich, wie klein mein Glaube ist. Warum staune ich noch? Er tut doch nur, was er gesagt hat. Er erhört Gebet. Staune ich darüber, dass er dieses Stammeln von mir als Gebet akzeptiert oder dass er aus dem scheinbaren Nichts heraus eingreift, real und aktuell, oder dass er sich ausgerechnet mir widmet? Ich glaube, ich wundere mich über mich selbst, dass ich nach all den Erfahrungen mit meinem Vater nicht viel näher an ihm dran bleibe. Er nimmt selbst die Anrede ernst, die ich im Vorbeigehen an ihn richte. Und dennoch – ich kann ihm ganz nah sein, wenn ich mit Charly unterwegs bin, kann mich mit ihm gemeinsam über seinen Wald freuen, über den stillen See, die Entenküken, die eilig vor Charly Trampeltier fliehen, über den seidenen Spinnenfaden von Baum zu Baum – und dann schleicht sich wieder wie Gift in diese harmonische Zweisamkeit die Nachricht von dem Mädchen, das immer wieder von seinem Verwandten sexuell missbraucht wird, der Gedanke an die junge Kundin mit Gesichtskrebs, an die hunderttausend Legehennen, die wegen des Giftskandals hingerichtet werden. Wo ist da überall der nahe Gott?

Wie kann er all das ertragen, wo es mir schon so weh tut? Und dann kommen wieder die Zweifel am Beten ... Bleibt mir nur, wie ein Kind, das noch kaum etwas versteht von der Welt der Erwachsenen, vertrauensvoll an seinem Bein zu hängen und wie Jakob zu stammeln: Ich lasse dich nicht, du segnest mich denn? Oder wie Petrus: Herr, wohin sollen wir gehen, du hast Worte des ewigen Lebens.

Glauben heißt vertrauen auf eine Realität, die ich nicht sehe und doch erleben kann. Gott sei Dank habe ich mehr Sinne als meine Augen.

Freitag, 7. 6. 02

Ich lese Anna aus ihrem Kindertagebuch vor, wir lachen, genießen es, gut miteinander auszukommen. Beim Lesen spüre ich, wie ihre Persönlichkeit sich unaufhaltsam entwickelt hat, wie sie an Liebe gediehen ist. Annas Sprache der Liebe ist ungeteilte Zweisamkeit, das weiß ich seit vielen Jahren. Es ist mir nur oft nicht bewusst. Gestern konnte ich sie zum Reiten mit mir bewegen – die Begeisterung für Vulkan oder gar Chopper, die im Winter noch da war, ist unerklärlicherweise verflogen, ausgerechnet jetzt bei schönstem Frühlingswetter mit den langen Tagen, nach denen wir uns so gesehnt haben. Ich bin froh, dass Werner und ich das mit den Pferden unseretwegen machen. So kommen die Mädchen in den Genuss der Tiere, ohne dass wir dauernd Druck ausüben. Wir zwei können öfter gemeinsam ausreiten, weil keiner mehr mitwill. Der Ausritt am gestrigen Frühlingsabend hat uns sehr gut getan. Ich staune immer noch darüber, dass wir das tun. Ich werde allmählich sicherer im Reiten und im Umgang mit Pferden, gewinne Vertrauen und verstehe ihre Reaktionen besser. Ich bin verliebt in Chopper, dieses große schwarze Tier mit dem samtigen Fell. Wenn es mir gelingt, mein Gleichgewicht mit dem des Pferdes in Einklang zu bringen, wenn das Pferd mir vertraut, sich entspannt und seinen Rücken weich macht, wenn es zu schwingen beginnt und meine Bewegungen mit seinen verschmelzen, dann wird daraus eine Art Tanz.

Nach dem Reiten gehen wir meist auf den Acker, der sich von seiner fruchtbaren und stressfreien Seite zeigt im Vergleich zu sonst, wenn wir ihn vor dem Pfingsturlaub noch unter Zeitdruck bearbeiten und hinterher gleich wieder von vorne anfangen können, die Erdbeeren verpassen und Werner mit dem Heumachen kaum nachkommt. Einmal, als ich mit Jan dort saß, die Sonne, den Wind und den weiten Horizont genoss, kamen Werner und Anna geritten, mitten durch unsere Obstbäume. Ich dachte, ich träume. Später sah ich sie dann von weitem über die abgemähten Wiesen galoppieren.

Donnerstag, 13. 6. 02

Werner und ich befinden uns mit den Kids in einer Phase gewaltigen Umbruchs, und das geht auch nicht an unserer Partnerschaft vorbei. Habe die halbe Nacht geheult wegen eines Satzes von Werner.

Weil wir immer wieder in Streitsituationen reinschlittern, mit denen ich nicht gerechnet habe, habe ich vor zwei Jahren angefangen, ein »Streittagebuch« zu führen. Ich versuche, den Anlass herauszufinden und meine/seine Gefühle. Allmählich zeigt sich die eine oder andere Linie, unsere Gefahrenzonen, Empfindlichkeiten. Manchmal hilft mir das, gewappneter zu sein oder vorsichtiger. Manches kann man vermeiden, aber manches müsste angegangen werden. Es gibt da Tabu-Pakete, die wir schön in Ruhe lassen, um sie nicht zu stören.

Ich glaube, Werner hat Angst, Autonomie zu verlieren, Freiräume. Es ist zum Beispiel ein Unterschied, ob er zur Männerfreizeit fährt und das Auto selbstverständlich mitnimmt oder ich zur Frauenfreizeit – und es selbstverständlich hier lassen soll. Das Auto ist nur eines von vielen Themen, wo wir uns reiben. Langsam wird mir klar, dass ich gern ein eigenes Auto hätte, um unabhängiger und flexibler zu sein. Vermutlich sehne ich mich selbst nach größerer Autonomie.

Freitag, 14. 6. 02

Ich bin so sauer auf Werner, dass ich mich aus dieser Ehe wegwünsche. Gestern ist ein Fass übergelaufen, von dem ich nicht wusste, dass es so voll ist, und ich bin so enttäuscht.

Warum haben wir immer wieder diese rechthaberischen Kämpfe? Immer wieder dieses »Wer hat denn hier Recht?« Können wir das nicht aufbrechen? Für mich ist es gut, erst mal auf Distanz zu gehen, um nachzudenken, zu sortieren. Um dann mit einem Bruchteil der Emotionen Werner neu gegenüberzutreten, zu einem Zeitpunkt, da ich mental in der Lage bin, mich auseinander zu setzen. Als ich mit verschwollenen Augen durch den Wald radle, singt es plötzlich in mir: »Ich singe dir ein Liebeslied!« Und dann fällt mir nach und nach der ganze Text ein und ich singe es für Jesus, und er füllt meinen Mangel: »Ich singe dir ein Liebeslied, dir mein Retter, dir mein Jesus. Du hast so viel für mich getan, mein Erlöser, kostbarer Jesus. Mein Herz ist froh, denn du nennst mich ganz dein, es gibt keinen Ort, wo ich lieber wäre, als in deinem liebenden Arm. Halte mich fest, ganz nah bei dir, in deinem Arm.« Ich bringe meine Verletzung vor Jesus. Ich bitte ihn, reinzukommen in diesen Konflikt, mich damit nicht allein zu lassen.

Mittags kann ich Werner sehr ruhig sagen, was in mir vorgeht, von A bis Z, er hört still zu und reagiert nicht heftig. Jesus ist dabei. Es war gut, dass ich erst mal getrauert habe und meinen Gefühlen nachgegangen bin, statt gleich emotional zu reagieren. So konnte ich Wesentlicheres sagen und Werner freier zuhören, weil unsere Gefühle abgeklungen waren. Das Streittagebuchführen ist keine schlechte Sache.

Freitag, 21. 6. 02

Lenas Spruch der Woche: »Das Schwerste im Leben ist es, erwachsen zu werden.« Wie lebt man mit Teenagern? Jahrelang hatte ich Angst davor, in dieser Frage zu versagen, überfordert zu sein. Jetzt stecke ich mittendrin und stelle fest,

Teens sind auch nur Menschen. Lena hat mein volles Mitgefühl.

Was hilft? Wie immer, wenn es um Beziehungen geht: Gute Kommunikation. Reden, reden, reden. Und, noch wichtiger: zuhören. Aktives Zuhören, ohne schnelle Antworten, Ratschläge, Wertungen, Einfluss. Herausfinden, was der andere gerade am meisten braucht, um sich angenommen zu fühlen, das, was der Psychologe Gary Chapman die persönliche Liebessprache nennt. Das ist bei Anna die Zeit zu zweit, die sie immer wieder braucht. Und bei Lena Hilfsbereitschaft. Gleichzeitig kann ich den Kids dann immer mehr Freiheiten zumuten, zutrauen. Ihnen immer wieder Vertrauen zusprechen, in der Zuversicht, dass sie ihm gerecht werden, auf die Gefahr hin, dass es enttäuscht wird. Keine Angst davor haben, dass sie Fehler machen, sondern ihnen Fehler zugestehen und ihnen auch zutrauen, dass sie daraus lernen. Wie wir früher. Es hilft, ihnen Fragen zu stellen. Es hilft, ihnen noch mehr zuzuhören als selbst zu reden. Und noch mal mit ihnen zu reden.

Wenn ich unsicher bin, frage ich. Ob sie Hilfe brauchen. Ob sie reden wollen. Ob sie sich ungerecht behandelt oder vernachlässigt fühlen, ob sie mich lieben, warum sie sauer sind. Wie sie sich das Wochenende mit der Freundin vorstellen. Ob sie allein sein wollen. Ich mache damit gute Erfahrungen.

Manchmal stellt sich heraus, dass sie ihre Ruhe wollen, während ich dachte, dass sie etwas von mir erwarten. Dann wollen sie nur einen geschützten Rahmen, wo sie ihre Freunde empfangen können. Auch mal das Wohnzimmer für sich allein oder mit der Freundin ein Badezimmerfest mit Kerzen und Schokolade. Dann sind sie froh, wenn ich mit Werner ausgehe. Manchmal kommen sie mit ihren Fragen zu mir wie Nikodemus bei Nacht zu Jesus. Das habe ich kaum zu hoffen gewagt und darüber freue ich mich am meisten. Sie sind immer noch ehrlich zu mir.

Wertschätzung entsteht durch Respekt im Miteinander. Wenn Teens erleben, dass die Mutter an die Tür klopft. Dass sie ihre Post nicht liest. Dass sie auch bittet, fragt, sich entschuldigt. Dass sie zuhört, aber nicht beleidigt reagiert, wenn sie nicht mehr alles erzählt bekommt. Dass sie die Meinung des Teens mit einbezieht in ihre Überlegungen, dass sie sein Privatleben respektiert. Anna tut es gut, dass ich ihr zeige, wo sie Gaben hat, die ich nicht habe. Wenn Bestätigung und Ermutigung da sind, ist auch Korrektur möglich. Fördern. Fordern. Flügel geben. Selbständig werden lassen. Aufgaben übertragen.

Anna und Lena leisten immer größere Beiträge zum Haushalt. Ich musste zu Hause wenig helfen. Das war bequem, aber als ich auszog, war ich einem Haushalt nicht gewachsen.

Ich bin einfach froh, wie es bisher läuft. Wenn ich daran denke, wie gern Lena ins Haus der Begegnung gegangen ist, bin ich dankbar, dass sie sich heute von dieser Szene distanziert. Sie ist jetzt lieber mit den Leuten vom Jugendkreis zusammen. Chatten findet sie inzwischen doof, ohne mein Zutun. Sie hat hohe Maßstäbe entwickelt, was Freundschaft, Sex, Umgang mit Drogen, Nikotin und Alkohol betrifft, und schützt sich gut selbst. Ich habe Achtung vor ihr. Heute weiß ich, dass das auch ein Schlüssel zu den Herzen der Jugendlichen ist, wenn wir ihnen zeigen, dass wir stolz auf sie sind, ihnen konkret sagen, wo ihre Gaben liegen. Nicht nur sagen: »Du bist toll«, sondern auch: »Ich staune darüber, wie du hier reagiert hast, wie geduldig oder wie kompromissbereit, ich freue mich, dass ihr den Streit auf diese Weise geschlichtet habt, ich finde es ansteckend, wie dynamisch du morgens schon auftrittst, danke, dass du mit Jan so geduldig gespielt hast, das war meine Rettung, ich wäre an deiner Stelle ausgerastet« usw. Damit sie sich selbst begreifen lernen und geschätzt wissen.

Samstag, 6. 7. 02

Der Sommer ist das Reich der Sinne. Ich tauche Weißbrot in Tzatziki und trinke dunkelroten Chianti. Werner liegt in der Hängematte im Tiefschlaf, zwei Amseln zwitschern unaufhörlich über ihm. Auf dem Gartentisch steht eine Schale mit Birnen, Bananen, Nektarinen und Äpfeln, die reine Pracht. Auf der Treppe eine Schüssel Tomaten, im Korb neben dem Keller frisch eingekochter Johannisbeersaft. Herrlich, diese sich anhäufenden Schätze, gepaart mit einem Hauch von Wehmut, dass das alles für diese ganz andere Jahreszeit ist, die mit an Sicherheit grenzender Wahrscheinlichkeit wieder kommen wird ... Die Geranien wachsen zum Fenster rein und meine Finger riechen nach Brennnesseljauche.

Ich sitze unterm Küchenfenster und höre, wie Simon sich mit Jan unterhält: »Jan, bist du gläubig?« Jan: »Hä?« »Bist du gläubig oder nur religiös?« Jan nach kurzem Überlegen: »Ich bin gläubig.« Simon: »Glaubst du an Gott?« »Ja.« »Glaubst du an Maria und Josef?« Jan, ängstlich darauf bedacht, nichts Falsches zu sagen: »Warum? Das sind doch die Eltern von Jesus, als der ein Baby war!« Simon: »Ja, aber glaubst du an die?« Jan zögernd: »Ein bisschen«, und dann, im Brustton der Überzeugung: »Aber viel mehr an Jesus.« Simon: »Woher weißt du das, Jan?« Jan glücklich: »Der wohnt in meinem Herz drin!«

Welch ein Zeugnis. Und die besorgte Mutter draußen in der Hängematte hat die große Erkenntnis, dass dieses Kind bereits alles gelernt hat was es zum Überleben braucht. Was mache ich mir noch Sorgen um ihn? Jesus wohnt in seinem Herzen! Ich sehe Gott grinsen.

Samstag, 24. 8. 02

Auf dem Gipfel des Hochsommers freue ich mich dann doch am Wechsel der Jahreszeiten. Ich habe genug von Hitze und Insekten, kann Herbstwind und eine Gartenpause gut brauchen. Diese Woche haben wir einen Großteil des Ackers abgeerntet. Die Farben und Formen, die Fülle und das Vielerlei sind nahezu unerträglich schön. Die Vorräte sind gut gefüllt und der Countdown von Gießen und Unkrautjäten, Kämpfen gegen Ungeziefer und Krankheiten, Disteln und Dornen hat bald ein Ende. Am meisten freut mich der »nutzlose« Berg Zierkürbisse. Letzte Saat: Feldsalat. Nächste Woche beginnt die Apfelernte und dann ist es gut.

Freitag, 13. 9. 02

Ich habe diesen Sommer mit Werner genossen wie keinen zuvor, glaube ich. Das gemeinsame Ausreiten war wunderbar, wir haben es oft und ausgiebig getan. Doch nichts bleibt, wie es ist. Ich bin wie gelähmt vor Traurigkeit: Vulkan, eins unserer beiden Pflegepferde, wird verkauft. Werner verkauft den Wohnwagen und kauft eine große Wiese neben unserem Acker. Für ihn ist der große Caravan nur noch eine Last gewesen, er stand überhaupt nicht mehr dazu. Allein konnte ich das nicht durchtragen. Werner sieht in fernerer Zukunft Pferde weiden, während er Kartoffeln hackt. Es war sicher richtig, aber sehr schmerzhaft für mich. Als die junge kaufwillige Familie mit anderthalb Kids unseren Wohnwagen besichtigte, überfiel mich die blanke Wehmut. Die schwangere Frau öffnete glücklich jedes Türchen und träumte von einer neuen Zukunft. So habe ich auch angefangen vor zehn Jahren. Und das ist so oder so vorbei, mit oder ohne Wohnwagen, meine Kinder werden groß. Mir wird schmerzlich bewusst, dass mit diesem Wohnwagen eine Phase meines Lebens zu Ende geht.

Während Werner glücklich nach vorne blickt und auf Neues gespannt ist, weine ich. Ich weiß, dass das Festhalten an diesem Fahrzeug nichts nützt, ich kann diesen Lebensabschnitt nicht zugleich festhalten. Werners Entschlossenheit hilft mir loszulassen. Seine Empathie und Rührung meinen Tränen gegenüber zeigen mir, dass er mich nicht übersieht, aber dass er sich auch nicht durch meine Gefühle steuern lässt. Ich habe Vertrauen.

Werner ist ein Pionier. Ich bin schon viele Wagnisse mit ihm eingegangen. Ich hätte das Abenteuer »Kinder« nie so entschlossen in Angriff genommen, wenn er nicht so darauf zu gelebt hätte. Ich hätte den Mut nicht aufgebracht. An seiner Seite ging es. Ich hätte nie dieses Haus gekauft, in dem ich heute so glücklich bin und das er uns so umgebaut hat, dass wir wundervoll darin leben können. Ich wollte nie einen Wohnwagen und bin ihm mit Vorbehalten auf diesen für mich damals spießigen Weg gefolgt, mit überraschendem Gewinn, zehn Jahre lang. Ich wäre von mir aus nie auf die Idee gekommen, einen Acker zu bestellen, und wie wichtig ist mir dieses Grundstück geworden. Ich hätte nicht angefangen zu reiten, hätte kein Pflegepferd – war alles gut und richtig. Ich will ihm vertrauen. Das Leben an Werners Seite ist aufreibend, abenteuerlich, unruhig, aber ich erlebe seit Jahren, dass sein Instinkt ihn fast nie im Stich lässt.

Donnerstag, 19. 9. 02

Das Gras

Eine Einladung,
der ich viel zu selten
gefolgt bin.
Auch das ist ein Versäumnis,
das schwer wiegt.
Ausgestreckt unter freiem Himmel,
den Augenblick
mit dem ganzen Körper berührend,
und zufrieden
mit nichts
als einem Halm im Mund.

Rainer Malkowski

Die nahe liegendsten Einladungen kommen aus der eigenen Familie. Es kann sein, dass Anna um 21.30 Uhr auf meinem Schoß sitzen möchte. Lena will am Rücken gekratzt werden. Wenn ich es tue, wird sie weich und beginnt zu erzählen. Werner braucht Nähe, wenn ich sie nicht fliehe, lachen wir vielleicht oder finden uns nach dem Körperlichen in unseren Seelen.

Ich sitze in meinem Arbeitszimmer, das gegen Norden liegt, und schreibe und schreibe. Draußen scheint die Septembersonne. Aber die nehme ich kaum wahr, eher den Berg Hausarbeit, der sich hinter mir auftürmt und zwischen mir und dem Besuch heute Abend steht. Erst als Anna nach Hause kommt und sich seufzend ins Gras sinken lässt, sehe ich, wie wundervoll es draußen ist. Ausgestreckt liegt sie da, und ich bin sicher, dass jeder Zentimeter ihres luftig bekleideten, lebensfrohen Körpers jeden einzelnen feuchtfröhlichen Grashalm unter sich spürt. Ich sehe ihre Zufriedenheit, ich spüre nun auch die Einladung, ich weiß, dass der Sommer zu Ende geht. Dennoch versorge ich erst noch die Wäsche, erledige Anrufe, reinige den Backofen. Bis ich rauskomme, liegt der Garten im Schatten und die Sonne ist zu anderen Menschen gewandert, ihre Einladung unaufdringlich wiederholend. Ich stehe draußen wie bestellt und nicht abgeholt und habe das Gefühl, mit der Sonne auch das Leben verpasst zu haben. Konnte ich nicht einen Augenblick innehalten? Es gibt Versäumnisse, die nur mich etwas kosten. Die Einladung des Grases, der ich nicht gefolgt bin, zum Beispiel. Mein Problem. Mein Leben.

> Du musst das Leben nicht verstehen,
> dann wird es werden wie ein Fest.
> Und lass dir jeden Tag geschehen,
> so wie ein Kind im Weitergehen
> von jedem Wehen sich Blüten schenken lässt.
>
> Rainer Maria Rilke

Folge ich den Einladungen des Lebens, an seinen Festen teilzunehmen, oder bleibe ich außen vor? Was klage ich über Hektik oder Überforderung, wenn ich Gottes Aufforderung zum Feiern ablehne? Gefüllte Zeit ist nicht gleichbedeutend mit erfüllter Zeit. Ich bin nicht wichtig durch mein Tun, ich kann auch lassen, träumen, mich bescheiden. Kann ich? Ich schaffe mir meine Welt selbst, sie ist so, wie ich bin. Hektisch, wenn ich nie innehalte. Überfrachtet, wenn ich nicht nein sagen kann. Armselig, wenn ich die Lebensfeste nicht feiere, wie sie fallen. Fröhlich, bunt, im Gleichgewicht, wenn ich dem Leben immer wieder in die Augen blicke, selbstverständlich, spontan und dankbar wie ein Kind. Das Bild von Anna in der Sonne steht für das Privileg des Kindes, die Einladungen wach zu vernehmen und keine Hindernisse zu kennen. Wann nur ging mir das verloren? Aber ich brauche nicht zu resignieren. Zu uns Erwachsenen hat Augustinus gesagt: »Ringen wir mit der Zeit, gestalten wir sie! Und aus allen Zeiten werden heilige Zeiten.« Ich bin es, die dem Überfluss, der dem Leben im Weg steht, Grenzen setzen kann. Ich bin es, die festlegt, wem meine Zeit und meine Liebe gehören. Ich bin es, die langsamer gehen muss, wenn die Schritte zu hasten beginnen, die die Stille suchen muss, wenn die Seele dem Leben nicht mehr hinterherkommt. Nur ich selbst kann mir erlauben, Ruhepausen zu machen in der Verwirrung des Tages: Minutenurlaube mit Musik, Lesen, Spazieren, Hund – und Sonne. Ich will nicht der Versuchung erliegen, jeden Augenblick meines Lebens fruchtbar verbringen zu müssen. Ich habe ja nichts außer Augenblicken. Sie zu gestalten, will ich weiter lernen. Ich will dem Kind in mir erlauben, Augenblicke in die Hand zu nehmen und zu verschleudern: spontan, fröhlich, zweckfrei. Ich habe keinen Grund zu klagen. Schließlich bin ich kein Opfer – ich bin Chef. Ich bin verantwortlich dafür, auf meinen Tag zu achten, den Baustein meines Lebens.

Elke Werner hat nach einer überstandenen Krebserkrankung geschrieben: »Nicht im Gestern und nicht im Morgen ereignet sich das Leben, sondern in der Wirklichkeit des Augenblicks. Während ich die Vergangenheit bedauere und die Zukunft fürchte, spricht Gott zu mir: ›Ich bin!‹ Ich erfahre Gott weder in der Vergangenheit noch in der Zukunft, denn Gott ist im Hier und Jetzt.«

Jeden Tag gibt er mir Licht für meine Seele, Boden unter meinen Füßen, Kraft für meine Arbeit, Worte für mein Herz, Zärtlichkeit für meine Seele, neues Vertrauen. Duft, Essen, Blumen und Musik, Musik. Ich will Sonne auf der Haut fühlen. Den Wind im Gesicht. Regen. Der Erde nah sein. Käfer sehen. Warme, erdige Luft riechen. Den Vögeln zuhören. Schmetterlingen beim Tanzen zusehen. Den Geschmack der ersten Erdbeere kosten. Dem Leben in die Augen blicken. Hinter allem Gott wissen.

Ich will ein Ja haben zu all meinen Augenblicken. Zu denen, in die ich Fleiß investiere. Zu denen, die ich aus Liebe einem Menschen schenke. Und zu denen, die mir das Leben als Fest anbietet. Ich möchte mein Leben nicht einfach verstreichen lassen. Morgen liege ich in der Sonne.